suhrkamp taschenbuch 3742

AF216697

Hermann Hesse ist der weltweit meistgelesene Autor deutscher Sprache. Jede Generation entdeckt ihn neu, und immer sind seine Leser jung. Alois Prinz erzählt Hesses Leben, von der Kindheit im schwäbischen Calw, den Krisen auf dem Weg des Erwachsenwerdens, von seinem Engagement in der Welt und seinem Rückzug in das Tessiner Dorf Montagnola, wo Hesse sein Leben von vorn anfängt. Doch Alois Prinz zeigt auch den unbekannten Hesse, den »biedersten Rebellen der deutschen Literatur«, wie Marcel Reich-Ranicki ihn nannte. Ein Rebell war er, doch warum bieder? Hat Hesse eigentlich selbst nach der Botschaft gelebt, die in seinen Büchern steht? Und warum hat er seine Leser davor gewarnt, ihn als Vorbild zu nehmen? Alois Prinz erzählt sein Leben spannend und kenntnisreich – aber auch so zurückhaltend, daß man die Antworten auf diese Fragen selbst findet.

»Spannend wie ein Roman ... eine hervorragend gelungene Biographie, deren größtes Verdienst nicht zuletzt darin besteht, unsere Klischee-Vorstellung von Hesse aufzubrechen und unsere Neugier von der Person auf das Werk zurückzulenken.« *Frankfurter Allgemeine Zeitung*

Alois Prinz, geboren 1958, studierte Literaturwissenschaft und Philosophie. Er veröffentlichte zuletzt u.a. die Biographien *Der erste Christ. Die Lebensgeschichte des Apostels Paulus* (it 4491); *Wie aus Martin Luther wurde* (it 4555); *Teresa von Ávila. Die Biographie* (it 4422); *Hannah Arendt oder Die Liebe zur Welt* (it 4172) und *Lieber traurig als wütend. Die Lebensgeschichte der Ulrike Marie Meinhof* (st 3725).

Alois Prinz
»Und jedem Anfang wohnt ein Zauber inne«

Die Lebensgeschichte des Hermann Hesse

Suhrkamp

Das Buch erschien erstmals 2000 bei Beltz & Gelberg,
Weinheim

8. Auflage 2025

Erste Auflage 2006
suhrkamp taschenbuch 3742
© Suhrkamp Verlag AG, Berlin, 2025
Alle Rechte vorbehalten. Wir behalten uns auch
eine Nutzung des Werks für Text und Data Mining
im Sinne von § 44b UrhG vor.
Umschlaggestaltung: Göllner, Michels, Zegarzewski
Umschlagabbildung: Andy Warhol. Hermann Hesse, 1984
© Suhrkamp Verlag, Frankfurt am Main 1985
Druck und Bindung: CPI books GmbH, Leck
Printed in Germany
ISBN 978-3-518-45742-9

Suhrkamp Verlag AG
Torstraße 44, 10119 Berlin
info@suhrkamp.de
www.suhrkamp.de

Inhalt

Prolog

»Ich wollte ja nichts als das zu leben versuchen,
was von selber aus mir herauswollte.«

Anfang Mai 1916, im zweiten Jahr des Ersten Weltkrieges, lässt sich in das Privatsanatorium »Kurhaus
Sonnmatt« in Luzern ein neuer Patient einweisen. Es
ist der deutsche Dichter Hermann Hesse, der sich vor
allem durch seinen Erstlingsroman *Peter Camenzind*,
durch seine Naturlyrik und seine Erzählungen einen
Namen gemacht hat. Hesse ist achtunddreißig Jahre
alt und lebt mit seiner Frau und seinen drei Söhnen in
Bern, in einem feudalen Haus mit riesigem Garten.
Zum Schreiben kommt er jetzt, im Krieg, kaum noch.
Er arbeitet mit in der Kriegsgefangenenfürsorge,
schickt Pakete mit Büchern an die internierten deutschen Soldaten und gibt eine eigene Zeitschrift für sie
heraus.

Warum Hesse sich in die Luzerner Privatklinik begeben hat, weiß er selber nicht genau. Vor einigen Tagen ist er von seiner Arbeit und seiner Familie ins Tessin geflüchtet. Das hat er schon öfter getan. Aber
dieses Mal, das spürt er, kann er nicht mehr so einfach
zurückkehren. Er hat das Gefühl, ein Leben zu führen, das er im Grunde hasst.

In der Klinik pflegt man seine angegriffene Gesundheit. Er wird gebadet und in die Sonne gelegt.

Aber die Hilfe, die er sich erhofft, bekommt er erst von dem jungen Arzt Josef Bernhard Lang. Doktor Lang ist Psychologe, genauer gesagt Psychotherapeut. Diese Wissenschaft vom Unbewussten ist noch sehr jung und ihr Begründer, der Wiener Arzt Sigmund Freud, wird erst allmählich anerkannt.

Für Hermann Hesse sind die Anliegen der Psychotherapie nichts absolut Neues. Als Dichter forscht auch er den Abgründen der Seele nach. Aber nun wird ihm etwas abverlangt, wozu er bisher nie die Kraft gefunden hat, nämlich eine unbedingte »Wahrhaftigkeit gegen sich selbst«. Die Gespräche mit Doktor Lang kosten ihn viel Überwindung. Doch sie bewirken bei ihm auch eine Wandlung. Es ändert sich nicht seine Natur, sondern er findet die innere Bereitschaft dazu, »seine Natur zu tragen und das Positive darin zu sehen«.

Zu seiner »Natur« hat sich Hermann Hesse bis jetzt nie ganz bekennen können. Es waren äußere und innere Widerstände, die ihn daran gehindert haben. Schon als Zwölfjähriger beschloss er, ein Dichter zu werden und nichts anderes. Er musste jedoch feststellen, dass seine Eltern und Lehrer zwar in höchster Verehrung von Dichtern sprachen, dass es aber in ihren Augen eine Verrücktheit war, wenn ein junger Mensch selber ein Dichter werden wollte. Mit Hermann hatte man andere Pläne. Er sollte Pfarrer oder Gelehrter werden. Doch aus dem Klosterseminar in

Maulbronn flüchtete er. Danach galt er wirklich als verrückt und man steckte ihn in ein Sanatorium und dann in eine Irrenanstalt. Noch einmal probierten es seine Eltern mit einer normalen Ausbildung. Doch als er auch in der neuen Schule scheiterte, aus einer Lehrstelle als Buchhändler einfach davonlief und die anschließende Mechanikerlehre abbrach, da war er endgültig ein hoffnungsloser Fall, ein Versager, eine »Schande für die Eltern«.

Die Schuld an diesem Scheitern will Hesse nicht nur anderen geben. Er hat, so sieht er es jetzt, selber nicht an sich geglaubt. Oft hat er insgeheim denen Recht gegeben, die seine Dichterpläne für lächerlich hielten und Literatur überhaupt für etwas Überflüssiges. Und so hat er sich immer wieder den Erwartungen gebeugt und es nie gewagt, seinen eigenen Weg zu gehen. Wenn dann diese Erwartungen ihn erdrückten und von seinen Träumen nichts mehr übrig zu bleiben drohte, half nur das Davonlaufen. Oder er suchte einen Kompromiss: Dann wollte er nicht nur ein Rebell sein, sondern *auch* ein dankbarer Sohn, *auch* ein guter Schüler. Später, als er literarischen Erfolg hatte, wollte er *auch* ein angesehener Bürger und Familienvater sein. Und als der Krieg ausbrach, den er eigentlich aus vollem Herzen ablehnte, lag ihm daran, *auch* als Patriot zu gelten.

Diese Versuche, etwas zu sein, was er nicht war, haben ihn unglücklich gemacht. Oft halfen ihm Reisen über seine Verzweiflung hinweg. Doch jetzt, im Mai 1916, fühlt er sich in einer Sackgasse gelandet, aus der er keinen Ausweg mehr sieht.

In den Wochen in der Luzerner Klinik macht Hermann Hesse eine innere Erfahrung, die sein Leben verändert. Er beginnt, seinem »Eigensinn« zu vertrauen. Es wächst in ihm die Gewissheit, dass er nicht untergeht, wenn er versucht, seine Träume und Ideale zu verwirklichen. Er muss nur seiner »inneren Stimme« vertrauen, ohne Angst. Diese innere Stimme hat für ihn nichts zu tun mit Egoismus oder einem trotzigen und anmaßenden Willen. Es steht dahinter vielmehr eine Art Gesetz, dem man gehorchen muss, ein inneres Gesetz, das Hesse sogar für göttlich hält. Im Vertrauen auf diesen »Eigensinn« kann er sich langsam von den moralischen Fesseln befreien, die ihm seit Kindertagen die Lebensluft nehmen. Alle Wünsche und Bedürfnisse, die sich in ihm regen, so beginnt er jetzt zu glauben, sind gut, auch das scheinbar Böse und Schlechte.

Als Hesse nach Bern zurückkehrt, ist er verändert. Er wird zum entschiedenen Kriegsgegner, für den Mozart hören und Gedichte schreiben unvergleichlich wertvoller ist als Bomben schmeißen und für Kriegsopfer spenden. »Würde die Mehrzahl der Menschen diesen Mut und Eigensinn haben«, so schreibt er, »so sähe die Welt anders aus. Unsere bezahlten Lehrer zwar […] sagen, es würde dann alles drüber und drunter gehen, Beweise haben und brauchen sie nicht. In Wirklichkeit würde unter Menschen, die selbständig ihrem inneren Gesetz und Sinn folgen, das Leben reicher und höher gedeihen.«

Das Ende des Weltkrieges bedeutet für Hermann Hesse auch das Ende seines bisherigen Lebens. Er gibt seine Stellung auf, verlässt seine Familie und zieht in den Süden, ins Tessin. Er will nur noch für seine literarische Arbeit leben und auf Geld, Ansehen und Familie keine Rücksicht mehr nehmen.

In dem kleinen Tessiner Dorf Montagnola fängt Hermann Hesse sein Leben noch einmal von neuem an. Dazu ist es für ihn nötig, einen »Blick ins Chaos« zu werfen, das bedeutet, alle Verbote und Vorurteile abzulegen und sich zu sehen, wie man ist. Nach dem Motto seines Buches *Demian* will er nun all das zu leben versuchen, was von selbst aus ihm herauswill. Zu diesen Lebensversuchen gehören auch die Bücher, die nun entstehen. Die Erzählung vom Beamten Friedrich Klein, der nahe daran war, seine Frau und seine Kinder umzubringen, und mit unterschlagenem Geld in den Süden flüchtet. Die Geschichte vom Maler Klingsor, der einen Sommer lang wie im Rausch lebt und bei dem unstillbarer Lebenshunger und verzweifelte Todessehnsucht so nah beieinander liegen. Die indische Legende vom Brahmanensohn Siddhartha, der sein Elternhaus verlässt und der keinem Lehrer folgen will. Und schließlich der Roman vom Steppenwolf

Harry Haller, der Gedichte liest und Musik von Mozart liebt und zugleich »gern säuft, frisst und Frauen verführt«.

Klein, Klingsor, Siddhartha und Harry Haller – in all diesen literarischen Figuren ist immer etwas von Hesse selbst. Wie er selbst versuchen auch sie, sich von lebenszerstörenden äußeren und inneren Zwängen zu befreien. Und wie er selbst, so müssen auch sie die Erfahrung machen, dass diese Arbeit nie an ein endgültiges Ende kommt, sondern eine permanente Aufgabe bleibt: Immer wieder gilt es, unter großen Opfern falsche Vorstellungen aufzugeben und Neues zu wagen.

Damit ist es aber für Hesse nicht getan. Der Weg in die Befreiung sei ein wichtiger Schritt, doch dürfe man dann nicht im Chaos stecken bleiben. Der Revolte gegen falsche Vorbilder und Erwartungen müsse der Versuch folgen, wieder neue, eigene Maßstäbe zu finden.

Zu welchen Grundsätzen Hesse nach seinem »Blick ins Chaos« gefunden hat, das zeigt sich nirgends deutlicher als in seiner Einstellung zu politischen Vorgängen. Den Weg Deutschlands in den Zweiten Weltkrieg sieht er mit seltener Klarheit. Und die Unmenschlichkeit des Nazi-Regimes erkennt und verurteilt er mit unbeirrbarer Sicherheit. Mit der gleichen Unbeugsamkeit wehrt er sich aber auch dagegen, dass sein Idealismus von einer politischen Partei oder Ideologie vereinnahmt wird. Hesse geht es immer nur um den einzelnen Menschen. Er ist überzeugt davon, dass man Menschen zum Spielball von Interessen macht und früher oder später zu Gewalt greifen muss, wenn man Programme aufstellt oder politischen Utopien folgt. Einen Lebenssinn könne nur jeder alleine finden. »Euer Leben«, so schreibt er an einen jungen Mann, »hat genau soviel Sinn, als Ihr selbst ihm geben wollt.«

Dieser Eigensinn macht Hermann Hesse zur Zielscheibe von Angriffen aus allen politischen Lagern. Trotzdem hält er sich nicht für einen Einzelgänger, sondern glaubt, einer Gemeinschaft anzugehören. Wie diese Gemeinschaft aussieht, das zeigt er in seiner Erzählung *Die Morgenlandfahrt* und vor allem in seinem Roman *Das Glasperlenspiel*. Dieses letzte große Werk Hesses handelt von der ordensähnlichen Gemeinschaft der Kastalier, die Wissen nicht zu Zwecken verwenden, sondern um damit zu »spielen«. Kastalien ist die Utopie einer Gemeinschaft, die den Einzelnen nicht zum Rädchen im Getriebe macht, sondern seinen »Eigensinn« fördert.

Seine letzten Lebensjahrzehnte verbringt Hesse mit seiner dritten Frau Ninon in einem Haus in Montagnola, das ihm sein Freund Hans C. Bodmer lebenslang zur Verfügung stellt. Hesse meidet jede Öffentlichkeit. Auch den Nobelpreis für Literatur, der ihm 1946 verliehen wird, nimmt er nicht persönlich entgegen. In das abgeschiedene Tessiner Dorf kommen aber viele Menschen, mit der Bahn, mit dem Fahrrad oder zu Fuß, um den »Weisen von Montagnola« zu sehen. Und täglich erhält er einen Berg von Briefen, die ihm junge und alte Leute, Schüler, Studenten oder einfache Leser schreiben. Viele dieser Briefschreiber sehen in Hesse einen »Führer«, von dem sie Rat erhoffen.

Doch Hesse will kein Führer sein und er warnt davor, ihn als Vorbild zu nehmen. Er beantwortet fast alle Briefe, aber immer so, dass er keine Patentrezepte gibt, sondern dazu ermutigt, auf die eigenen Fragen auch selbst Antworten zu finden.

Seinem ältesten Sohn Bruno, der Maler werden will, schreibt er: »Was Du im Leben leistest, und zwar nicht nur als Künstler, sondern ebenso als Mensch, als Mann und Vater, Freund und Nachbar etc., das wird [...] nicht nach irgend einem festen Maß gemessen, sondern nach Deinem einmaligen und persönlichen. Gott wird Dich [...] nicht fragen: ›Bist du ein Hodler geworden, oder ein Picasso, oder ein Pestalozzi oder Gotthelf?‹ Sondern er wird fragen: ›Bist du auch wirklich der gewesen und geworden, zu dem du die Anlagen und Erbschaften mitbekommen hast?‹ Und da wird niemals ein Mensch ohne Scham oder Schrecken seines Lebens und seiner Irrwege gedenken, er wird höchstens sagen können: ›Nein, ich bin es nicht ge-

worden, aber ich habe es wenigstens nach Kräften versucht.‹ Und wenn er das aufrichtig sagen kann, dann
ist er gerechtfertigt und hat die Probe bestanden.«

I. Memmerle

*»Ich singe so schön wie die Sirenen und bin auch
so böse wie sie.«*

Am 24. November 1873 betritt ein junger, bleich aussehender Mann, gekleidet in einen ungewöhnlichen
grauen Rock, das Gebäude des Verlagsvereins in der
württembergischen Kleinstadt Calw. Sein Name ist
Johannes Hesse, er ist sechsundzwanzig Jahre alt und
er stellt sich dem Verlagsleiter Dr. Hermann Gundert
als dessen neuer Gehilfe vor.

Gundert ist hocherfreut. Schon seit Jahren wünscht
er sich einen Mitarbeiter, der ihm einen Teil seiner vielen Aufgaben abnimmt. Der christliche Verlag ist seit
seinen Anfängen im Jahr 1819 stetig gewachsen. Mit
dem Ziel, die Sache der Mission mit Wort und Geld
zu unterstützen, verlegte man zunächst nur fromme
Traktate und erbauliche Schriften, Schul- und Lieder-
bücher. Seit Hermann Gundert 1862, nach dem Tod
seines Vorgängers Christian Gottlob Barth, die Leitung des Verlags übernommen hat, gehören auch umfangreiche theologische Handwörterbücher und
Nachschlagewerke zum Programm.

Sein neuer Gehilfe Johannes Hesse ist in der kleinen Stadt Weißenstein in Estland geboren und russischer Staatsbürger. Nach dem Besuch der berühmten
Domschule in Reval und einem Studium der evangeli-

schen Theologie hatte er sich entschlossen, Missionar zu werden. Er sandte einen Bewerbungsbrief an die Missionsgesellschaft in Basel. »Ich sehne mich nach einem großen heiligen Zweck«, schrieb er darin, »in dessen Dienst mein Einzelleben untergehen würde; denn bis jetzt war ich mir Selbstzweck gewesen.«[1] Das Missionshaus nahm den jungen idealistischen Mann auf und man schickte ihn nach dreijähriger Ausbildung nach Indien, an die Malabarküste. Fünf Jahre hielt er dort aus, bevor er einsehen musste, dass seine anfällige Gesundheit dem Tropenklima nicht gewachsen war. Enttäuscht kehrte er 1873 nach Basel zurück. Als Missionar kam er nun nicht mehr in Frage. Aber der sensible, intellektuelle junge Mann schien genau der Richtige, um den Verlagsleiter Gundert in Calw zu unterstützen.

Dieser Hermann Gundert ist eine außergewöhnliche Persönlichkeit. Er entstammt einer alten Stuttgarter Familie, die Pfarrer, Missionare und Buchhändler hervorgebracht hat. In jungen Jahren, als Student am Tübinger Stift, begeisterte sich Hermann Gundert noch für die Pariser Julirevolution und hielt das Christentum für überholt, bis er seine Bekehrung erlebte und sich in den Dienst der Mission stellte. Dreiundzwanzig Jahre lang lebte und arbeitete er dann als Prediger, Arzt und Lehrer in Indien. Auf einem Ochsenkarren reiste er durch die indischen Provinzen, um Land und Leute kennen zu lernen. In der Provinz Malabar gründete er eine Missionsstation und half den Engländern beim Aufbau eines staatlichen Schulsystems. Er eignete sich sieben Dialekte des Indischen an und im Malayalam, einer Sprache, die an der Westküste Indiens gesprochen wird, wurde er zum anerkannten Experten. Er begann die Bibel in diese Sprache zu übersetzen und ein Malayalam-Englisches Wörterbuch zu verfassen. Nebenbei textete er noch 218 Lieder für Gesangbuch, die er auch selbst vertonte. Dieser »schwäbische Inder«, wie Hermann Gundert genannt wird, wäre bis zum Ende seines Lebens in Indien geblieben. Aber er wurde krank und musste 1859 mit seiner Frau Julie in die schwäbische Heimat zurückkehren. Wenn es nach seiner Neigung gegangen wäre, hätte er als Sprachwissenschaftler am Basler Missionshaus gearbeitet. Eher widerwillig beugte sich der welterfahrene Mann, der »drei Professoren in die Tasche gesteckt hätte«, dem Wunsch seiner Vorgesetzten, als Verlagsleiter in die kleine Schwarzwaldstadt Calw zu gehen.

Als Johannes Hesse sich im Verlagshaus vorstellt, begegnet er dort auch der Tochter Hermann Gunderts, Marie. Der neue Gehilfe ihres Vaters hinterlässt bei ihr einen nachhaltigen Eindruck. Sein Aussehen habe etwas Wehmütiges, schreibt sie an einen Freund. Er sehe aus, »als ob er für eine bessere Welt geschaffen wäre«.[2]

Marie ist schon einunddreißig Jahre alt. Sie ist Witwe und hat zwei Kinder, Karl und Theodor. Ihr verstorbener Mann, Charles Isenberg, war auch Missionar gewesen. Zusammen verbrachten sie vier Jahre in Indien. Doch wie so viele Missionare wurde auch Charles Isenberg Opfer des tropischen Klimas. Schwer krank brachte man ihn nach Europa zurück. Aber er war nicht mehr zu retten. Er starb am 19. Februar 1869 in Stuttgart, in den Armen seiner Frau.

Seither lebt Marie Gundert als Witwe Isenberg bei ihrem Vater in Calw. Sie arbeitet im Verlag mit, übersetzt Briefe, ordnet die Bibliothek und schreibt sogar unter dem Pseudonym Marie Guntisberg ein Buch über ihre Erfahrungen in Indien. Marie Gundert lebt viel in ihren Erinnerungen. In der Ehe mit ihrem verstorbenen Mann muss sie sehr glücklich gewesen sein. In Calw dagegen hat sie das Gefühl, das Leben schon hinter sich zu haben. Für die Zukunft hat sie wenig Hoffnung. Dazu fehlt ihr auch der innere Antrieb. »Ich gestehe Dir offen«, schreibt sie an ihren Bruder, der in Amerika lebt, »ich bin schon oft dieses Lebens gar müde geworden.«[3] Sie hat auch das Angebot ausgeschlagen, Medizin zu studieren, um dann als Missionarin und Ärztin in den indischen Frauengemächern, die kein Mann betreten darf, zu arbeiten. Immerhin lässt sie sich überreden, nebenbei Englischunterricht an der Calwer Realschule zu erteilen. Das kann die Schulleitung allerdings erst gegen große Widerstände der Eltern durchsetzen, denn eine Frau als

»Professorin« für 16- bis 18-jährige Schüler ist zu dieser Zeit eine Sensation und eigentlich undenkbar.

Marie Isenberg hat ein Auge auf den jungen Gehilfen ihres Vaters geworfen. In der schwäbischen Kleinstadt macht der gebildete und feinsinnige junge Russe auf sie großen Eindruck. Es imponiert ihr auch, dass er ein so reines Hochdeutsch spricht und sich ungewohnt kleidet. Auch Johannes Hesse findet Gefallen an Marie, die so eigenständig und erfahren wirkt. Er bringt ihren Kindern Süßigkeiten vom Calwer Markt mit. Um offen um Marie zu werben, dazu ist er viel zu weltfremd und schüchtern. Dass sich die beiden im Sommer 1874 doch verloben, ist wohl eher auf Maries Initiative zurückzuführen. In der Familie Gundert ist es jedenfalls ein offenes Geheimnis, dass Marie »bewusst oder unbewusst an Johannes gezogen hat«[4] und Johannes Hesse sich hat ziehen lassen. Am 22. November ist die Hochzeit und Vater Gundert hält die Traupredigt zu den Bibelworten: »In der Welt habt ihr Angst, aber seid getrost, ich habe die Welt überwunden.«

Das junge Paar zieht in eine eigene Wohnung, im dritten Stock eines Hauses am Marktplatz, Hausnummer 47, gegenüber dem Rathaus. Kaum ein Jahr später, am 15. August 1875, wird das erste gemeinsame Kind geboren, Adele. Das kleine Adelchen kann gerade erst laufen, als Marie Hesse wieder schwanger wird. Diese insgesamt vierte Schwangerschaft verursacht ihr große Beschwerden. »Wenn's nicht Zwillinge sind«, schreibt sie in ihr Tagebuch, »kann ich's nicht verstehen.«[5]

Schließlich sind es keine Zwillinge, es ist ein Junge, ein besonders schwerer allerdings. Achtzehn Tage nach der Geburt schreibt Marie Hesse in ihr Tagebuch: »Am Montag, 2. Juli 1877, nach schwerem Tag, schenkt Gott in seiner Gnade abends halb sieben Uhr das heiß ersehnte Kind, unsern Hermann, ein sehr großes, schweres, schönes Kind, das gleich Hunger hat, die hellen, blauen Augen nach der Helle dreht und den Kopf selbständig dem Licht zuwendet, ein Prachtexemplar von einem gesunden, kräftigen Burschen.«[6]

Den Vornamen hat das Neugeborene von den Großvätern, die beide Hermann heißen. Und sein »Großpapa« Hermann Gundert lässt es sich natürlich nicht nehmen, seinen Enkel am 3. August selbst zu taufen. Er ist das unbestrittene Familienoberhaupt aller Gunderts, die bis nach Amerika verstreut sind, und in den Augen der Kinder hat er die Aura eines Zauberers. Sein Enkel Karl fordert ihn auf, dem kleinen Hermann, seinem »Brüderle«, tief in die Augen zu sehen, ob er darin lesen könne, was aus ihm werde.

Was Hermann Gundert in den Augen seines Enkels gesehen hat, ist nicht überliefert. Zunächst jedenfalls wird aus dem kleinen »Hermännle«, wie ihn alle nennen, ein ziemlich lebhaftes Kerlchen und die Engel haben viel Arbeit, so klagt seine Mutter, ihn zu beschützen. Kaum kann er krabbeln, klettert er auf Bänke und Tische und es gibt manchen bösen Sturz. Marie Hesse fühlt sich außerstande, ihn zu bändigen, er ist ihr einfach »zu flink und mächtig«. Überhaupt ist sie von der Arbeit im Haushalt und im Verlag überfordert. Karl, ihr ältester Sohn, ist zwar schon im Gymnasium in Heilbronn, doch sie bekommt jetzt fast jedes Jahr ein Kind. Am 14. Juli 1878 bringt sie einen Jungen zur Welt. Der winzige, zarte Paul ist eine Frühgeburt und stirbt schon fünf Monate später.

Karl und Adele stehen weinend am Totenbett. Hermann ist noch zu klein, um die Trauer im Haus zu verstehen. Er kann jetzt laufen und lässt sich in seinem Bewegungsdrang nur widerwillig einschränken. Er bricht sich sogar den rechten Arm, als er sich heftig aus der Hand des Dienstmädchens losreißt.

Doch »Hermännle« ist nicht nur ungestüm, er hat auch viel Fantasie und oft überraschende Einfälle. Der erwachsene Hermann Hesse wird einmal berichten, dass er in seiner Kindheit immer einen Begleiter gehabt habe, keinen Schutzengel, sondern einen »kleinen Mann«, der aussah wie ein Geist oder Kobold. Den hat außer ihm natürlich niemand gesehen und es war auch undenkbar, jemandem von ihm zu erzählen. Dieser kleine Mann tauchte plötzlich auf und der kleine Hermann musste ihm folgen und alles tun, was er tat, er konnte gar nicht anders.[7]

Wahrscheinlich ist der kleine Mann auch wieder zur Stelle, als die Familie Hesse an einem Sonntag einen Spaziergang zum kleinen Park beim Georgenäum, dem Gebäude der Volkshochschule, macht. Jedenfalls schreibt seine Mutter nachher fassungslos in ihr Tagebuch: »Hermann springt in den Springbrunnen im Georgenäum.«

Marie Hesse hat jedoch nicht nur Sorgen mit ihrem jüngsten Kind. Hermann kann auch sehr aufmerksam und wissbegierig sein, wenn sie ihm von Indien erzählt, Bilder aus fernen Ländern zeigt oder Geschichten aus der Bibel vorliest. Und sie ist stolz auf ihn, weil er alles schnell auffasst und sich seine eigenen Gedanken dazu macht. »Hermännle entwickelt sich sehr rasch«, schreibt sie Ende 1879 in ihr Tagebuch, »erkennt alle Bilder sofort, ob sie aus China, Afrika oder Indien, und ist sehr klug und unterhaltend, aber sein Eigensinn und Trotz ist oft geradezu großartig.«[8]

Im August 1879 bekommt Hermann eine Schwester, Gertrud, doch auch dieses Kind stirbt nach wenigen Monaten. Hermann zieht es immer wieder zum Bett des toten Mädchens, das mit Blumen geschmückt ist. Er hält es für einen Engel und beteuert, er wolle übers Jahr auch »zum lieben Heiland«. Bei der Beerdigung darf er nicht dabei sein, aber er macht sich seine Gedanken, was mit seiner toten Schwester passiert. Als er einige Zeit danach wieder einmal dem kleinen Mann folgt und sich einen eisernen Nagel in den Mund steckt, schreit ihn seine Schwester Adele entsetzt an, ob er denn auch sterben wolle, und er entgegnet: »Des macht nix! Wenn i ins Gräble runter sterb, so nemm ich halt a paar Bilderbücher mit!«[9]

Die Trauer über das tote Mädchen wird bald gemildert, als Marie Gundert ein Jahr darauf wieder ein Mädchen zur Welt bringt. Es wird Marie getauft wie die Mutter, später wird es von allen nur noch Marulla genannt. Das ist der russische Name für Marie und soll an die Herkunft des Vaters erinnern, der immer noch russischer Staatsbürger ist.

Johannes Hesse sehnt sich oft nach seiner Heimat. In Calw wird er nicht recht heimisch. Er ist oft bedrückt und leidet unter starken Kopfschmerzen. »Mein Johnny ist elend und melancholisch«, notiert seine Frau Marie, »und mit tiefer Demut erkenne ich, dass ich ihn nicht glücklich machen kann mit all meiner Liebe.«[10] Mehr noch als die Familie Gundert, die ihre Wurzeln in Schwaben hat, gilt Johannes Hesse als »Zugereister«. Und obwohl er selbst aus einer Kleinstadt stammt und in sehr christlichen Verhältnissen aufgewachsen ist, kommt ihm doch Calw provinziell und der hier herrschende Pietismus oft engherzig und borniert vor.

Calw hat um diese Zeit etwa 4500 Einwohner. Es ist ein lang gezogenes Straßengeflecht, eingezwängt zwischen den Hügeln des Nordschwarzwaldes. Wenn man mit der neuen, 1872 fertig gestellten Schwarzwaldbahn von Stuttgart nach Calw reist, fährt der Zug in großen Windungen die Hügel abwärts in den Talkessel und man hat einen wunderbaren Blick über die Stadt. Man erkennt die spitzgieblingen Fachwerkhäuser, manche mit Storchennestern darauf, den Marktplatz mit der Stadtkirche, die Gärten und engen Gassen und die Brücke über die Nagold mit der gotischen St. Nikolaus-Kapelle.

Am Ortsrand sieht man die zwei großen Schornsteine der Textilfabrik »Schill und Wagner«. Aber das sind die einzigen Spuren von Industrie. In Calw sind das Kleingewerbe und das Handwerk vorherrschend. Die Gerbereien und textilverarbeitenden Betriebe haben hier eine lange Tradition. Auch der Holzhandel spielt eine bedeutende Rolle. Die Baumstämme werden auf Flößen bis nach Holland geliefert. Außerdem gibt es noch 60 Schuhmachermeister, eine Zigarrenfabrik und Betriebe, in denen »elastische Artikel, Kochherde, Gefährte, Turmuhren, Pressen« gefertigt werden.

Die lange Liste von Handwerkern und kleinen Betrieben kann nicht darüber hinwegtäuschen, dass die goldenen Zeiten der Stadt längst vorbei sind. Im 17. und 18. Jahrhundert war Calw der Mittelpunkt der schwäbischen Textilindustrie und eine der reichsten Städte Württembergs gewesen. Damals schlossen sich zwölf Calwer Tuchmacher und Gerberfamilien zu der so genannten »Calwer Companie« zusammen, die als

Produktions- und Vertriebsgesellschaft europäische Bedeutung gewann. Aber mit der Entwicklung neuer Techniken in der Baumwollspinnerei und dem Aufkommen neuer Stoffe wie dem Kattun war es mit dem blühenden Handwerk immer mehr abwärts gegangen. Und Calw war zum bedeutungslosen Handwerkerstädtchen herabgesunken.

Nach dem Ende des Deutsch-Französischen Krieges und der Vereinigung der Einzelstaaten zum Deutschen Reich befindet sich Deutschland in der so genannten Gründerzeit. Hemmnisse für eine wirtschaftliche Entwicklung wie die lästigen Binnenzölle und die verschiedenen Notenbanken sind abgeschafft und mit den Reparationszahlungen aus Frankreich fließen große Geldmengen ins Land. Das neue Reich ist auf dem Sprung in ein industrielles Zeitalter. Davon ist in Calw noch wenig zu spüren. Hier scheinen die Uhren stehen geblieben zu sein. Die wenigen Fabrikgebäude an der Nagold fallen kaum auf, dafür gibt es umso mehr alte Mühlen, und in den engen, verwinkelten Gassen gehen die Schuster, Gerber, Hufschmiede, Schreiner, Hutmacher und Kaufleute ihrem Gewerbe nach, wie es seit Generationen der Brauch ist.

In Calw herrscht ein konservativer Geist. Und dazu trägt auch die religiöse Mentalität dieses Landstrichs bei. In Württemberg und speziell in Calw hat sich eine sehr fromme, »erweckte« Form des protestantischen Glaubens, des so genannten Pietismus, herausgebildet. Calw war seit jeher ein Zentrum pietistischer Kreise. Sie nahmen zeitweise so überhand, dass 1842 eine örtliche Zeitung den »entschiedenen Hang zum Sektenwesen« beklagte.

Der Pietismus lässt sich als Versuch verstehen, den christlichen Glauben vor einer Veräußerlichung zu bewahren und als »lebendigen Glauben« zu erhalten. Entscheidend für diese Lebendigkeit ist dabei nicht die Lehre oder das kirchliche Amt, sondern die Ergriffenheit des Einzelnen. Für wen der Glaube zu einem persönlichen Erlebnis wird, der erfährt eine Bekehrung, die ihn zu einem neuen Menschen macht. Diese religiöse Erfahrung lässt allerdings wenig Platz für die individuellen Eigenarten eines Menschen. Eher geht es darum, ein ganz bestimmtes, pietistisches Weltbild sich subjektiv anzueignen.

In diesem Weltbild herrscht ein scharfer Gegensatz zwischen der irdischen Welt und dem göttlichen Jenseits. Im Hinblick auf dieses Jenseits erscheint das menschliche Leben als Ort der Abirrungen und Versuchungen. Folglich führt derjenige ein gottgewolltes Leben, der den Lockungen der »Frau Welt« widersteht und die Mühen und Leiden des Alltags klaglos und mit christlicher Vorfreude auf ein besseres Jenseits auf sich nimmt.

Populär wurde diese Einstellung vor allem auch durch pietistische Erbauungsbilder. Ein Typ dieses Genres ist das so genannte Zwei-Wege-Bild. Es bezieht sich auf eine Stelle im Matthäus-Evangelium, wo von einem breiten Weg zur Verdammnis und einem schmalen Weg zur Erlösung die Rede ist. Eine Fassung dieses Bildtyps, es stammt von der Stuttgarter Pietistin Charlotte Rehlein, fand in der zweiten Hälfte des 19. Jahrhunderts weite Verbreitung. Die Londoner Stadtmission zeigte es als beleuchtetes Ölgemälde in den verkommensten Stadtteilen und in Württemberg war es das »Hausandachtsbild par excellence«.[11]

Der Eingang zum »Reich der Welt« ist darauf ein großes Tor. Und der helle, breite Weg wird gesäumt von einem Gasthof »Weltsinn«, in dem getanzt wird, einer Spielhölle, an deren Fenster ein Erhängter baumelt, und einem Theater. In späteren Nachdrucken des Bildes hat man auch ein Kino und ein »Sporthaus« eingefügt. Die Menschen auf diesem Weg geben sich verschiedenen Lastern hin: Sie trinken Wein am helllichten Tag und verspielen ihr Geld beim Glücksspiel, sie streiten, stehlen und bringen sich gegenseitig um. Dieser Weg endet am Höllentor im Bildhintergrund.

Der Eingang zum schmalen Weg ist eine enge Pforte in einer Mauer. Am Rande des steilen und gefährlichen Pfads sind die Werke der Barmherzigkeit dargestellt. Das Diakonissenhaus steht für den Besuch bei den Kranken, eine »Kinder-Rettungsanstalt« für die Aufnahme verlassener Kinder. Daneben gibt es noch eine Kirche und eine Sonntagsschule. Die Menschen auf diesem Weg sorgen sich um ihren Nächsten, sie tragen ihr tägliches Kreuz und versammeln sich, um Gottes Botschaft zu verkünden. Gegen den Unglauben, der sie in Gestalt eines Löwen anspringen will, sind sie gefeit.

Der breite und der schmale Weg sind getrennt durch einen Zaun. Nur an einer Stelle hat dieser Zaun eine Lücke. Hier ist der Ort der Bekehrung, wo man vom Irrweg abgehen kann und über Brücken auf den richtigen Weg findet, der in der Ferne ins himmlische Jerusalem führt.

Im Frühjahr 1881 ergibt sich für Johannes Hesse die Chance, aus Calw wegzukommen. Es wird ihm angeboten, wieder nach Basel zu ziehen, um im Missionshaus das Missionsmagazin herauszugeben und Unterricht in deutscher Sprache und Literatur zu erteilen. Hermann Gundert ist das gar nicht recht. Aber Johannes Hesse glaubt, dass er sich in Basel freier entfalten kann als im Schatten des übermächtigen Verlagsleiters.

Im April 1881 zieht die Familie Hesse nach Basel um. Sie wohnen in einem Haus in einer Vorstadtgegend, am Müllerweg. Nahe am Haus vorbei führt eine Bahnlinie, die man überqueren muss, wenn man durchs Spalentor in die Stadt will. In der anderen Richtung braucht man nur einige Minuten zu gehen, um auf dem Land zu sein.

Marie Hesse hat nur noch ihre drei kleinsten Kinder im Haus. Karl, der älteste Sohn aus erster Ehe, besucht die Lateinschule in Göppingen, um sich für die Aufnahme in das Klosterseminar in Maulbronn vorzubereiten. Und Theodor beginnt in Bern eine Lehre als Apotheker.

Zum Haus am Müllerweg gehört ein kleiner Garten, aber für die Kinder viel interessanter ist die große Wiese dahinter. Für den vierjährigen Hermann ist diese Wiese »ein Paradies und Urwald«, in dem man tausend Entdeckungen machen und Abenteuer erleben kann. Am liebsten streift er stundenlang alleine in der Wiese herum, legt sich ins Gras zwischen den roten Mohn, die blauen Glockenblumen und das lilafarbene Schaumkraut und schaut den Schmetterlingen zu, die hier Sommervögel, »Summervögli«, heißen. Einmal beobachtet ihn seine Mutter von ihrem Arbeitstisch am Fenster aus, wie er sich »ganz unglaublich wild und lustig mutterseelenallein« auf der Wiese wälzt und herumwirft, tanzt, hüpft und Purzelbäume schlägt, »ohne Unterbrechung, ohne Ermüden über eine Stunde lang, gerade wie ein ausgelassenes Füllen oder Geißböcklein«.[12]

Marie Hesse ist froh, wenn sich »Memmerle«, wie sie Hermann nun meistens nennt, auf seiner Wiese austobt und nicht auf dumme Gedanken kommt. Anlass, ihn zurechtzuweisen, gibt es oft genug. Gleich im ersten Sommer zieht eine verrufene Familie mit sechs Buben in die Nachbarschaft, die, wie Marie Hesse an ihren verreisten Mann schreibt, »ganz abscheuliche Worte im Mund haben«. Hermann schließt sich den bösen Buben an und seine Mutter sieht sich gezwungen, ihm den Umgang mit seinen neuen Freunden zu verbieten. Er darf nur noch in Haus und Garten spielen. Heilfroh ist sie, als die neuen Nachbarn im Herbst wieder ausziehen und »Memmerle«, der jetzt auch in den Kindergarten geht, wieder auf seine geliebte Wiese kann.

Marie Hesse tut sich schwer, mit dem »Eigensinn« ihres Sohnes umzugehen. Dabei war sie als junges Mädchen auch sehr eigensinnig, was ihr allerdings konsequent ausgetrieben worden ist. Wie in Missionarsfamilien üblich, wuchsen sie und ihre fünf Brüder getrennt von ihren Eltern in Europa auf. Marie verbrachte zunächst zwei Jahre in einem pietistischen Internat in Korntal. Dort las sie heimlich in den Büchern des Dichters Friedrich Schiller, der im Heim verboten war. Als ihre beste Freundin wegen einer Männerbeziehung aus dem Internat verwiesen werden sollte und Marie zu ihr stand, nahmen ihre Eltern sie vom Internat und gaben sie zu einer strengeren Pflegefamilie. Später, als sie ihre Eltern in Indien besuchte, verliebte sie sich an Bord eines Schiffes mit Haut und Haaren in einen jungen Engländer namens John Barns. Aber als Barns bei Hermann Gundert um die Hand seiner Tochter anhielt, wurde er brüsk abgewiesen. Er sei ein »impulsiver Mann«, ein »Weltmann«, hieß es. Und seine Briefe an Marie wurden nie an sie weitergeleitet.

Marie hat diese Enttäuschungen nie ganz überwunden, das zeigen ihre Tagebücher. Darin spricht sie später über ihr Erlebnis mit dem jungen Engländer wie über die dumme Affäre eines unreifen Mädchens. Als reifes Mädchen hat sie sich dann zwar zum Gehorsam gegen die Eltern und gegen Gott verpflichtet. Aber oft musste sie diese Entscheidung zwanghaft gegen ihre eigentlichen Gefühle aufrechterhalten. Einmal, als ihre Liebe zu John Barns trotz bester Vorsätze wieder heftig aufflammte, schrieb sie in ihr Tagebuch: »Nein, ich bin Gottes Kind. Ich darf nicht wählen – ich muss mich fügen und stille schweigen. Ich darf nicht meinen eigenen Weg aussuchen, Gott soll mich führen.«[13]

Marie Gundert erwartet auch von ihrem Sohn, dem »wilden Kobold« Hermann, dass er sich dem elterlichen Willen fügt. Hermann liebt seine Mutter, die so wundervoll biblische Geschichten und Märchen erzählen kann, und er betet oft inbrünstig zum lieben Gott, dass er ihn »lieb mache«. Aber was soll er tun, wenn im nächsten Moment sein Temperament doch wieder mit ihm durchgeht und er etwas Böses anstellt? Oft zerbricht er sich seinen Kopf darüber, warum das, was er gemacht hat, so schlimm sein soll. Einmal wirft er mit Steinen, woraufhin ihn seine Mutter ermahnt, wie gefährlich das sei, er könnte Fenster treffen oder gar sein kleines Schwesterlein Marulla.

Hermann erwidert darauf treuherzig: »Aber gelt, Mama, der David ist doch lieb gewesen, wo er den Stein geworfen hat?!«[14] Oft liegt er abends im Bett und singt Lieder, die er selbst komponiert und gedichtet hat. Und als einmal sein Vater dazukommt, meint er: »Gelt, ich singe so schön wie die Sirenen und bin auch so bös wie sie?«

An manchen Tagen bringt Hermann seine Mutter schier zur Verzweiflung. Dann kommen von überall her die Klagen: Hermann hat ein Kind gestoßen! Hermann hat eine Scheibe eingeworfen! Hermann bewirft die Nachbarskinder mit Steinen! »Wenn ich nur draußen den Namen Hermann nennen höre«, schreibt sie an ihren Sohn Karl, »ist mir's schon angst, was wieder los sei. Ja, er ist ganz furchtbar lebhaft, rasch, umtriebig und folgt leider nicht.«[15]

Marie Hesse kommt mit Hermann einfach nicht zurecht. Auch die Rute hilft nicht. Die Erziehung geht über ihre Kräfte, zumal sie im Juli 1882 ein weiteres Kind geboren hat. Es ist ein Junge und heißt nach dem Vater Johannes.

Dem Vater geht es nicht anders mit Hermann. Johannes Hesse, der inzwischen Schweizer Staatsbürger ist, hat selber nie ein richtiges Familienleben genossen. Seine Mutter starb, als er fünf Jahre alt war. Und mit elf Jahren wurde er zu Pflegeeltern nach Reval gegeben. In der anspruchsvollen Schule in Reval und an der Universität musste er sich immer einordnen und sich das Äußerste abverlangen. Und so hat er auch kein Verständnis und keine Geduld für den widerspenstigen Charakter seines Sohnes Hermann. Zu Hause und unter dem Druck seiner Arbeit ist Johannes Hesse meistens gereizt und schweigsam. Oft leidet er unter starken Kopfschmerzen, dann verträgt er keinen Lärm und keine Aufregung. Ein ganz anderer Mensch ist er dagegen, wenn er mit Hermann lange Spaziergänge macht. Dann ist er heiter und entspannt und antwortet geduldig auf Hermanns neugierige Fragen: Was der Regenbogen sei? Warum die Blumen auf der Wiese verwelken und dann wieder blühen? Wohin am Abend die Sonne gehe? Und warum der Nachbar Spengler arm sei und sie selber reich? Hermann bewundert seinen Vater grenzenlos. Umso schlimmer ist es für ihn, dass auch er oft zur Rute greift.

Mit dem Hermann, der Zeichnungen macht, Gedichte reimt und auf dem Harmonium fantasiert, kommt Johannes Hesse zurecht, mit dem »wilden Kobold« nicht. Und es zeigt sich, dass er dazu neigt, Probleme wegzuschieben, anstatt sich mit ihnen auseinander zu setzen. Obwohl Hermann im Kindergarten als wahrer Tugendbold gilt, spielt sein Vater 1883 mit dem Gedanken, ihn in eine Anstalt oder in ein fremdes Haus zu geben. Der Schwiegervater Hermann Gundert will ihn von diesem Plan abbringen. Doch seine Bedenken können Hermanns Eltern nicht mehr umstimmen.

Anfang 1884 kommt Hermann Hesse in das Knabenhaus der Basler Mission. Er muss dort die ganze Woche über bleiben, nur am Sonntag darf er seine Familie besuchen. Im Knabenhaus, in dem streng pietistische Erziehungsregeln herrschen, sind Kinder untergebracht, deren Eltern als Missionare im Ausland arbeiten. Bestimmt ist es irritierend für Hermann, dass seine Eltern nicht in Indien oder Afrika sind, sondern in der gleichen Stadt leben.

Er wird bis zum Juni im Knabenhaus bleiben. Wenn er sonntags nach Hause kommt, wirkt er bleich und gedrückt. Doch seine Mutter ist zufrieden über seine Entwicklung. »Er ist jetzt viel leichter zu behandeln«, schreibt sie ins Tagebuch.

Am 18. September 1885 stirbt Marie Gunderts Mutter. Julie Gundert, die aus der französischen Schweiz stammt, hat es nie recht verwunden, dass sie ihr Leben in Indien aufgeben und nach Calw ziehen musste. In dem kleinen Schwarzwaldstädtchen blieb sie eine Fremde, schon allein ihrer Sprache wegen. Sie bevorzugte ihre Muttersprache Französisch. An die deutsche Sprache und besonders an den schwäbischen Dialekt konnte sie sich nie gewöhnen.

Hermann Gundert, der nach dem Tod seiner Frau allein mit seiner Kusine Henriette Ennslin, Jettle genannt, in dem großen Verlagshaus wohnt, ist schon über siebzig Jahre alt. Seine Kräfte lassen allmählich nach und er macht sich Gedanken um die Zukunft. Im Februar 1886 wendet er sich wieder an das Basler Missionshaus mit der Bitte, Johannes Hesse als seinen Helfer und Nachfolger nach Calw zu schicken. Johannes Hesse ist davon nicht begeistert. Er glaubt, dass andere für diese Aufgabe geeigneter sind. Auch Marie Hesse möchte in Basel bleiben. Sie hat hier viele Kontakte geschlossen und fühlt sich wohl in ihrem Haus. Andererseits liegt es ihr fern, sich der Bitte des Vaters zu widersetzen. Johannes Hesse überantwortet die Entscheidung Gottes Willen und seine Frau schreibt in ihr Tagebuch: »Wir lassen uns führen und sind still.«[16]

Am 10. März fällt das Komitee des Missionshauses die Entscheidung, Johannes Hesse wieder nach Calw zu versetzen.

Während die Eltern traurig von Basel Abschied nehmen, genießt Hermann seinen letzten Frühling auf seiner Wiese. Er hat sich eine Furcht einflößende Indianerkriegsausrüstung mit Kopfschmuck gebastelt und kommandiert seine Spielkameraden herum. »Eigen ist«, schreibt seine Mutter, »dass er nie mit anderen, die ihm überlegen sind, als untergebene Person im Spiel mittun mag, nur immer Nr. 1!«[17]

II. Eine Welt mit Löchern

»Wirklichkeit war niemals genug, Zauber tat not.«

Das Haus des Calwer Verlagsvereins, in das die Familie Hesse im Juli 1886 wieder einzieht, ist ein großes, vielstöckiges Gebäude, das in früheren Zeiten ein Gasthaus war. Durch das hohe Eingangstor gelangt man in eine kühle, dämmrige Vorhalle mit roten Sandsteinfliesen, von wo aus eine breite Treppe in die oberen Stockwerke führt. In den schönen, hellen Zimmern, die zur Bischofstraße hin liegen, wohnt der Verlagsleiter Hermann Gundert. Im rückwärtigen Teil des Hauses, zum Berghang hin, richtet sich die Familie Hesse ein.

Hermann hat zwar seine Spielwiese in Basel verloren, doch das Haus in der Bischofstraße ist eine neue, eigene Welt, voller Geheimnisse vom Keller bis zum Dachboden. In den Verlagsräumen riecht es nach frischen Druckfahnen, nach Leinwand, Karton und Kleister. Es gibt die Kammern der Mägde und ein »Bruderloch« genanntes, kleines Zimmer, wo Missionare untergebracht werden, die den Großvater besuchen. Es gibt das schöne Musikzimmer, wo an Weihnachten der Baum und die Krippe stehen und wo neben dem Klavier die vielen Notenhefte liegen. In einem Eckzimmer des Hauses wohnt die Tante Jettle,

Henriette Ensslin, die Kusine des Großvaters und seit dem Tod seiner Frau die heimliche Regentin im Haus. Eine schmale Treppe führt hinauf zum Studierzimmer des Vaters. Und ganz oben haust die alte Hannele Rost, die Magd des vorherigen Verlagsleiters Barth, die hier ein Wohnrecht auf Lebenszeit hat. Vom obersten Stockwerk aus kann man auch in den kleinen, am Hang gelegenen Garten hinausgehen. Hier steht ein Bretterverschlag, in dem Hermann Hasen und einen zahmen Raben hält.

Ein geheimnisumwittertes Reich sind die Räume des Großvaters. Im ehemaligen Tanzsaal hat er seine riesige Bibliothek eingerichtet. Tausende von Büchern stehen hier in Regalen aus rohem Tannenholz. Graue, feierliche Folianten in den untersten Fächern, lange Reihen von gebundenen Zeitschriften, ehrwürdige alte Bücher mit einem Schimmer von Gold auf den Lederrücken. Den Kindern ist es erlaubt, in diesem Raum zu spielen. Hermann führt hier seine Zauberkunststücke vor und manchmal, wenn er allein ist, zieht er einen der großen, schweren Bände aus dem Regal und betrachtet stundenlang die seltsamen Zeichnungen und Bilder darin. Hier findet er auch vergilbte Ausgaben von *Robinson Crusoe* und von *Gullivers Reisen*, alte Seefahrer- und Entdeckergeschichten sowie Bücher von Jean Paul, Walter Scott, Honoré de Balzac und Victor Hugo.

Dem Großvater gehören auch die Glasschränke, in

denen die sonderbarsten Schätze aufbewahrt werden. In einem steht ein tanzender indischer Götze, in anderen »Ketten aus Holzperlen wie Rosenkränze, palmblätterne Rollen mit eingeritzter alter indischer Schrift beschrieben, Schildkröten aus grünem Speckstein geschnitten, kleine Götterbilder aus Holz, aus Glas, aus Quarz, aus Ton, gestickte seidene und leinene Decken, messingene Becher und Schalen [...]«.[1]

Durch die Bibliothek gelangt man zum »Heiligtum«, den Studierzimmern des Großvaters. Hier riecht es nach Kaffee, Pfeifenrauch, Papier und Tinte. Die Tische sind bedeckt mit Büchern, Zeitschriften und Manuskripten in vielen Sprachen. Und auf seinem alten Kanapee sitzt in einer Rauchwolke der verehrte, gefürchtete und geliebte Hermann Gundert, eingewickelt in einen Schlafrock aus indischem Kamelhaar, in eine Schreibarbeit vertieft. »Dieser Mann«, schreibt sein Enkel Hermann Hesse später, »der Vater meiner Mutter, stak in einem Wald von Geheimnissen, wie sein Gesicht in einem weißen Bartwalde stak, aus seinen Augen floß Welttrauer und floß heitere Weisheit, je nachdem, einsames Wissen und göttliche Schelmerei, Menschen aus vielen Ländern kannten, verehrten und besuchten ihn, sprachen mit ihm englisch, französisch, indisch, italienisch, malaiisch, und reisten nach langen Gesprächen wieder spurlos hinweg, vielleicht seine Freunde, vielleicht seine Gesandten, vielleicht seine Diener und Beauftragten.«[2]

Diese Welt des Großvaters prägt den jungen Hermann Hesse. Es ist eine Welt, die ebenso schwäbisch heimatverbunden wie international ist, ebenso streng protestantisch wie aufgeschlossen gegenüber anderen Religionen. Es ist eine Welt, in der Beruf und Familienleben von den gleichen Idealen getragen werden. Zu diesen Idealen gehört neben der Frömmigkeit und dem Fleiß auch die Pflege der Gemeinschaft. Es wird viel miteinander musiziert, gespielt, gedichtet und gelesen, es werden Ausflüge ins nahe gelegene Hirsau gemacht und Geburts- und Feiertage werden aufwendig gefeiert.

Die verschiedenen Zweige der Familie halten engen Kontakt zueinander, auch wenn man nur Briefe schreiben kann wie an Maries Bruder Hermann, der als Pfarrer in Amerika lebt. Ein weiterer Bruder, Friedrich Gundert, wohnt dafür nur um die Ecke, im so genannten Steinhaus, mit seiner Frau und sieben Töchtern. Friedrich ist Geschäftsführer der Vereinsbuchhandlung und leitet den Calwer Kirchenchor. Ebenfalls in Calw haben sich zwei Schwestern des verstorbenen Charles Isenberg niedergelassen, Elisabeth und Peregrina Isenberg. Die auswärtige Verwandtschaft kommt immer wieder zu Besuch, so die vielen Geschwister Hermann Gunderts. Oft verbringt Hermann Hesse die Ferien bei seinem Onkel David, der die Stuttgarter Niederlassung des Verlags betreut. Dessen Sohn Wilhelm ist sein Lieblingscousin, mit dem er leidenschaftlich gern Schmetterlinge fängt.

In den Familien Gundert und Hesse herrscht eine strenge religiöse Erziehung. Morgen- und Abendandacht gehören zur Tagesordnung, Bibelstunden werden regelmäßig besucht und Missionsfeste gehören zu den Höhepunkten des Jahres. Selbstverständlich geht man sonntags in die Kirche, wo oft Johannes Hesse oder Hermann Gundert predigt oder Onkel Friedrich musikalische Aufführungen leitet. Diese Frömmigkeit ist bei den Gunderts und Hesses jedoch immer gepaart mit Toleranz. Schließlich hat man Verbindungen in die ganze Welt und möchte sich von der oft engstirnigen Gläubigkeit vieler Calwer unterscheiden. Und so macht man sich auch lustig über sittenstrenge Leute wie den neuen Mitarbeiter des Großvaters, Herrn Johannes Claasen. Der ist einmal empört darüber, wie sich bei Tisch ein Kind zu hastig über das Essen hermacht. Er schaut es anklagend an, droht mit seinem dürren Zeigefinger und sagt: »Das ist die Gier! Das ist das Tier in dir!«[3] Diese Mahnung wird in der Familie zum geflügelten Wort.

Durch die Mission fühlen sich die Familien Hesse, Gundert und Isenberg, die sich manchmal scherzhaft auch »Hesse-Gundisberg« nennen, mit der ganzen Welt verbunden. Trotzdem legen sie Wert auf ihre deutsche Herkunft. Dieser Stolz bezieht sich allerdings nur auf die eigenen sprachlichen und kulturellen Wurzeln und hat keinerlei nationalistische Nebentöne. Die Mitglieder der Familie Hesse besitzen immer noch die Schweizer Staatsbürgerschaft. Und als engere Heimat betrachtet man den alemannischen Lebens- und Kulturkreis, von Bern bis zum nördlichen Schwarzwald, von Zürich und dem Bodensee bis zu den Vogesen.

Dass das neue Deutsche Reich hier andere Grenzen zieht, empfindet man als unnatürlich. Vom Erbauer dieses Reiches, dem Reichskanzler Bismarck, hängen zwar Bilder im Verlagshaus. Aber für das Leben der Bewohner wichtiger ist freilich das große Christusbild im Wohnzimmer. Jeder Mensch brauche Vertrauen und Sicherheit, pflegt Hermanns Mutter zu sagen. Und da sei es immer besser, »zum Heiland zu gehen als zu einem Professor oder zum Bismarck oder sonst jemandem«.[4]

Man fühlt sich in einer »heilen, gesunden Welt«, die auf den starken Pfeilern des christlichen Glaubens und der humanistischen Bildung ruht und zu der das Interesse an der Natur genauso gehört wie »Weihnacht und Ostern, Latein und Griechisch, Goethe, Matthias Claudius und Eichendorff«[5]. Diese Welt ist vielfältig und weit, aber sie ist geordnet und jeder darin weiß, was gut und schlecht, wichtig und nebensächlich ist. Dass diese »Welt ohne Löcher« sich einmal durch die politischen Entwicklungen verändern oder gar untergehen könnte, das kann man sich nicht vorstellen.

Ein Ereignis, das eine neue Zeit ankündigt, ist der Tod des alten Kaisers Wilhelm I. am 9. März 1888. Nur neunundneunzig Tage später stirbt auch sein Sohn Friedrich III. an Kehlkopfkrebs. Und so kommt die Reihe an den jungen Enkel, Wilhelm II. Der neue Kaiser reist im September 1888 nach Stuttgart. Der elfjährige Hermann Hesse, der gerade seine Ferien in der »Davidsburg«, also im Haus seines Onkels David, verbringt, jubelt ihm begeistert zu. Seine Cousine Johanna bekommt sogar eine Brosche, weil sie einen Strauß überreicht hat.

Hermann Hesse ist gern in Stuttgart bei seinem Onkel David. Dessen Sohn Wilhelm ist nur drei Jahre jünger als er und wie ein Bruder für ihn. Gemeinsam machen sie viele Ausflüge. An einem heißen Sommertag fahren sie nach Urach, um dort zu wandern und Schmetterlinge zu fangen. Hermann erwischt einen sehr seltenen Schmetterling, einen Apollo, und der Jubelschrei, den er ausstößt, und die strahlenden Augen, die er dabei hat, wird sein Cousin Wilhelm ein Leben lang nicht mehr vergessen.

Hermann kann mit seiner Begeisterung andere Menschen und seine Umwelt verzaubern. Das kleinste Erlebnis wird ihm zum Abenteuer und die banalsten Dinge verwandeln sich in seiner Phantasie zu etwas Aufregendem und Rätselhaftem. Die Welt wie ein

Wissenschaftler nur nüchtern zu betrachten, das ist ihm völlig fremd. »Wirklichkeit war niemals genug«, sagt er im Rückblick auf seine Kinderzeit, »Zauber tat not.«[6]

Seine Zauberwelt beschützt Hermann auch vor Verletzungen und Störungen. So nimmt er nur am Rande wahr, dass in der Großfamilie Hesse-Gundert der Haussegen schief hängt. Johannes und Marie Hesse haben sich von Anfang an unwohl im Verlagshaus gefühlt. Das freie und eigenständige Familienleben, das sie in Basel führen konnten, ist hier nicht mehr möglich. Sie fühlen sich beobachtet und gegängelt, vor allem von Tante Jettle, und Johannes leidet unter der Arbeitslast. Durch seine dauernden Kopf- und Augenschmerzen ist er wenig belastbar, während Hermann Gundert noch vom Krankenbett aus die Verlagsgeschäfte dirigiert. Hinzu kommt, dass die Räume, die sie bewohnen, finster und klamm sind. Die Schlafzimmer gehen alle auf den »Winkel« hinaus, so dass man die Fenster kaum öffnen kann. Diese widrigen Umstände machen den ohnehin zur Melancholie neigenden Johannes Hesse noch bedrückter. Und auch seine Frau Marie leidet unter Schwermut. Sie überlegt, ob die Liebe zu ihrem Vater dieses Opfer wert ist. Vor den Kindern werden diese Probleme verheimlicht. Wenn Johannes und Marie Hesse im Familienkreis auf ihre Sorgen zu sprechen kommen, reden sie in Englisch.

Hermann Hesse hat seine eigenen Sorgen. Er ist seit der Rückkehr nach Calw in der örtlichen Lateinschule. Insgesamt ist er ein mittelmäßiger Schüler, meist erhält er die Noten »befriedigend« und »genügend«. Das liegt nicht an mangelnder Begabung. Hermann lernt leicht, doch sein Wille, meint sein Großvater, ist »ein kapriziöses Ding«. Wenn Hermann will, schreibt er auch mal die beste Klassenarbeit. Aber wenn er nicht will, helfen auch gute Worte und Schläge nichts. Und Schläge gibt es in der Schule genug. Tatzen verteilen, »Hosenspannen«, Ohren ziehen, Schläge auf den Kopf oder Arrest sind ganz normale Erziehungsmethoden, von denen auch gute Schüler nicht verschont bleiben. Jedes Versagen, jeder Fehler zieht eine bestimmte Strafe nach sich. »Cum mit Indikativ regiert zwei Tatzen!«, heißt es etwa im Lateinunterricht. Und Verstöße gegen die Disziplin werden besonders streng geahndet. Einmal macht Hermann mit Mitschülern auf dem Schulweg eine Schneeballschlacht und sie kommen zu spät ins Klassenzimmer. Unter den Nachzüglern ist auch Hermanns Freund Otto Mörike und der erinnert sich später, wie einige von ihnen exemplarisch bestraft wurden. »Mit sadistischer Wollust zog der Schultyrann den Delinquenten vier saftige Streiche über die Finger. Es sah aus, als wolle er ihnen die Hände abhacken. Herzzerreißende, fast tierische Laute begleiteten das Schlachtfest, nur einer schwieg, Hesse. Er steckte die ›Tatzen‹ ein wie eine

45

Hand voll Marmeln, allerdings mit verbissener Wut, offensichtlicher Verachtung und einer nicht misszuverstehenden Gebärde.«[7]

Für den jungen Hermann Hesse ist die Schule eine »Zwangsanstalt« und er leidet unter den Lehrern. Dabei sind es nicht einmal die körperlichen Strafen, die ihn treffen. Viel schlimmer empfindet er es, wenn die Erwachsenen auf seine kindliche Neugier und schüchternen Fragen mit Spott oder Gleichgültigkeit antworten oder wenn sie sich zu Kindern »herunterschrauben« und mit gespielter Anteilnahme zu ihnen reden wie zu »dummen Karikaturkindern«.[8] Auf solche Erfahrungen reagiert Hermann mit Stolz, Zorn oder Wutausbrüchen. Er wird widerspenstig und lässt sich auch durch Strafen nicht von seinem Eigensinn abbringen, so dass der Schuldirektor Weizsäcker einmal sogar meint, Hesse sei es nicht wert, dass die Sonne ihn anscheine.[9]

Auch außerhalb der Schule ist Hermann Hesse kein Musterknabe. Wenn es darum geht, ehrbare Bürger zu ärgern, gehört er zu den Rädelsführern. Zum Stadtgespräch wird in Calw, wie der junge Hesse den Kaufmann Samuel Leukhardt zur Verzweiflung gebracht hat. Hermann spazierte in den Gemischtwarenladen des frommen Mannes und verlangte nach einem besonderen Schnupftabak der Marke »Schneeberger«. Natürlich war dieser Schnupftabak nicht auf Lager und der Kaufmann musste ihn bestellen. Jeden Tag betraten jetzt dutzende von Hermanns Freunden den Laden des Kaufmanns Leukhardt, um nach dem Schnupftabak zu fragen. Der sonst so sanftmütige Mann geriet in Rage, sobald er das Wort »Schneeberger« hörte. Schließlich kam auch Hermann noch einmal in das Geschäft und zu seiner Verlegenheit präsentierte ihm der Kaufmann eine Schachtel des bestellten Schupftabaks. Als Hermann wieder meinte, das sei nicht der richtige, platzte dem frommen Mann der Kragen. Er stürzte hinter dem Ladentisch hervor und rannte Hermann hinterher. Dabei verlor er einen Schuh, den Hermann sich schnappte und damit verschwand. Kaufmann Leukhardt musste ohne den Schuh nach Hause humpeln. Hermann aber bezahlte diesen Spaß mit einer Tracht Prügel und Arrest. Und dem Kaufmann Leukhardt musste er den Schuh zurückbringen.[10]

Hermann gibt oft Grund zur Klage: Einmal setzt er mit einer Petroleumlampe das Bett des Vaters in Brand, dann bringt er einen Kahn zum Kentern, in dem er mit seiner Schwester Adele und einem anderen Mädchen eine Bootsfahrt macht. Auch Hermanns körperliche Entwicklung bereitet den Eltern Sorgen. Wegen Wachstumsstörungen und »Gliederwehs« bringt man ihn zu einem Orthopäden nach Stuttgart. Er muss Lebertran schlucken. Turnen und Schlittschuhlaufen werden ihm verboten. Nur noch »ruhige gleichmäßige Bewegungen« sind ihm erlaubt. Diese

Einschränkungen machen ihn nur gereizter und unge-horsamer.

Johannes Hesse ist nicht der Mann, der sich mit Prügeln und lauten Worten Respekt verschaffen kann. Dafür ist er viel zu sensibel, vernünftig und auf Ge-rechtigkeit bedacht. Auch leidet er unter den neuen Lebensverhältnissen so stark, dass ihm wenig Kraft bleibt für die Erziehung seiner Kinder. Die Krise im Verlagshaus spitzt sich immer mehr zu. »In diesem Jahr steigerte sich das Schwierige der Verhältnisse bis zur Unerträglichkeit«, schreibt Marie in ihr Tagebuch. »Johannes wurde immer nervöser und elender, schlaf-los, durch Kopfschmerzen fast arbeitsunfähig.«[11] Auch Marie Hesse hält es im Verlagshaus nicht mehr aus. Sie muss sich eingestehen, dass »von früh bis spät alles Böse in mir heraufgelockt wurde und ich immer nur zu kämpfen hatte gegen Verstimmung und Zorn«. Ihr Hass gegen die stets nörgelnde und intrigierende Tante Jettle streift »ans Krankhafte«. Im Sommer 1889 wird der Teufelskreis von körperlicher Schwäche und Arbeitsdruck für Johannes Hesse zu viel. Er bricht zusammen und muss mit Weinkrämpfen in eine Berner Klinik gebracht werden.

In dieser ausweglosen Lage ergreift Marie Hesse endlich die Initiative. Sie beschließt, sich von ihrem Vater zu trennen und für ihre Familie eine eigene Wohnung in Calw zu suchen. »Was mich das gekostet, ahnt niemand!«, schreibt sie in ihr Tagebuch.

Mitte August 1889 wird Johannes Hesse wieder aus dem Krankenhaus entlassen und einen Monat später bezieht die Familie eine neue, helle und geräumige Wohnung in der Ledergasse.

Der zwölfjährige Hermann verlässt ungern das geliebte Verlagshaus. In der neuen Wohnung hat er kein eigenes Zimmer mehr. Dafür treibt er sich umso mehr in der Stadt herum. Hermann kennt sich aus in Calw. In den Wäldern ringsum, in den Obstgärten, in den Werkstätten der Handwerker und in den Hühnerhöfen. Er kennt alle Stellen an der Nagold, wo man gut angeln kann. Er kennt die Bäume, die Vögel und Schmetterlinge und er kann alle Lieder singen und durch die Zähne pfeifen. Und er hat immer wieder seine Einfälle. An einem Sonntag im Herbst fährt er auf einem Floß mit, das Holz auf der Nagold transportiert. Seinen kleinen Bruder Hans, der noch nicht schwimmen kann, hat er mitgenommen. Der benachrichtigte Vater Johannes läuft machtlos am Ufer entlang und erst nach langem Bitten lässt der Flößer die Kinder an einer schmalen Stelle an Land springen.

Mit dem Herumstreifen und Angeln ist es für Hermann nun langsam vorbei. In der Schule gehört er seit einigen Jahren zu den »Humanisten«, einem erlesenen Kreis von Schülern, die Griechisch lernen und für höhere Berufe ausersehen sind. Hermanns weitere Laufbahn ist bereits vorgeplant. Er soll wie der Vater und der Großvater Theologie studieren und dann einen geistlichen oder akademischen Beruf ergreifen. Um eine der begehrten Freistellen an einem der theologischen Seminare in Württemberg zu erhalten, muss er zunächst eine staatliche Prüfung, das so genannte »Landexamen«, bestehen. Und zur Vorbereitung auf dieses Examen, das jedes Jahr im Sommer durchgeführt wird, soll Hermann an eine Vorbereitungsschule nach Göppingen.

Hermann fügt sich den Plänen seiner Eltern, obwohl er sich nicht zum Pfarrer berufen fühlt. Inzwischen hat er sogar einen Widerwillen gegen den Jargon der Pietisten, gegen diese »Missionszöglings-Sprache« und das »Gesäusel«, wie er es später nennt.[12] Aber diese Abneigungen kann er niemandem anvertrauen. Auch er selbst tut sich schwer damit. Hermann möchte in der lichten, geordneten Welt des Elternhauses bleiben. Und gleichzeitig entdeckt er Eigenschaften an sich, die jene Welt in Frage stellen und sprengen.

Dieser Konflikt führt im November 1889 wieder zu einem Zwischenfall. Hermann will den Vater in seiner Studierstube aufsuchen. Doch der ist zu seiner Enttäuschung nicht da und Hermann wird von dem unwiderstehlichen Verlangen gepackt, etwas in dem Zimmer zu stehlen. In einer Schublade entdeckt er einen Kranz Feigen. Und obwohl er die Feigen nicht anrühren möchte und Gewissensbisse ihn plagen, nimmt er sie mit. Die folgenden Tage durchleidet Her-

mann Qualen der Reue. Er möchte den Diebstahl un-
geschehen machen und wünscht sich nichts mehr, als
wieder in die heile Welt der Familie aufgenommen zu
werden. Er glaubt schon, dass seine Tat unentdeckt
bleibt, da steht sein Vater im Zimmer, findet die ver-
steckten Feigen und stellt ihn zur Rede. Hermann
leugnet und behauptet, die Feigen selbst gekauft zu
haben. Der Vater will daraufhin seine Angaben prüfen
und mit ihm zum Kaufmann gehen. Kurz bevor sie
dort ankommen, weigert sich Hermann weiterzuge-
hen und gesteht seine Lügen ein.

Hermann Hesse wird diesen Diebstahl später in einer Erzählung beschreiben. Darin heißt es über den
Vater: »Ach, hätte er mir gleich zu Anfang, ohne mich
überhaupt zu fragen und zu verhören, mit dem Stock
über den Kopf gehauen, das wäre mir im Grunde lieber gewesen als diese Ruhe und Gerechtigkeit, mit der
er mich in meinem dummen Lügengespinst erstickte.
Überhaupt, vielleicht war es besser, einen groben Vater zu haben als so einen feinen und gerechten. [...]
Als ob ich selber gewußt hätte, warum ich ihm diese
Geschichte vorlog! Als ob ich selber gewußt hätte,
warum ich nicht mein Verbrechen gestehen und um
Verzeihung bitten konnte! Als ob ich selber gewußt
hätte, warum ich diese unseligen Feigen stahl!«[13]

Zur Strafe wird Hermann den ganzen Sonntagnach-
mittag in die dunkle Dachkammer eingesperrt. Was
seine Eltern aber übersehen haben: In der Dachkam-

mer steht eine verstaubte Kiste, voll mit Heften, Büchern und Broschüren. Hermann sieht die obersten Hefte durch und ist zunächst enttäuscht. Es sind lauter fromme Geschichten, die von »scheußlich braven und blöden Knaben« handeln, die ihren Eltern gehorchen, ihre Lehrer lieben, in der Bibel lesen und dafür von Gott gesegnet werden. Weiter unten in der Kiste aber findet er dann doch noch etwas, das ihn mehr interessiert. Es ist die Lebensgeschichte eines Räuberhauptmanns, dessen Verbrechen, Leiden und Hinrichtung mit »herrlicher Deutlichkeit« beschrieben werden. Hermann schiebt einen Dachziegel beiseite, so dass mehr Licht in die Dachkammer fällt, und liest.[14]

III. Der Klosterschüler
»Ich setzte mir fest in den Kopf: Du bist nicht krank.«

Wie wird man ein Dichter? Diese Frage stellt sich der dreizehnjährige Hermann Hesse. Denn es steht für ihn fest, dass er »entweder ein Dichter oder gar nichts« werden will. So wird er es jedenfalls in einem fünfunddreißig Jahre später erscheinenden Lebenslauf behaupten.[1]

Jenen Entschluss fasste er in der Calwer Lateinschule, als er eines Tages im Lesebuch zwischen den üblichen Geschichten und Anekdoten das Gedichtfragment *Die Nacht* von Friedrich Hölderlin entdeckte. Diese »unglaublichen Verse« waren für ihn wie eine Offenbarung. Was ihn in den Bann zog, war nicht der Inhalt, sondern »das Geheimnis der Dichtung« und »die Magie des Sehertums«.[2]

In dieses Geheimnis möchte Hermann auch eingeweiht werden. Aber wie? Er weiß, dass man Pfarrer, Handwerker, Lehrer oder auch Architekt und Maler werden kann. Zu all diesen Berufen führen Schulen, in denen man sich ausbilden lassen kann. Bloß für den Dichter gibt es diese Ausbildungen nicht. Und noch eines beschäftigt den jungen Hermann Hesse: Im Elternhaus und in der Schule spricht man von Dichtern mit größter Hochachtung. Diese Dichter sind alle berühmt und verehrt, aber leider leben sie auch alle nicht mehr. Dichter, so scheint die übliche Meinung zu sein, ist jemand, »der gesammelte Werke geschrieben hat und schon lange tot ist«.[3] Wenn aber jemand erst ein Dichter oder Künstler werden will, dann gilt das als lächerlich und eine Schande. Hermann kennt das aus der eigenen Familie. Sein Stiefbruder Theodor Isenberg hat seine Apothekerlehre abgebrochen, um Opernsänger zu werden. Dabei erlitt er Schiffbruch und kehrte reuig ins Elternhaus und zur Pharmazie zurück. Ein Querkopf ist er aber immer noch. Er und sein Bruder Karl behaupten nämlich, nicht mehr an Gott zu glauben. Darum gelten sie in der Familie als verlorene Söhne.

Was der junge Hermann Hesse sich unter »Dichter« vorstellt, ist noch sehr verschwommen. Jedenfalls bedeutet es nicht nur, dass man gut schreiben kann, sondern es ist für ihn eine besondere Art zu leben. Man hat einen freieren Blick auf die Wirklichkeit, der nicht von moralischen Zwängen eingeengt ist. Schon der kleine Hermann wusste etwas von diesem Blick. Einmal, als seine Mutter sich über das Verhalten anderer Leute aufregte und dazu meinte, es sei eine Schande, entgegnete er: »Ja, aber bloße Schand' in die Augen. Ja, in die Augen e Schand', und das ist's Gegenteil von einem Adler!«[4]

Hermann hat noch keinen Adlerblick und in den Augen seiner Eltern wären seine Dichterpläne natürlich dumme Flausen. Sie sehen es gern, wenn ihr Sohn ab und zu ein Gedicht schreibt. Aber in erster Linie erwarten sie von ihm, dass er in der Vorbereitungsschule in Göppingen ein fleißiger Schüler ist und dann das Landexamen besteht.

Am 1. Februar 1890 bringt Marie Hesse ihren Sohn Hermann nach Göppingen, das im Vergleich zu Calw eine »prosaische Fabrikstadt« ist. Hermann wohnt zusammen mit anderen Schülern der Lateinschule bei der Frau Oberlehrer Schaible in der Gaißlingerstraße. Hier hat er ein Bett und bekommt sein Essen. Bei seinen Mitbewohnern sorgt er gleich für Aufsehen, weil er seine Musikinstrumente, Harmonika, Geige und Trompete, mit dabei hat. Abends begleitet er seine Mutter zum Bahnhof. Sie küsst und segnet ihn, bevor sie in den Zug steigt. Hermann ist zum ersten Mal allein in der Welt draußen und er nimmt sich vor, brav zu sein und seiner Mutter »keine Schande zu machen«.[5]

Hermann Hesse tut alles, um seinem Vorsatz treu zu bleiben. In der Lateinschule entwickelt er sich zum Musterschüler. Von Anfang an gehört er zu den Besseren seiner Klasse. Und das, obwohl die Anforderungen sehr hoch sind und der Tag mit Unterricht und Lernen fast restlos ausgefüllt ist. Die Fächer sind Latein, Griechisch, Arithmetik, Religion, Aufsatz, Französisch, Geographie, Geschichte. Dazu kommen noch Privatstunden und die Vorbereitung auf die Konfirmation. Unterricht ist vormittags von acht bis zwölf Uhr, nachmittags von zwei bis vier Uhr und abends von fünf bis sieben Uhr. Freie Nachmittage gibt es nicht und auch an Sonn- und Feiertagen wird gelernt.

Dass Hermann so strebsam und fleißig ist, ist seinem Lehrer zuzuschreiben, dem Rektor der Schule Otto Bauer. Dieser schon siebzigjährige Mann ist ein weithin bekanntes Original. Schon seine äußere Erscheinung ist ungewöhnlich. Er trägt immer altmodische Kleidung, seine grauen Haare stehen ihm wirr um den Kopf, seine Brille sitzt auf der Nasenspitze und in seiner rechten Hand hält er eine Pfeife mit großem Porzellankopf, die fast bis zum Boden reicht und aus der unentwegt große Rauchwolken steigen.

Rektor Bauer weiß, wann seine Schüler Zuckerbrot brauchen und wann die Peitsche. Er kann sehr streng sein, er hat sogar einen langen Stock, mit dem er die Schüler in den hinteren Bänken erreichen kann. Er hat aber auch ein besonderes Talent, seine Schüler zu begeistern und sie durch Scherze und lustige Aktionen bei Laune zu halten. Wenn er merkt, dass die Aufmerksamkeit seiner Schüler nachlässt, befiehlt er den »Zapfenstreich«. Dann hat Hermann Hesse seinen Auftritt. Er eilt nach vorne ans Pult und dirigiert mit einem Stock als Zepter ein Konzert, bei dem alle fünfzig Kinder mal laut und schnell, mal leise und langsam mit den Fäusten auf ihre Schultische trommeln. Und einmal nimmt Rektor Bauer seine Zöglinge sogar mit in seine Wohnung. Dort dürfen sie mit Zinnsoldaten spielen und er macht mit seiner Pfeife den Schlachtenqualm dazu. Hermann, der bisher mit fast allen Lehrern auf Kriegsfuß stand, ist von Rektor Bauer begeistert, er wird ihm »zum Führer, zum Vorbild, zum Richter, zum verehrten Halbgott«[6]. Und das einfach dadurch, so erinnert er sich später, »daß er an die höchsten Strebungen und Ideale in mir appellierte, daß er meine Unreife, meine Unarten, meine Minderwertigkeiten scheinbar gar nicht sah, daß er das Höchste in mir voraussetzte und die höchsten Leistungen als selbstverständlich betrachtete«. Rektor Bauer lässt Hermann spüren, dass er große Stücke von ihm hält. Er ist sich sicher, dass Hermann das Landexamen bestehen wird, und er verspricht, aus ihm »einen tüchtigen Mann« zu machen.[7]

Hermann schreibt jede Woche nach Hause. In seinen Briefen aus Göppingen ist das Bedürfnis spürbar, seine Eltern von seinem guten Willen und seinem Fleiß zu überzeugen. Und die Familie in Calw hat allen Grund zu glauben, dass der früher so schwierige Hermann sich gewandelt hat und nun auf dem rechten Weg ist. Im Mai 1890 berichtet Hermann von seiner neuen »Methode«. »Jeden Tag gebe ich mir ein Zeugnis«, so schreibt er, »je nachdem ob ich viel oder wenig geschafft habe. So werde ich immer fleißiger.«

Und seinem Bruder Hans, der in der Schule in Calw unter einem brutalen Lehrer leidet, rät er, er solle sich nicht allzu sehr deprimieren lassen und tapfer drauflos schaffen: »[...] Sorgen helfen nichts, lieber fröhlich sein mit dem Bewußtsein, seine Pflicht getan zu haben.«[8]

Hermann verordnet sich selbst diese Einstellung und mit ihrer Hilfe gelingt es ihm offenbar auch, unangenehmen Erfahrungen ihre lustigen Seiten abzugewinnen. »Lustig ist's auch und nett / in des Schulhauses Räumen / wo des Tatzenstocks Kraft / klatschend am Knaben sich zeigt«, dichtet er. Und auch durch seine dauernden Kopfschmerzen will er sich nicht in seinem Pflichtbewusstsein bremsen lassen. Im März 1891 berichtet er sogar über Anfälle von Atemnot. Ihm ist dabei, als ob ihm jemand die Kehle zudrückt. Doch hat er auch dagegen ein »famoses Mittel« erfunden: »[...] nämlich ich setzte mir fest in den Kopf: ›Du bist nicht krank!‹«[9]

In Calw nimmt man Hermanns Übereifer überrascht, aber erleichtert zur Kenntnis. Nur dem Großvater Hermann Gundert ist der beflissene Ehrgeiz seines Enkels nicht ganz geheuer. Er wird das Gefühl nicht los, dass in »Memmer«, wie er seinen Enkel nennt, etwas vorgeht, und er fürchtet, »er übertreibe es für sein Alter«.

Am 12. April 1891 wird Hermann Hesse in Calw konfirmiert. Am Abend des Festtages veranstaltet der

Großvater Hermann Gundert für die ganze Familie Gundert-Hesse eine kleine religiöse Feier mit heiligem Abendmahl. Nur Karl und Theodor Isenberg nehmen nicht an der Feier teil, weil sie sich als »dezidierte Nichtchristen« verstehen.

Der Beginn des Landexamens ist auf den 14. Juli 1891 festgesetzt. Einen Tag vorher kommt Marie Hesse an den Prüfungsort, nach Stuttgart, um ihrem Sohn beizustehen. Hermann hat entsetzliche Angst vor dem Examen. In Latein geht es ihm passabel. In Mathematik verpatzt er eine Aufgabe. Dafür brilliert er mit seinem Aufsatz, den er nebenbei noch in Versform bringt.

Ende Juli werden die Prüfungsergebnisse bekannt gegeben. Hermann Hesse hat bestanden. Von den sechsunddreißig, die aufgenommen werden, belegt er den achtundzwanzigsten Platz. Damit darf er im Herbst an das Klosterseminar Maulbronn. Doch das ist noch weit weg für Hermann. Er ist heilfroh, dass er das Landexamen hinter sich hat, und vor ihm liegen lange Sommerferien, die er ausgiebig genießen will.

Hermann Hesse wird als Sechsundzwanzigjähriger diese Phase seines Lebens literarisch verarbeiten in einem Buch mit dem Titel *Unterm Rad*.

Der Held des Buches heißt Hans Giebenrath. Er besteht – wie Hermann – das Landexamen und er soll – wie Hermann – nach Maulbronn gehen. In den

Ferien dazwischen will Hans Giebenrath endlich wieder tun, worauf er bei der Lernerei hat verzichten müssen und was er schon immer am liebsten getan hat: Angeln gehen, in den Wäldern umherstreifen, baden, faul in der Sonne liegen. Auch sind alle in seiner Umgebung besorgt um ihn und wollen, dass er sich in der sauer verdienten Freizeit erholt. Aber dann stachelt man sein Pflichtgefühl doch wieder an. Sein alter Lehrer und der Ortspfarrer erklären sich bereit, ihm in Vorbereitung auf Maulbronn Privatstunden zu geben. Hans kann dieses noble Angebot natürlich nicht ablehnen und schließlich muss er seine Angel wieder in die Ecke stellen und zum Faulenzen ist nun keine Zeit mehr. Als sich dann später die ersten nachteiligen Folgen dieser Belastung zeigen, wirft der Erzähler die Frage auf: »Warum hatte er in den empfindlichsten und gefährlichsten Knabenjahren täglich bis in die Nacht hinein arbeiten müssen? Warum hatte man ihm seine Kaninchen weggenommen, ihn den Kameraden in der Lateinschule mit Absicht entfremdet, ihm Angeln und Bummeln verboten und ihm das hohle, gemeine Ideal eines schäbigen, aufreibenden Ehrgeizes eingeimpft? Warum hatte man ihm selbst nach dem Examen die wohlverdienten Ferien nicht gegönnt?«[10]

Auch der vierzehnjährige Hermann Hesse in Calw kann seine Ferien nicht unbelastet genießen. Er erhält

Privatstunden in hebräischer Sprache, damit ihm der Anfang in Maulbronn leichter fällt. Der Gedanke an das Klosterseminar macht ihn nervös und er ist oft auffallend müde und kraftlos. Nach einer Wanderung mit seinem Stiefbruder Karl nach Wildberg ist er völlig kaputt. Und seine Mutter nennt ihn daraufhin »einen gern groß sprechenden und wenig leistenden Burschen«.[11]

Am 15. September 1891 bringt Marie Hesse ihren Sohn Hermann nach Maulbronn. Die alte, 1147 gegründete Zisterzienser-Abtei mit ihren zahlreichen Wirtschafts- und Wohngebäuden liegt zwischen waldigen Hügeln und kleinen Seen. Seit der Reformationszeit wird hier die Elite von Württembergs Jugend auf ein Theologiestudium vorbereitet. Berühmte Männer waren hier einmal Schüler. Etwa der Astronom Johannes Kepler, der Dichter Friedrich Hölderlin, der Theologe David Friedrich Strauß oder der Schriftsteller und Politiker Georg Herwegh. Auch Hermann Hesses Großvater Hermann Gundert und sein Stiefbruder Karl Isenberg waren Zöglinge der Klosterschule.

Jedem »Frosch«, wie man einen Neuling nennt, wird ein nummerierter Wandschrank und in den Arbeitszimmern ein nummeriertes Büchergestell zugewiesen. Dann werden die Neuankömmlinge auf die verschiedenen Stuben verteilt, die mit Namen aus der Antike bezeichnet sind: Hellas, Forum, Athen, Akropolis, Sparta und Germania. Hermann wird mit neun anderen in Hellas, der größten Stube, einquartiert.

In den ersten Tagen muss sich Hermann an den stark reglementierten Tagesablauf gewöhnen. Um 6.30 Uhr wird mit lautem Läuten geweckt. Zwanzig Minuten später müssen alle Schüler mit Anziehen und Waschen fertig sein und zur Andacht erscheinen. Anschließend gibt es ein karges Frühstück. Der Unterricht dauert vormittags von 7.45 Uhr bis 12 Uhr. Nach der Mittagspause geht es um 14 Uhr wieder weiter mit den Lektionen bis zum Abendessen um 19.30 Uhr. Bis 21 Uhr ist Freizeit. Dann Abendgebet und Bettruhe. Insgesamt haben die Schüler einundvierzig Stunden Unterricht in der Woche. Dazu kommen noch verschiedene Dienste, zu denen jeder eingeteilt wird. Hermann ist gleich in der ersten Woche Censor, also »Sittenrichter«.

Dem neuen Maulbronner Seminaristen Hermann Hesse scheint es nicht schwer zu fallen, sich in der Klosterschule einzuleben. Jedenfalls vermitteln seine Briefe nach Hause diesen Eindruck. Neugierig und manchmal amüsiert schildert er alles Neue, das er erlebt. Und mit verhaltenem Stolz berichtet er seinen Eltern, dass man ihn zum Sprecher seiner Stube gewählt hat und dass sein Aufsatz als bester der Klasse vorgelesen wurde. In diesem Aufsatz erzählt Hermann vom Tod und der Beerdigung seiner Großmutter Julie Gundert.

Was er nicht oder nur nebenbei erwähnt, ist, dass das Aufsatzschreiben so ziemlich das einzige Fach ist, in dem er Erfolg hat. In einem Brief, in dem er über seine Lieblingsfächer Auskunft gibt, setzt er nur hinter »Aufsatz« ein begeistertes »Ah!!!«. Hinter Hebräisch steht ein Fragezeichen, hinter Französisch drei. Und in Geometrie kann er nicht einsehen, warum er ein Quadrat, das er vor Augen hat, auch noch ausführlich beweisen soll. In Turnen, so meint er einmal bitter ironisch, »kann man nicht am Leben bleiben, wenn man allen Befehlen folgt«. Und besonders scheint es ihm zuzusetzen, dass ihm das geliebte Geigespielen durch den Musikunterricht verleidet ist. »Die Geigenstunde ist eine Qual«, klagt er nur kurz.

Hermanns Briefen merkt man an, dass er nichts erwähnen will, was seine Eltern beunruhigen könnte. »Seid ihr im ganzen mit meinen Briefen zufrieden?«, fragt er im Dezember 1891 nach Calw. Seine Ängste und Sorgen findet man eher zwischen den Zeilen. »Heimweh hab ich nicht«, schreibt er kurz vor Weihnachten, »nur so eine Ahnung davon.«[12]

Johannes und Marie Hesse in Calw sind sehr zufrieden mit ihrem Sohn. Besonders für seine Mutter ist es eine »Herzenserleichterung«, dass Hermann nun im »rechten Fahrwasser« zu sein scheint und so »froh und befriedigt« aus Maulbronn schreibt. Auch als Hermann in den Weihnachtsferien nach Hause kommt, erlebt sie ihn im Kreis seiner Familie sehr entspannt. Er erzählt viel Lustiges und Interessantes aus dem Internat und kann seine Lehrer nicht genug rühmen.

Das Bild, das Hermann von sich zu Hause geben will, trifft wohl nicht ganz zu. Otto Hartmann, der in Maulbronn Hermann Hesses Zimmernachbar ist, wird ihn später als einen empfindsamen »Sonderling« beschreiben, der meistens still und traurig im Abseits stand und am liebsten mit seiner Geige spielte oder malte. Andere Mitschüler erinnern sich an Hermanns Stimmungsschwankungen: Einmal völlig überdreht und aggressiv, ein anderes Mal melancholisch und dann wieder »heiter und lustig«.[13]

Das Leben in Maulbronn hat für Hermann Hesse viele Seiten, die oft weit auseinander liegen. Die ungeliebten Fächer, die gefühllosen Lehrer, die Verbote und Paragraphen – all das lässt er mehr oder weniger über sich ergehen. Dagegen blüht er auf, wenn er allein Geige spielen, malen und sich mit Literatur beschäftigen kann. Nach den Weihnachtsferien gründet er ein »kleines, klassisches Museum«, eine Art Literaturkreis, in dem Stücke von Schiller mit verteilten Rollen gelesen oder eigene Aufsätze vorgetragen werden. Auch in seiner Freizeit verschlingt Hermann jedes Buch, das ihm in die Hände kommt und im Kloster erlaubt ist. Auf seinem Regal stehen neben Homer, Ovid und Livius auch Bücher von Schiller, Goethe, Wieland und der *David Copperfield* von Charles

Dickens, und seine Eltern bittet er um die Erlaubnis, Klopstocks *Messias* lesen zu dürfen. Diese Bücher nähren in Hermann eine Sehnsucht, die er schon immer mit Dichtertum verbunden hat. Eine Sehnsucht nach Freiheit, nach Freundschaft, nach Leidenschaft, kurz – nach einem anderen Leben.

Mit seinen Träumen ist Hermann meistens allein. Dann geht er einsam durch den Kreuzgang des Klosters zur Kapelle, wo der Brunnen mit den drei übereinander schwebenden Schalen steht und das Wasser von der oberen und kleinsten Schale in die unteren, größeren fließt. Oder er verlässt die Klosteranlagen und macht einen Spaziergang zu seinem Lieblingsort, dem Haurker See. Seine Stimmung bei einem dieser Ausflüge wird Hermann Hesse einmal in einer Erzählung einfangen: »Wenn ich in der freien Mittagsstunde den nächsten Hügel erstieg, sah ich die weiten Gebäude des Klosters unter Schieferdächern stattlich beieinander gelagert. [...] Dort wartete Livius, Xenophon und der göttliche Homer auf mich, dort war mein Pult und Bett, beide Zeugen ernster und schwärmerischer Gedanken und Phantasien, dort war der Ort unserer Spiele, Kämpfe und Erschütterungen. Umschauend sah ich auf der anderen Hügelseite den tiefen See gebreitet, dahinter Feld und Gebirg und Weite. Dort war das Unbekannte, das Größere, die Ferne, die Welt, die Freiheit. Dort lag die helle Bahn, mit Anderen in die Weite zu laufen, dort lagen verborgene Ziele, Größe und Untergang, für alle Freien. Dort waren die Freunde, deren ich bedurfte, dort waren Berater und Mitwisser meiner Heimlichkeiten, Genesung und freie Luft für meine stummen Sorgen und Bedrängnisse.«[14]

Der Winter in den ersten Wochen des Jahres 1892 ist sehr kalt und schneereich. Hermann sehnt den Frühling herbei. Am 14. Februar schreibt er einen Brief an seine Eltern, in dem er das offene Verhältnis zwischen den Zöglingen und den Lehrern im Seminar preist: »Alles zusammen bildet ein festes, schönes Band zwischen Allen und nirgends findet man einen Zwang.«[15] Und am 4. März bekräftigt er noch einmal, dass er gesund sei und es ihm in der Schule gut gehe.

Am 7. März ist zu Hause in Calw Marie Hesse gerade damit beschäftigt, ihre fieberkranke Tochter Marulla zu pflegen, als nachmittags um fünf Uhr der Postmann mit einem Telegramm kommt. Marie Hesse denkt zuerst, es sei die Nachricht vom Tod des Schwiegervaters aus Weißenstein. Aber das Telegramm kommt aus Maulbronn und darin steht: »Hermann fehlt seit 2 Uhr. Bitte um etwaige Auskunft. Professor Paulus.« Hermanns Schwester Adele bringt die Hiobsbotschaft ihrem Vater und der telegrafiert sofort zurück nach Maulbronn, dass man nichts wisse und um weitere Beruhigung bitte.

Um neun Uhr abends kommt ein zweites Telegramm aus Maulbronn: »Alle Schritte getan, bis jetzt ohne Erfolg.«

Die ganze Nacht verbringt man in Calw in dieser Ungewissheit. Marie Hesse legt sich wieder zu ihrer kranken Tochter. Und die Gedanken, die ihr in dieser schlaflosen Nacht durch den Kopf gehen, schreibt sie später in ihr Tagebuch: »Zuerst hatte mich die Angst, Hermann sei in besondere Sünde und Schande gefallen, es sei dem Entweichen etwas besonders Böses vorausgegangen, ganz qualvoll gefoltert, so dass ich ganz dankbar wurde, als ich endlich das Gefühl bekam, er sei in Gottes barmherziger Hand, vielleicht schon ganz bei ihm, erlöst, gestorben. In einem der von ihm so bewunderten Seen ertrunken?«[16]

Am nächsten Morgen um neun Uhr kommt wieder ein Telegramm aus Maulbronn mit der Nachricht, dass man von Hermann immer noch nichts wisse. Dem Telegramm folgt ein längerer Brief des Professors Paulus, in dem er die näheren Umstände von Hermanns Verschwinden beschreibt. Danach ist Hermann zum letzten Mal während der Mittagspause von Mitschülern gesehen worden. Als er um fünf Uhr nachmittags immer noch fehlte, wurden alle Schüler seines Jahrgangs losgeschickt, um die Umgebung zu durchkämmen. Erst spät in der Nacht kehrten alle zurück, ohne Erfolg.

Johannes und Marie Hesse bitten Friedrich Gundert, nach Maulbronn zu reisen, um dort nach dem

Rechten zu sehen. Doch noch ehe Hermanns Onkel im Kloster eintrifft, kommt in Calw die beruhigende Nachricht an: »Hermann wohlbehalten zurück.« Ein uniformierter Landjäger war in der Nähe von Kürnbach, etwa zehn Kilometer nördlich von Maulbronn, auf den vermissten Klosterschüler gestoßen. Hermann hat ihn gefragt, wo es nach Maulbronn gehe. Und als er genau die entgegengesetzte Richtung einschlagen wollte, die der Mann anzeigte, wusste der Polizist, wen er vor sich hatte, und er brachte den Flüchtling nach Maulbronn zurück. Wie sich herausstellt, ist Hermann kreuz und quer durch die Gegend gewandert und hat die Nacht bei sieben Grad Kälte auf freiem Feld in einem Strohhaufen verbracht.

Johannes Hesse schreibt seinem Sohn einen Brief. Er versichert Hermann, dass man ihn immer noch liebe, aber gerade deswegen sich so viele Sorgen um ihn mache. Er empfiehlt Hermann, die zehn Gebote an sich zu überprüfen, und er ermahnt ihn, seine eigenen Wünsche oder Abneigungen nicht so wichtig zu nehmen. »Warum gleich alles so übertreiben«, schreibt er, »und Dich hineinsteigern in eine ganz unnötige Unzufriedenheit? Gott *will*, dass wir auch Unangenehmes ertragen, und jeder Verständige *weiß*, dass Selbstüberwindung der einzige Weg zum wahren Glück ist.«[17]

Der Lehrerkonvent der Klosterschule Maulbronn berät über Hermanns Bestrafung. Man wertet sein Davonlaufen nicht als geplante Flucht, sondern als

Kurzschlussreaktion aufgrund einer »großen geistigen Aufregung und Störung« und verurteilt ihn zu einer achtstündigen Karzerstrafe, bei Wasser und Brot.

Am Samstag, den 28. März 1892 sitzt Hermann Hesse seine Strafe im Karzer ab, von halb ein Uhr nachts bis halb neun Uhr morgens. An einer Zellenwand entdeckt er den eingekritzelten Namen seines Stiefbruders, der hier offenbar vor sieben Jahren auch schon gesessen hat: »Karl Isenberg, 28. Mai 1885«. Hermann schreibt einen Brief an seine Eltern. Er fühle sich furchtbar schwach und müde, körperlich und geistig, klagt er darin. Erleichtert ist er, dass ihm in Zukunft die Geigenstunden erlassen werden.

In Calw gedenkt man bei einer Andacht auch des schwierigen Hermann in Maulbronn. Großvater Hermann Gundert schließt ihn in die Fürbitten mit ein. Er betet: »Wir legen Dir *unseren Memmer* ans Herz mit seinem Trutzkopf und allem, was dran hängt.«[18]

IV. Ein Platz für Verrückte

»Ich will meine letzte Kraft aufwenden, um zu zeigen, daß ich keine Maschine bin.«

In Hermann Hesses Roman *Unterm Rad* sind es zwei befreundete Klosterschüler, die im Mittelpunkt stehen. Der schüchterne, strebsame und gewissenhafte Hans Giebenrath und der leichtsinnige, selbstbewusste, schwärmerische, rebellische und literaturbegeisterte Hermann Heilner. Im Roman ist es Heilner, der aus dem Kloster türmt. Giebenrath wird unter dem Einfluss seines Freundes vom Musterschüler zum Träumer und Versager. Heilner wird aus der Schule verwiesen und geht eigene Wege. Giebenrath muss, nachdem seine Leistungen immer schlechter werden, das Kloster verlassen. Und nach verschiedenen Versuchen, wieder auf die Beine zu kommen, nimmt er sich das Leben.

Der vierzehnjährige Hermann Hesse ist beides, Giebenrath und Heilner. Er möchte ein guter Schüler sein und es seinen Eltern recht machen. Gleichzeitig widerstrebt ihm dieser ganze Bildungsehrgeiz. Er möchte wieder bei seiner Familie sein und sein Kopf ist voll mit Bildern und Gedanken an ein unbeschwertes, glücklicheres Leben. Von den Erwartungen seiner Eltern und Erzieher kann er sich aber nicht befreien, noch nicht. Seine Träume nimmt keiner ernst. Man betrachtet sie als Verrücktheiten. Und auch sein Großvater Gundert hält ihn für ein »schalloses Ei«.

Nach seinem »Geniereisle«, wie Großvater Gundert die Flucht aus Maulbronn nennt, weiß man nicht, wie es mit Hermann weitergehen soll. Für die Schulleitung ist sein Verbleiben in der Klosterschule »nicht wünschenswert«. Man befürchtet, so heißt es in einem Brief an die Eltern, dass seine »überspannten Gedanken« und »übertriebenen Gefühle« eine Gefahr für die Mitschüler werden könnten.[1]

Johannes und Marie Hesse hoffen immer noch, dass ihr Hermann nur in einer vorübergehenden Krise steckt, die er mit Gottes Hilfe überwinden wird, und sie können den Schuldirektor dazu bewegen, ihren Sohn weiter in Maulbronn zu behalten. Doch als Hermann immer abwesender wirkt und er unter dauernden Kopfschmerzen und Schlaflosigkeit leidet, schickt ihn der Direktor am 23. März frühzeitig in die Ferien nach Hause. Er soll sich erst mal erholen und gesund werden.

Zu Hause weiß Hermann nicht, wie er sich benehmen soll. Er streitet viel mit seinen Geschwistern und reagiert sehr »batzig«, wenn sein Vater oder sein Großvater ein ernstes Wort mit ihm reden wollen. Als er mit seinem Bruder Hans auf einem Felsen über der Stadt ein Feuerwerk abbrennen lässt, versengt sich

71

Hermann das ganze Gesicht und er muss sechs Tage lang mit einem Watteverband im Bett liegen. Auf dem Krankenlager besucht ihn auch der strenggläubige Mitarbeiter seines Vaters, Herr Claasen. Er redet auf Hermann ein und will ihn zu einer »Umkehr« bewegen. Doch bei Hermann, der unter seiner Wattemaske daliegt, rufen diese Bekehrungsversuche nur »Kälte und Widerspruch« hervor.[2]

Nach vier Wochen Ferien schickt man Hermann wieder nach Maulbronn. Seine Verbrennungen sind verheilt. Aber die rasenden Kopfschmerzen machen ihm erneut zu schaffen. Und in seinen Briefen redet er jetzt seine Eltern mit »Sie« an. Seinen früheren Freunden ist der Umgang mit ihm verboten. Einige fürchten sich sogar vor ihm und halten ihn für »geisteskrank«. Das scheint sich zu bestätigen, als Hermann eines Tages seinem Bettnachbarn Otto Hartmann droht, ihn umzubringen. Daraufhin wendet sich dessen Vater, Professor Hartmann, an die Familie Hesse. Er rät dringend dazu, Hermann von einem »Psychiatriker« untersuchen zu lassen.[3]

Johannes und Marie Hesse müssen nun einsehen, dass Hermann nicht mehr in Maulbronn bleiben kann. Doktor Zahn, der Hausarzt der Hesses in Calw, schlägt vor, ihn in eine Irrenanstalt zu geben. Doch davon will Marie Hesse nichts wissen. In ihrer Not wendet sie sich an den Pfarrer Blumhardt, der in Bad Boll ein christliches Erholungs- und Kurhaus leitet, und der erklärt sich bereit, Hermann bei sich aufzunehmen.

Daraufhin fährt Marie Hesse am 7. Mai nach Maulbronn, begleitet von Hermanns Stiefbruder Theodor. Sie packen in aller Eile Hermanns Sachen zusammen und bringen ihn noch am gleichen Tag nach Bad Boll, das zehn Kilometer südlich von Göppingen liegt. Marie Hesse bleibt noch drei Tage dort und reist dann wieder zurück nach Calw. »Ich bin wie vernichtet«, schreibt sie in ihr Tagebuch, »wund an Gemüt und Nerven, Tag und Nacht muss ich denken: Was treibt H. jetzt?«[4]

Bad Boll war ein Schwefelbad, bevor es 1852 von Christoph Blumhardt, dem Vater des jetzigen Leiters, erworben und zu einem »Vorposten des Reiches Gottes«[5] umgewandelt wurde. Alle Menschen, die krank an Leib und Seele waren, sollten hier einen christlichen Beistand finden. Blumhardt wurden heilende Kräfte nachgesagt und bei einem jungen Mädchen aus Möttlingen nahm er erfolgreich eine Teufelsaustreibung vor. Sein gleichnamiger Sohn und Nachfolger versucht, das Werk seines Vaters fortzuführen. Er ist ein berühmter Prediger, aufgeschlossen gegenüber den modernen Wissenschaften und den sozialen Problemen. Und wie der Vater genießt Christoph Blumhardt, der Sohn, den Ruf eines Wunderheilers.

Für Hermann Hesse scheint Bad Boll der richtige Platz zu sein. Hier fühlt er sich wohl. Er kann hier machen, was er will. Niemand übt Druck auf ihn aus. Seine Tage verbringt er mit Schlafen, Essen, Geigespielen, Musikhören, Spazierengehen, Kegeln und Billardspielen. Zu schaffen macht ihm nur, dass er eigentlich ein nutzloses Dasein führt. Und das auf Kosten seiner Eltern, die in ihren Briefen von der vielen Arbeit und von Papas schlechter Gesundheit berichten. Ihm ist bewusst, dass seine Eskapaden eine große Belastung für seine Eltern sind. Und seine Mutter schreibt ihm, doch bitte den Papa zu schonen und ihm zum Geburtstag keines seiner Gedichte zu schicken.

Hermann hat ein schönes eigenes Zimmer mit einem bequemen Lehnstuhl. Darin sitzt er oft stundenlang und liest Dostojewski und einen utopischen Roman des Engländers Edward Bellamy, der im Jahr 2000 spielt. Dieser Roman macht ihm wieder bewusst, dass er selbst mit all seinen Wünschen und Träumen immer auf ein Später vertröstet wird. »Lacht über mich, wenn ihr wollt«, schreibt er in Weltschmerz-Stimmung nach Hause, »traurig ist's aber gewiß, daß wir alles Schöne, Gute, Vollkommene, mit einem Wort das ›Glück‹ immer nur in der Zukunft suchen und wohl auch suchen müssen.«[6]

Manchmal bekommt Hermann Besuch von seinem Stiefbruder Theodor, der seine Pläne von einer Karriere als Opernsänger längst begraben hat und nun in einer Apotheke in Waiblingen bei Stuttgart arbeitet.

Der erklärte Atheist Theodor hat sich vorgenommen, Hermann wieder ins rechte Gleis zu bringen, jedoch ohne, wie die Eltern, dauernd von Christentum und Religion zu reden. Er nimmt Hermann auch mit nach Waiblingen. Dort wohnt er bei einer Frau Kolb, die eine sehr reizvolle, sechsunddreissigjährige Tochter namens Eugenie hat. Der sieben Jahre jüngere Hermann verliebt sich heftig in die junge Frau und schreibt ihr Gedichte. Eugenie Kolb ist reif genug, um zu wissen, dass diese Leidenschaft keine Zukunft hat. Zartfühlend, aber bestimmt macht sie ihrem jugendlichen Verehrer klar, wie töricht und unmöglich seine Liebe ist.

Diese erste, unglückliche Liebe bringt Hermann wieder völlig aus dem Gleichgewicht. Und es zeigt sich, dass er auch in Bad Boll immer am Rand des Zusammenbruchs gelebt hat. Die verschmähte Liebe ist wahrscheinlich nur ein Auslöser. Vor allem ist es das Gefühl, ausgestoßen zu sein und am wahren Leben vorbeizuleben, das zu einer neuen Katastrophe führt: Hermann kauft sich einen Revolver und will sich damit erschießen. Und die geplagten Eltern in Calw erreicht wieder eine Hiobsbotschaft. »Heute lief uns Ihr Sohn weg«, schreibt Pfarrer Blumhardt erbost am 20. Juni 1892 an Marie Hesse, »mit Hinterlassung von Selbstmorddrohungen. Er hat sich vorher heimlich Geld geborgt und einen Revolver gekauft. Er ist wieder hier. Ich nehme es als Bubenstreich, aber in so krankhafter Weise, dass ich dringend mit Ihnen beraten muss.«[7]

Marie Hesse lässt alles stehen und liegen und fährt mit ihrem Bruder David nach Bad Boll. Hermann sitzt dort in einem Zimmer, finster und verstört, und grüßt sie nicht. Seine Mutter muss eine donnernde Moralpredigt des Pfarrers Blumhardt über sich ergehen lassen, der von Hermanns »Bosheit und Teufelein« wettert und schlechte Erziehung und deren Früchte anprangert. Marie Hesse schweigt eingeschüchtert. Und sie ist schließlich einverstanden, als Blumhardt vorschlägt, Hermann sofort nach Schloss Stetten im Remstal zu bringen, einer Anstalt für Schwachsinnige und Epileptiker.

Noch am gleichen Tag bringen Marie Hesse und David Gundert ihn nach Stetten. Theo Isenberg, den seine Mutter benachrichtigt hat, begleitet sie. Am Abend kommen sie dort an. Als sie in den Schlosshof treten, ruft Hermann empört: »In das Gefängnis wollt ihr mich sperren? Lieber spring ich in den Brunnen dort!«[8]

Hermann springt nicht in den Schlossbrunnen. Er bleibt schließlich freiwillig in Stetten. Das ändert nichts daran, dass er sich wie in einem Gefängnis fühlt und so bald wie möglich wieder von hier wegwill.

Sein Vater sieht das anders. Dass Hermann in Stetten aufgenommen wurde, ist für ihn, so schreibt er, eine »Gebetserhörung« und er verspricht seinem

Sohn, dass er wieder in eine normale Schule gehen kann, sobald er gesund ist. »Ich trage auch schwer am Leben wie Du«, schreibt Johannes Hesse in verständnisvollem Ton, »und empfinde die tiefe Kluft zwischen Ideal und Wirklichkeit beständig aufs Schmerzlichste.« Was Hermanns Vater diese Kluft ertragen hilft, ist sein Glaube an Gottes Hilfe; für ihn kommt alles darauf an, den Willen zur Pflicht und zum Guten durch Ausdauer und Übung auszubilden und »eisern sozusagen in Fleisch und Blut« übergehen zu lassen.[9]

Hermann helfen diese Ratschläge wenig. Und dass Stetten keine Strafe sein soll, das kann er nicht glauben. Lebt er hier doch zwischen Kindern und Jugendlichen, die wirklich geisteskrank sind. Die Diagnose von Hermanns Krankheit lautet »moral insanity«, moralischer Schwachsinn, was immer das heißen mag. Und natürlich genießt er in Stetten eine Sonderrolle. Er arbeitet im Garten und unterrichtet die Kinder hilfsweise im Lesen und Rechnen. Viel Zeit verbringt er mit seinen Büchern – obwohl das sein Betreuer, Pfarrer Schall, gar nicht gerne sieht, weil er in Hermanns Leidenschaft für Romane die Quelle seiner Krankheit vermutet.

In einem Brief bittet Hermann zum ersten Mal seine Eltern um Entschuldigung. Er will guten Willen zeigen, damit sie endlich entscheiden, wie es mit ihm weitergehen soll. Doch die erhoffte erlösende Nachricht bleibt aus und er ist enttäuscht darüber, dass sein

Vater nicht einmal die Zeit findet, ihn zu besuchen. Johannes Hesse reist öfter beruflich in die Nähe von Stetten. Aber offenbar bringt er nicht die Kraft auf, seinen Sohn zu sehen. Großvater Gundert mutmaßt sogar, dass Johannes Angst vor Hermann hat.

Erst am 5. August kann er sich zu einem Besuch überwinden. Hermann ist auffällig gewachsen und hat zugenommen. Er fleht seinen Vater an, ihn doch mit nach Hause zu nehmen. Johannes Hesse zögert. Erst als auch Hermanns Betreuer und sein Arzt ihm seine Bedenken nehmen, ist er einverstanden.

Was Hermann in Stetten so vermisst hat und was er wieder zu finden hofft, ist die Geborgenheit in seiner Familie, wie er sie als Kind erlebt hat: die Mutter, die so wunderbar Geschichten erzählen kann; der Vater, der mit ihm lange Spaziergänge macht. Das Zuhause, das Hermann vorfindet, gleicht aber einem Tauben-schlag. Ein junger Engländer zieht als Pensionsgast bei ihnen ein und täglich kommen Bekannte und Verwandte aus nah und fern zu Besuch. Hermanns Eltern sind rund um die Uhr in Beschlag genommen durch die Gäste, ihre Arbeit im Verlag, durch ihre Betstunden und Missionsfeste. Und in dem ganzen Rummel lärmen seine kleinen Geschwister, die schulfrei haben.

Hermann ist gereizt und trotzig. Er gerät schnell in Zorn und tut nicht, was man von ihm verlangt. Als er deswegen mit seinem Vater in Streit gerät, droht ihm dieser, ihn wieder nach Stetten zurückzuschicken.

Und diese Drohung macht er nach dem nächsten Streit auch wahr. Am 22. August wird Hermann von Missionar Seeger wieder in die Anstalt zurückgebracht.

Das Verhalten seiner Eltern löst bei Hermann große Verbitterung aus. Bei seinem Abschied hinterlässt er ein Gedicht:

> »Leb wohl, du altes Elternhaus,
> Ihr werft mit Schande mich hinaus,
> Ade, ihr Lieben (?) groß und klein,
> Von neuem bin ich jetzt allein! [...]
> Zum Teufel geht die Freiheit auch,
> Sie war ja immer höchstens Rauch,
> Ich werd' ins Irrenhaus geschickt,
> Wer weiß – ich bin wohl gar verrückt.«[10]

Stetten ist für Hermann jetzt unerträglich. Jede Hoffnung, von hier wieder wegzukommen, ist ihm genommen. »Nun ja, jedenfalls seid Ihr mich los, das genügt ja«, schreibt er nach Hause. Zu allem Überfluss nimmt ihm sein Betreuer, Pfarrer Schall, auch noch seine Bücher weg, weil sie seine Trägheit fördern, wie er erklärt. Wenn Hermann zu faul ist, bekommt er auch weniger zu essen.

Er fühlt sich behandelt wie ein Tier. Und seine Verzweiflung und sein Hass entladen sich in seinen Briefen nach Hause: »Offen gestanden, ich sehe und bewundere Eure Opfer, aber eigentlich Liebe? Nein. Stetten ist mir die Hölle. Wenn das Leben des Wegwerfens überhaupt wert wäre, wäre das ganze Leben nicht bald ein heiterer, bald schwarzer Wahn – ich möchte mir den Schädel an diesen Mauern einrennen, die mich von mir selber trennen. [...] Laßt mich hier draufgehen, den tollen Hund, oder seid meine Eltern!«[11]

Auf Nachrichten oder gar Trost von zu Hause legt Hermann keinen Wert. Man würde ihn ja doch nur »mit Pietismus abspeisen«, schreibt er höhnisch. Und mit dem Gott seiner Eltern will er nichts mehr zu tun haben. Gott ist für ihn nur ein Wahn und Christus nur ein Mensch. Einen seiner Briefe unterzeichnet er mit »H. Hesse Nihilist (haha!)«, was ihm der Inspektor Schall zukünftig verbietet. Daraufhin unterzeichnet er mit »Exsulant« oder »Gefangener im Zuchthaus zu Stetten«.

Im September bekommt er doch einen Brief seines Vaters, der ihm versichert, wie gut er ihn verstehe und wie sehr sein Herz in Liebe und Teilnahme brenne. »Das Unnormale besteht darin«, hält ihm Johannes Hesse vor, »dass Du Dich in Deinem Urteilen, Reden und Handeln ausschließlich von den Lust- und Unlustempfindungen, nicht von sittlichen Gesichtspunkten bestimmen lässt.«[12]

Für Belehrungen dieser Art ist Hermann nicht empfänglich. Solche Phrasen, schreibt er zurück, seien

»nicht die Bohne wert«. Und wenn seine Eltern ihm wieder schreiben wollten, dann, so bittet er, »nicht wieder Euren Christus«. Der Christus seiner Eltern, das ist für Hermann ein ewiges Vertrösten und eine Lebenseinstellung, für die es eine Tugend ist, auch das größte Unglück noch still zu ertragen. »Ihr seht nach diesem elenden Leben ein besseres«, schreibt er in einem Brief, »während ich mir's ganz anders denke und darum dies Leben entweder wegwerfen oder etwas davon haben möchte. [...] Meine letzte Kraft will ich aufwenden, zu zeigen, daß ich nicht die Maschine bin, die man nur aufzuziehen braucht. Man hat mich mit Gewalt in den Zug gesetzt, herausgebracht nach Stetten, da bin ich und belästige die Welt nimmer, denn Stetten liegt außerhalb der Welt. Im Übrigen bin ich zwischen den vier Mauern mein Herr, *ich gehorche nicht und werde nicht gehorchen.*«[13]

Für die Eltern Hesse in Calw sind die »grässlichen Briefe«, die aus Stetten kommen, eine Qual. Der Großvater Gundert, der altersschwach ans Bett gefesselt ist, kann es nicht verstehen, warum Hermann seinem Vater das Leben so sauer macht. Und dass Marie Hesse erkrankt ist und unter Appetitlosigkeit leidet, daran ist für ihn auch Hermann schuld.

Johannes Hesse will die Briefe seines Sohnes gar nicht mehr lesen, geschweige denn beantworten. Er weiß, dass es so nicht mehr weitergehen kann. Und er nützt alle seine Kontakte, um für Hermann eine Schule zu finden. Doch das Reutlinger Gymnasium, an das er sich wendet, will diesen, wie der Rektor schreibt, »sehr schwierigen Schüler« nicht aufnehmen.

Als Johannes Hesse seinen Sohn erneut vertrösten muss und ihm verspricht, dass er in eine normale Schule gehen kann, wenn er seinen »krankhaften Zustand« überwunden hat, ist Hermann in seinem Zorn nicht mehr zu halten. »Sehr geehrter Herr!«, schreibt er an seinen Vater, »da Sie sich so auffällig opferwillig zeigen, darf ich Sie vielleicht um 7 M oder gleich um den Revolver bitten. Nachdem Sie mich zur Verzweiflung gebracht, sind Sie doch wohl bereit, mich dieser und sich meiner rasch zu entledigen. Eigentlich hätte ich ja schon im Juni krepieren sollen. [...] ›Vater‹ ist doch ein seltsames Wort, ich scheine es nicht zu verstehen. Es muß jemand bezeichnen, den man lieben kann und liebt, so recht von Herzen. Wie gern hätte ich eine solche Person! [...] ich glaube, wenn ich Pietist und nicht Mensch wäre, wenn ich jede Eigenschaft und Neigung an mir ins Gegenteil verkehrte, könnte ich mit Ihnen harmonieren. Aber so kann und will ich nimmer leben, und wenn ich ein Verbrechen begehe, sind nächst mir Sie schuld, Herr Hesse, der Sie mir die Freude am Leben nahmen.«[14]

Für Johannes Hesse versündigt sich Hermann am vierten Gebot der Elternliebe. Er kann die Entgleisungen seines Sohnes nur damit entschuldigen, dass aus ihm ein »fremder böser Geist« rede. Er befürchtet, dass Hermann in dieser Verfassung zu allem fähig ist. Hermann selbst drängt jetzt auf eine Entscheidung und er zeigt sich auch wieder reuig und versöhnlich. Er bittet seine Eltern, ihn vorerst nach Basel zu geben, zu Pfarrer Pfisterer, der ihm in seiner Zeit an der Basler Knabenschule Lehrer und Freund war. Pfarrer Pfisterer ist damit einverstanden. Und am 5. Oktober 1892 kann Hermann Hesse endlich das verhasste Stetten verlassen und mit der Bahn nach Basel reisen.

Bei der Ankunft in Basel umarmt er seinen alten Lehrer mit den Worten: »Grüß Gott, Papa.« In Pfarrer Pfisterer sucht er wirklich einen zweiten Vater und Pfisterer hat auch mehr Verständnis für den gescheiterten Seminaristen als seine Eltern und früheren Lehrer. Jedenfalls kann er von einem unterentwickelten Verstand, wie Blumhardt in Bad Boll meinte, oder einer »primären Verrücktheit«, wie der Anstaltsarzt in Stetten diagnostizierte, an Hermann nichts feststellen. Im Gegenteil, er hat den Eindruck, dass er für sein Alter fast zu weit entwickelt ist. Sein eigener, fast gleichaltriger Sohn kommt ihm im Vergleich zu Hermann wie ein kleines Kind vor.

In Basel besucht Hermann die Orte, wo er als kleiner Junge so begeistert und selbstvergessen gespielt hat, und es wird ihm schmerzlich bewusst, dass er kein Kind mehr ist. Die Erinnerung daran erscheint ihm als Paradies, das er verloren hat. Er fühlt sich unglücklich, mit sich uneins, unfähig, sich und andere zu lieben. Bei Pfarrer Pfisterer kann er nicht auf Dauer bleiben. Und obwohl er große Angst vor der Zukunft hat, will er doch, dass es mit seinem ungewissen Zustand endlich ein Ende hat. Auch tut es ihm weh, wenn andere Kinder ihn fragen, wie lange er denn noch Ferien habe.

Um in Maulbronn aufgenommen zu werden, musste Hermann die deutsche Staatsbürgerschaft annehmen. Das erweist sich jetzt als Nachteil. Denn nach den Gesetzen des kaiserlichen Deutschland muss Hermann mit seinen wenigen Schuljahren drei Jahre zum Militär. Pfarrer Pfisterer rät Johannes Hesse deswegen, seinen Sohn nach Cannstatt ins Gymnasium zu geben. Wenn Hermann nur ein Jahr dort zur Schule geht, kann er das so genannte Militärexamen ablegen und wird dann nicht drei, sondern nur ein Jahr eingezogen.

Ende Oktober 1892 reist Hermanns Vater nach Cannstatt bei Stuttgart. Der Rektor des dortigen Gymnasiums ist bereit, Hermann aufzunehmen. Verpflegung und ein Bett soll er im Haus des Präzeptors Geiger, einem Lehrer am Gymnasium, bekommen. Als Hermann am 1. November in Cannstatt eintrifft, will er allerdings sein Zimmer nicht mit drei anderen Pensionsschülern teilen. Er will ein eigenes Zimmer und er findet im gegenüberliegenden Haus der Frau Frieda Montigel eine Dachstube, die er beziehen kann.

Hermann kommt in die siebente Klasse. Seinen Mitschülern ist er in Deutsch und Latein weit voraus, in Fächern wie Mathematik und Französisch dagegen hat er einiges nachzuholen. Doch Hermann hat sich viel vorgenommen. Er will nicht mehr scheitern, wie in Maulbronn, und er schafft es auch, nach kurzer Zeit zu den Besten in seiner Klasse zu gehören. Trotz seiner Vorsätze ist Hermann vom Schulbetrieb bald angeekelt. Der ganze Lerneifer ist ihm zuwider und der Wust an Bildungsstoff, den er sich eintrichtern muss, ist ihm völlig gleichgültig. Es geht ihm wie in Maulbronn. Die Kopfschmerzen stellen sich wieder ein und er muss gegen eine unerklärliche Müdigkeit ankämpfen. Er merkt, dass er wieder am falschen Platz ist, aber wo der richtige ist, weiß er auch nicht. Wenn er Leute trifft, die in ihrer Arbeit und Familie zufrieden aufgehen, beneidet er sie. »Und ich«, schreibt er an seine Mutter, »ich weiß nicht, welcher Welt ich angehöre und wäre nur gern ein anderer und hätt' es gern anders und weiß doch nicht wie.«[15]

Weihnachten 1892 verbringt Hermann bei seiner Familie in Calw. Seine Mutter macht sich schon lange vorher Sorgen, wie er sich wohl benehmen wird. Und wie erleichtert ist sie, als Hermann so ganz »lieb, ruhig und verträglich« ist. Doch bei der Abreise erklärt er ihr: »Täusche dich nicht über mich; ich bin noch ebenso krank und unglücklich wie damals in Boll und stürbe am liebsten gleich!«[16]

Marie Hesse ist dankbar für das »liebe, friedliche Beisammensein in den Festtagen«. Die Worte Hermanns beim Abschied würde sie am liebsten überhören. Aber auch im neuen Jahr kann es Hermann nicht lassen, alte Wunden wieder aufzureißen. An manchen Tagen redet er sich ein, dass seine ganzen »Ideale von Welt und Liebe und Kunst und Leben und Wissen etc. verknallt sind« und er sich mit seinem trostlosen Leben abfinden kann. Doch dann braucht er nur einen Satz bei Eichendorff zu lesen oder einen Ton auf seiner Geige zu spielen und schon brennt seine Sehnsucht wieder lichterloh und der ganze Jammer über seine unglückliche Lage überfällt ihn wieder. An einem dieser schwarzen Tage klemmt er sich einen Packen Bücher unter den Arm, verkauft sie in Stuttgart und schafft sich dafür erneut einen alten Revolver an. »Und jetzt sitz ich wieder da«, schreibt er in seiner Dachkammer an seine Mutter, »und vor mir liegt das rostige Ding. – – Ich habe mich diesmal überwunden, oder war ich feige! Ich weiß es nicht; aber mein Kopf ist voll Wust und Lärm, und ich möchte jemand wissen, zu dem ich sagen könnte: Hilf mir!«[17]

Den Hilferuf schickt Hermann an seine Mutter. Aber obwohl Marie Hesse für die Menschen um sie »lauter Liebe« ist, weiß er, dass sie ihm nicht helfen kann. In einem späteren Traum erscheint ihm seine Mutter. Er ruft ihr verzweifelt zu, doch sie kann ihn nicht hören, weil ein Glas zwischen ihnen ist. Im

Traum sieht er auch ihren Nähkorb. Lauter kleine Zettel liegen darin, auf denen steht, woran sie für Hermann denken und was sie für ihn besorgen muss: Seine Hosen flicken, seine Wäsche bügeln – und dass er gestern nicht gebetet hat. In solchen Traumbildern erlebt Hermann die »Lasten von Liebe«.[18]

Marie Hesse erhält seinen verzweifelten Brief am nächsten Tag und sie bricht sofort nach Cannstatt auf, trotz Schneesturm. Sie spricht mit Hermanns Lehrern, die von seinem Zustand nichts ahnen und sein Benehmen und seinen Fleiß loben. Seiner Mutter gegenüber ist er unzugänglich und gereizt. Marie übernachtet in seiner Dachwohnung, in einem kleinen, eiskalten Nebenzimmer. Am nächsten Morgen ist Hermanns Stimmung nicht besser. Er schreit seine Mutter an und beschimpft sie, so dass sie am liebsten auf und davon laufen würde. Aber Hermanns Unglück und Elend schmerzen sie und sie möchte ihm irgendwie helfen. Doch ihre ängstliche Sorge ruft nur Hermanns Zorn hervor. »Alles kann ich ertragen«, schreibt er ihr, als Marie Hesse wieder in Calw ist, »nur keine Liebe.«[19]

Im April kommen wieder neue Klagen aus Cannstatt. Der Präzeptor Geiger berichtet, dass Hermann mit zwei jungen Männern verkehre, einem jungen Amerikaner und dem Sohn der Witwe Pfizenmaier, die beide als »Jugendverführer« bekannt seien. Mit ihnen zusammen würde sich Hermann in Bierhäusern herumtreiben und schon einige Male sei er weit nach

Mitternacht betrunken nach Hause gekommen und habe die Nachtruhe der Hausbewohner gestört.

Hermann erhält einen strengen Brief seines Vaters, der ihm damit droht, ihn wieder in eine Anstalt zu stecken, wenn er sich nicht bessere. »Kannst Du dann im Sommer das Einjährig-Freiwilligen-Examen *nicht* machen«, erklärt er ihm kurz und bündig, »so tut es mir herzlich Leid, aber schuld bin *ich* nicht.«[20]

Johannes Hesse hat noch andere Sorgen als seinen missratenen Sohn. Hermann Gundert ist am 5. April gestorben und er, Johannes Hesse, ist zum Nachfolger bestimmt worden. Man will jetzt wieder in das Verlagshaus in der Bischofsstraße ziehen. Und in dem ganzen Umzugstrubel muss Johannes Hesse die umfangreichen Verlagsarbeiten alleine weiterführen. Er ist ständig gereizt und wird von seinen Kopfschmerzen gemartert.

Immerhin scheint sein Brief an Hermann Wirkung zu zeigen. Aus Cannstatt kommen jedenfalls keine neuen Beschwerden und Hermanns schulische Leistungen haben unter seinem liederlichen Lebenswandel nicht gelitten. Präzeptor Geiger hält ein strenges Auge auf ihn, und seine Zimmerwirtin, Frau Montigel, hat sich vorgenommen, auf Hermann einzuwirken und ihn für den neuen Prediger an der Stadtkirche zu begeistern. Doch Hermann zieht es mehr zu Dichtern wie Heinrich Heine, die aller Religion skeptisch gegenüberstehen. Und für eine pietistische Frömmigkeit, die immer nur Selbstverleugnung predigt, hat er nichts übrig. Ganz im Gegensatz zu seinem Stiefbruder Theodor. Der hat sich verlobt und seine frühere antiklerikale Haltung aufgegeben. Nach seinen »Brausegefühlsjahren«, bekennt ihm Theodor, habe er Stufe um Stufe zur Grundidee des Christentums gefunden, nämlich zur Selbstaufgabe.

Marie Hesse ist natürlich glücklich über die Wandlung ihres ältesten Sohnes. »Willst Du nicht auch Dich aufmachen«, schreibt sie an Hermann, »umkehren, Kind werden, Gott, Deinen Vater suchen und anrufen, dass Er Dich heile?«[21] Hermann kann nicht. Wie soll er, so meint er, eine Erfahrung bejahen, die er gar nicht gemacht hat. Abgesehen davon wäre es ihm lieber, wenn sein Vater Millionär wäre, er viele reiche Erbonkel hätte und unbeschwert als Dichter leben könnte.

Anfang Juli 1893 besteht Hermann Hesse das Examen und bekommt den Berechtigungsschein für den einjährig-freiwilligen Dienst. Weil seine Schulleistungen gut waren und weil er einfach nicht weiß, was er sonst machen soll, bittet er seine Eltern, weiter am Cannstätter Gymnasium bleiben zu dürfen. Er will dann später vielleicht »Tierarzneikunde oder so was« studieren.

Nach den Sommerferien kehrt Hermann nach Cannstatt zurück. Doch schon nach wenigen Wochen schreibt er einen verzweifelten Brief nach Hause. »Ich kann nicht länger fortmachen, ich habe die ganzen Tage zwar nicht richtige Kopfschmerzen, aber immer einen dumpfen, gleichmäßigen, schrecklichen Druck im Kopf, der bei anstrengender Arbeit zu Kopfweh wird. [...] Es tut mir furchtbar weh, Euch schon wieder so schwer zu fallen, aber ich muß es sagen, ich kann nicht länger das aushalten.«[22]

Marie Hesse muss wieder die Reise nach Cannstatt antreten und sie findet dort einen Hermann vor, der so elend und mager aussieht, dass sie seinen Austritt aus dem Gymnasium beantragt und ihn gleich mit zu Onkel David nach Stuttgart nimmt. Bei David Gundert wird beratschlagt, was jetzt mit Hermann geschehen soll. Weil er seine Leidenschaft für Bücher kennt, schlägt Onkel David vor, dass Hermann es einmal mit einer Buchhändlerlehre versuchen sollte. Er kennt einen Buchhändler in Eßlingen, den er fragen will.

Der Buchhändler Mayer in Eßlingen will Hermann als Lehrling nehmen. Schon am 5. Oktober soll Marie Hesse ihren Sohn zu ihm bringen. Im Lehrvertrag, den Mayer aufsetzt, heißt es unter Paragraph 3: »Der Lehrling Hermann Hesse verpflichtet sich zu unbedingtem Gehorsam gegen den Lehrherrn, zu Treue, Fleiß und strengster Rechtlichkeit und verspricht, die ganze Lehrzeit über mit bestem Willen und all seinen Kräften den Interessen des Geschäfts zu leben.«[23]

Am Donnerstag, den 27. Oktober 1893 tritt Hermann seine neue Lehrstelle an. Am Montag, den 31.

Oktober erscheint er schon nicht mehr zur Arbeit. Er ist nirgendwo zu finden. Erst am 2. November taucht er wieder in Stuttgart auf. Sein Vater persönlich holt ihn dort ab und bringt ihn sofort zu einem Geheimrat Doktor Zeller, um ihn auf seinen Geisteszustand untersuchen zu lassen.

Hermann Hesses Eltern wissen nun wirklich nicht mehr, was sie mit ihrem Sohn machen sollen. Nirgendwo hält er es lange aus, immer muss man fürchten, dass er wegläuft. Aus dem viel versprechenden Eliteschüler und Seminaristen scheint eine völlig gescheiterte Existenz geworden zu sein.

V. Zweigeteiltes Leben

»Mein tägliches Gebet ist, daß ich meine eig'ne,
innere Welt mir wahre.«

»Wenn du in der Schule nichts lernst, dann wirst du auch so eine verkrachte Existenz wie der Hermann Hesse, der seinen braven Eltern nur Kummer und Sorge bereitet.«[1] So reden die Leute in Calw zu ihren Kindern, wenn sie ihnen vor Augen führen wollen, wohin es führen kann, wenn man faul und ungehorsam ist. Hermann Hesse ist ein abschreckendes Beispiel. Und für seine Eltern ist es schwer erträglich, einen fast achtzehnjährigen Sohn zu haben, an dem alle Erziehungsversuche gescheitert sind und der nun zu Hause sitzt und keine ernst zu nehmende Vorstellung davon hat, was aus ihm werden soll.

Hermanns Geschwister haben schon einen Berufsweg eingeschlagen oder wissen wenigstens, wie es in ihrem Leben weitergehen wird. Theodor Isenberg hat nach seiner Lehre noch Pharmazie studiert und sucht nun nach einer Stelle als Apotheker. Carl Isenberg hat in Tübingen alte und neue Sprachen sowie Mathematik studiert, das Examen für den höheren Schuldienst bestanden und sucht jetzt eine Anstellung als Lehrer. Adele, Hermanns ältere Schwester, ist in einem Mädchenpensionat in Tübingen und will eine Mal- und Zeichenschule in Stuttgart besuchen. Marulla, die jüngere Schwester, hat vor, sich als Lehrerin ausbilden zu lassen. Ein ungewöhnlicher Beruf für eine Frau in dieser Zeit. Und Hans, das Nesthäkchen der Familie, hat nach vielen qualvollen Schuljahren den Entschluss gefasst, als Lehrling bei einem Kaufmann anzufangen.

Hermann will immer noch Dichter werden. Aber er weiß, dass er darüber mit seinen Eltern nicht reden kann, ohne dass man ihn gleich wieder für verrückt hält. Das Verhältnis zu seinem Vater ist seit seiner Flucht aus Eßlingen noch schlechter geworden. Obwohl man nun unter einem Dach lebt, geht man sich aus dem Weg und spricht nur das Notwendigste miteinander. Im Mai 1894 nimmt Hermann seinen ganzen Mut zusammen und schreibt, weil er »unnötige Erregung« vermeiden will, dem Vater einen Brief. »Mit *Euren* Plänen, zu denen ich ja gesagt habe, ist es nichts geworden«, schreibt er darin, »darf ich es, ehe ich ins Irrenhaus gehe oder Gärtner oder Schreiner werde, nicht doch einmal mit *meinen* Plänen versuchen?«[2] Weil der Vater Genauigkeit in solchen Dingen liebt, beschreibt Hermann ausführlich, welches seine Pläne sind. Er will nämlich versuchen, als freier Schriftsteller in Stuttgart oder Cannstatt zu leben, und er bittet seinen Vater, ihn in der ersten Zeit finanziell zu unterstützen. Auch seine Wäsche möchte er anfangs noch nach Hause schicken.

Die schriftliche Antwort des Vaters fällt, wie zu erwarten, verständnisvoll, aber ablehnend aus. Er bittet darüber aufgeklärt zu werden, wie Hermann überhaupt seinen Lebensunterhalt bestreiten wolle, ob bei seinem angestrebten Beruf überhaupt Aussicht auf Verdienst bestehe und wer garantiere, dass er nicht wieder in ein liederliches Leben wie in Cannstatt zurückfallen werde. Nur aus Ekel sei Hermann bisher vor allen Verpflichtungen weggelaufen. »Das Einzige, was dir diesen Ekel nicht verursacht«, folgert Johannes Hesse, »scheint ein ungebundenes, genussreiches Leben zu sein.« Solch ein Leben aber sei »Gift für jeden Menschen«.

Die Sache ist für Johannes Hesse damit erledigt. Für Hermann nicht. Auch wenn er nun in Calw bleiben muss, so will er doch ab jetzt seine Erziehung selbst in die Hand nehmen. Und die beste Grundlage dafür ist die Bibliothek seines verstorbenen Großvaters. Hermann hat früher schon oft in den tausenden von Büchern, Katalogen und Zeitschriften geschmökert. Aber jetzt geht er systematisch vor. Er will nicht weniger als sich einen Überblick über die ganze Weltliteratur verschaffen.

Bis in den Sommer lebt Hermann Hesse in seinem Elternhaus wie ein Fremder. Die meiste Zeit verbringt er lesend in seinem Zimmer. Manchmal arbeitet er im kleinen Garten hinter dem Haus oder macht Spaziergänge. Bei den gemeinsamen Mahlzeiten und beim Kaffeetrinken im Wohnzimmer sitzt er hinter einer

Mauer aus Schweigen und Trotz. Seine Eltern wollen ihn nicht drängen, sein Leben zu ändern. Aber Hermann spürt natürlich ihre Erwartungen. Besonders seine Mutter betet, dass Hermann »das faule Hinleben«[3] endlich aufgeben möge.

Marie Hesses Gesundheit ist angeschlagen. Schon seit längerer Zeit fühlt sie sich kraftlos. Und als sie sich Anfang Juni 1894 von ihrem Hausarzt Doktor Zahn untersuchen lässt, stellt der bei ihr eine »Knochenerweichung« fest. Er verordnet ihr eine sechsmonatige Kur, bei der sie im Bett liegen und täglich heiße Bäder nehmen muss.

Nur drei Tage nach dieser erschütternden Diagnose ändert Hermann Hesse seinen Sinn und beugt sich den Erwartungen seiner Eltern. Vielleicht will er seiner schwer kranken Mutter nicht noch mehr Sorgen machen. Vielleicht sieht er ein, dass er sich irgendeine Lebensgrundlage schaffen muss, um von seinen Eltern unabhängig zu werden. Jedenfalls äußert er selber den Wunsch, als Lehrling in die Calwer Turmuhrenfabrik des Heinrich Perrot einzutreten.

Perrot ist bereit, den schwächlichen Ex-Lateinschüler als Praktikant einzustellen, wenn auch zunächst nur probeweise. Und an einem Freitag geht der Mechanikerlehrling in seinem neuen blauen Arbeitsanzug und mit blauer Mütze auf dem Kopf zum ersten Mal in die Werkstatt. Die spöttischen Blicke der Calwer und seiner Arbeitskollegen entgehen Hermann natürlich nicht und mehr als einmal ruft ihm jemand »Landexamensschlosser«[4] hinterher.

Unter dem strengen Regiment des Heinrich Perrot feilt Hermann nun an Zahnrädern und er lernt Eisen zu drehen, Schrauben zu machen und Stahl, Messing, Kupfer, Zinn und Zink zu unterscheiden. Seine Arbeit gefällt ihm. Er entwickelt einen gewissen romantischen Stolz darauf, zur rauen Welt der Werktätigen zu gehören. Und er streitet sich mit seinen Arbeitskollegen über sozialistische Ideen.

Das alles bedeutet aber noch lange nicht, dass er seine literarischen Pläne aufgegeben hat. Im Gegenteil.

In seiner Freizeit hält er, wie er sich einmal ausdrückt, »mit klammernden Organen« an der Poesie fest, auch wenn er abends todmüde ist und seine blasenbedeckten Hände wie Feuer brennen. Bis tief in die Nacht liest Hermann sich durch die Literatur des 18. und 19. Jahrhunderts: Novalis, Brentano, Tieck, von Arnim, Jean Paul, Walter Scott, Balzac, Victor Hugo, Dostojewski und Turgenjew. Ganz besonders haben es ihm Goethe und der romantische Spötter Heinrich Heine angetan. Von Heine bestellt er sich, obwohl der Vater es ihm verboten hat, die gesammelten Werke beim Buchhändler Emil Georgii, dessen Geschäft am Marktplatz liegt. Georgii, der Heine für einen gefährlichen Autor hält, bringt daraufhin den Mechanikerlehrling in ganz Calw in Verruf. Und Hermanns Vater beschlagnahmt alle Heine-Bücher, die er in dessen Zimmer findet.

Mit seiner Leidenschaft für Literatur ist Hermann Hesse allein. Freunde hat er in Calw keine mehr. Die älteren Geschwister sind weg und die jüngeren kommen als Gesprächspartner nicht in Frage. Sein Vater ist von seinen verlegerischen Tagesgeschäften in Anspruch genommen und hält Hermanns Studien für »brotlose Kunst«. Und seine Mutter interessiert nur, dass er wieder regelmäßig arbeitet und merklich zugenommen hat. Er sei, so schreibt Hermann einem Freund, »bei meinen etwas einseitig religiös gesinnten Verwandten zum Schweigen über das mir Wichtige verdammt«[5].

Er sehnt sich nach jemandem, mit dem er über seine Leseerfahrungen und Schreibversuche reden kann. Darum hat er wieder Kontakt aufgenommen zu den ehemaligen Mitschülern aus dem Klosterstift Maulbronn. Den Mitbewohnern der Stube Hellas hat er Neujahrsgrüße übersandt. Und sie haben ihm, wenn auch etwas verunsichert, geantwortet. Die einstigen Mitseminaristen sind nicht mehr in Maulbronn, sondern an der weiterführenden Schule in Blaubeuren, wo sie sich für das Examen vorbereiten. Hermann erfährt, dass sich der Lesekreis, den er gegründet hat, mit seinem Weggang aufgelöst hat, aber man versichert ihm, dass man ihn nicht vergessen habe. Mit seinem früheren Freund Theodor Rümelin, genannt Miniskus, entwickelt sich ein längerer Briefwechsel. Und Hermann nimmt dankbar die Gelegenheit wahr, sein ganzes literarisches Herz auszuschütten. Er schildert seine Leseerlebnisse und zitiert Heine-Gedichte, die ihn besonders aufgewühlt haben und die er seinem Brieffreund unbedingt mitteilen will. Auch eigene Gedichte fügt er bei und er verhehlt nicht seinen Traum, selber einmal ein großer Dichter zu werden. Weil er jetzt weiß, dass solche Träume ohne Geld Schäume bleiben, imponieren ihm besonders jene Schriftsteller, die neben dem literarischen auch finanziellen Erfolg gehabt haben. »Ich möchte es doch gern so weit bringen wie Gustav Freytag«, schreibt er nachts in seiner Stube, »dessen *Soll und Haben* 28 Auflagen, und der eine Million Vermögen hinterlassen hat.«[6]

Hermann wechselt auch Briefe mit Ernst Kapff, dem einzigen Lehrer am Cannstätter Gymnasium, mit dem er sich während seiner Zeit dort gut verstanden hat. Kapff, der eine recht romantische Veranlagung hat und selber Gedichte schreibt, trägt sich mit dem Gedanken, nach Brasilien auszuwandern, und er schlägt Hermann vor, ihn zu begleiten, um dort vielleicht »Musterreiter« zu werden.

Von dieser abenteuerlichen Idee lässt sich Hermann wirklich anstecken. Er fängt sogar an, bei seiner Schwester Adele Englisch zu lernen, um sich auf seine Auswanderung vorzubereiten. Sein Vater hat nichts gegen diese Pläne. Gern kann Hermann ins Ausland gehen – jedoch nicht auf seine Kosten, das stellt er klar.

Nach Brasilien kann Hermann also vorerst nicht, weil er kein Geld hat. Und »ernstlich literarisch beginnen«, wie er es sich wünscht, kann er auch nicht. Einmal, weil er kein Geld hat, um als Dichter zu leben. Und zum Zweiten, weil seine Eltern darauf bestehen, dass er einen soliden Beruf erlernt, und er also nur in seiner knappen Freizeit schreiben kann.

Wie Hermann es immer dreht und wendet – klar scheint zu sein, dass er Geld verdienen muss, irgendwann einmal möglichst so viel, dass er mehr Zeit zum Schreiben hat. Und wenn er schon einen Brotberuf ergreifen muss, dann wenigstens einen, der ihm liegt.

Das kann er inzwischen von seiner Schlosserei nicht mehr behaupten. Er muss zugeben, dass ihm zum Mechaniker sowohl die Lust und die Begabung als auch die Geschicklichkeit fehlen. Einmal ist ihm sogar der Meißel ausgerutscht und er hat sich die Hand schwer verletzt. Mitte September 1895 beendet Hermann Hesse, mit dem Einverständnis der Eltern, seine Schlosserlehre. Meister Perrot stellt ihm ein wohlwollendes Zeugnis aus, in dem er ihm bestätigt, in seinem Fach »Kenntnisse und Fertigkeiten« erworben zu haben.

Vor die Frage gestellt, in welchem Beruf er Neigung und Verdienst verbinden kann, fällt Hermann immer wieder nur der Buchhandel ein. Hermann überredet also seine Eltern, es noch einmal, nach der Katastrophe von Eßlingen, in diesem Gewerbe versuchen zu dürfen. In der Stuttgarter Zeitung *Merkur* geben sie ein Inserat auf: »In einer Buchhandlung wird für einen jungen Mann mit Lateinbildung Lehrstelle gesucht.« Darauf meldet sich die Buchhandlung Heckenhauer in Tübingen. Man ist bereit, Hermann als Lehrling zu nehmen.

Auch viele seiner ehemaligen Maulbronner Schulfreunde sind auf dem Weg nach Tübingen, ins theologische Stift. Sie haben die lange Tortur der vorbereitenden Seminare mit dem letzten Examen hinter sich gebracht. Im Fach Aufsatz mussten sie ein, wie Theodor Rümelin meint, nettes, aber schweres Thema behandeln: »Die Bedeutung von Verstand und Gefühl für Wesen und Entwicklung des Menschen und ihre gegenseitige Beziehung«. Hermann, der immer der beste Aufsatzschreiber war, wäre sicher einiges dazu eingefallen.

Wenige Monate vor Hermanns Abschied von Calw, am 1. Juli 1895, ist ein Unwetter mit Hagel, ein Zyklon, über Calw niedergegangen. Es hat großen Schaden angerichtet, sogar Bäume wurden ausgerissen. Hermann, der den Sturm erlebte, hatte beim Anblick der verwüsteten Straßen und Plätze das Gefühl, dass nichts mehr war wie früher. Dieser Zyklon wird ihm in einer späteren Erzählung zum Symbol für seinen Abschied von Calw, der auch ein Abschied von Kindheit und Jugend ist.[7] Nichts mehr ist nachher wie früher. Aber wird in Tübingen nun wirklich alles anders?

Tübingen ist Ende des 19. Jahrhunderts mit seinen 14000 Einwohnern etwa dreimal so groß wie Calw. Die mittelalterlich wirkenden Gassen und Straßen werden mit Gaslaternen beleuchtet und sie sind nicht, wie in Calw, bevölkert von Fuhrwerken, Handwerkern und Bauern, sondern von Studenten mit roten, grünen und blauen Mützen, von Professoren und Pfarrern in ihren Talaren. Tübingen ist ein geistiges Zentrum mit altehrwürdiger Tradition. Berühmte Männer wie Hegel, Schelling, Hölderlin und Mörike haben hier gelebt, studiert und gedichtet. Und wenn es nach dem Willen seiner Eltern gegangen wäre, würde jetzt auch Hermann Hesse in die Universität, in das Tübinger Stift, eintreten und vielleicht auch ein berühmter, zumindest aber ein angesehener, wohl versorgter Mann werden.

Stattdessen hält Hermann Einzug als unbezahlter Lehrling in die finstere, verstaubte Buchhandlung Heckenhauer, mitten in der Altstadt gegenüber der mächtigen spätgotischen Stiftskirche St. Georg. Und statt Kollegien und Vorlesungen zu besuchen, darf er die Geschäftsräume fegen, die Bücher im Lager abstauben, eingegangene Bücherpakete auspacken und Botengänge machen. Wichtigere Schreibarbeiten traut man dem neuen Lehrling noch nicht zu. Seine Handschrift ist so krakelig und unleserlich, dass man ihm einen Schönschreibkurs verordnet.

Hermann wohnt außerhalb der Stadt, in der Herrenbergerstraße 28, bei der Dekanswitwe Leopold. Die Witwe erinnert ihn in ihrer Fürsorge an seine Wirtin in Cannstatt, Frau Montigel. Den Tod ihres Mannes, so berichtet Hermann nach wenigen Tagen, kenne er schon in allen Details. Und er zweifelt nicht daran, dass er bald auch über ihre Kindheit, Verlobung, Hochzeit und Ehe bestens unterrichtet sein wird. Das Haus der Witwe kommt ihm hässlich vor, die Straße reizlos und sein Erdgeschosszimmer nüchtern und öde. Doch darüber sieht Hermann hinweg. Entscheidend ist, dass er ein eigenes Zimmer hat. Es ist sein Reich. Hier kann er machen, was er will, und ist sein eigener Herr.

Auf die Einrichtung seines Zimmers verwendet Hermann viel Mühe. Seinen Eltern schickt er eine Skizze, auf der genau eingezeichnet ist, wo sein Bett, wo der Waschtisch, wo das Schreibpult stehen. Die Wände dekoriert er mit zahlreichen Bildern von berühmten Dichtern, Musikern und Philosophen. Links neben dem Sofa hängen Portraits des Dichters Gerhard Hauptmann und von Friedrich Nietzsche. Über der Kommode hat er ein großes Bild seines Lieblingsmusikers Frédéric Chopin angebracht, umgeben von kleineren Portraits von Beethoven, Mozart, Schumann und Weber. An die Wand über dem Sofa hat er, nach alter studentischer Mode, kreuzweise Tabakspfeifen gehängt. Und auf dem Schreibpult stehen die Bilder der Eltern.

Gegen halb sieben Uhr morgens muss Hermann aufstehen, um rechtzeitig ins Geschäft zu kommen. Sein täglicher Weg führt durch die untere Stadt, ein verrufenes Viertel, wo der Kot knöchelhoch in den Gassen liegt. Um halb acht beginnt die Arbeit in der Buchhandlung und geht fort bis um zwölf. Nach der einstündigen Mittagspause, die Hermann meistens allein auf dem Schlossberg verbringt, wird dann wieder gearbeitet bis um halb acht, manchmal länger. Hermann muss die meiste Zeit stehend arbeiten. Abends tun ihm dann die Beine weh und er ist müde und kaputt.

Dennoch ist der Tag für ihn noch lange nicht zu Ende. Nach dem Frondienst in der Buchhandlung beginnt für ihn erst das eigentliche Leben. In seinem Zimmer widmet er sich seinen Büchern, um seine Studien fortzuführen. »Mein Motto ist Kampf und Sieg, nimmer Traum und Liebesrausch«, hat er noch in Calw an seinen Freund Rümelin geschrieben.[8] Er hat sich fest vorgenommen, die ganze europäische Literatur zu studieren. Nicht nur die wichtigsten Autoren von Homer und Vergil bis zu den Dichtern der Gegenwart, sondern auch Literaturgeschichten, Biographien und Lehrwerke über Ästhetik und Verslehre.

Hermann Hesses Leben hat sich mit dem Umzug

nach Tübingen nicht wesentlich verändert. Es hat sich eher zugespitzt. Die schlimmen Erfahrungen, die er in Maulbronn, in Bad Boll, Stetten, Cannstatt und Calw gemacht hat – was anders sollte er daraus lernen, als dass er nur allein und im Kampf seine innersten Wünsche und Sehnsüchte verteidigen kann? Gegen die Lehrer, gegen die Eltern, gegen alle, die seine Lebenspläne für »verrückt« erklären. Aus dieser Not hat er sein Leben zweigeteilt. Er macht – um nicht ganz unter die Räder zu kommen –, was man von ihm verlangt. Daneben aber hat er sich einen eigenen Freiraum geschaffen, in dem er alles, was ihm wichtig ist, bewahrt und pflegt.

Dieser Freiraum ist für Hermann lebenswichtig. Jede Stunde, die er nicht mit seinen Büchern verbringt, kommt ihm verloren vor. Und er betet täglich darum, so bekennt er seinem früheren Lehrer Kapff, »daß ich meine eig'ne, innere Welt mir wahre«[9]. In dieser Welt ist Hermann allerdings allein. Er hat bisher nie die Erfahrung machen können, mit Gleichgesinnten diese Welt zu teilen. Er musste immer Einzelkämpfer sein. Und je treuer er sich selbst bleiben wollte, das scheint sein Fluch zu sein, desto einsamer wurde er. In Tübingen leidet er unter seiner »fast vollständigen geistigen und seelischen Einsamkeit«[10]. Und er wünscht sich einen Freund, dem er Freud und Leid anvertrauen kann.

Solch eine Freundschaft findet er zunächst in Tübingen nicht. Sein Alltag pendelt zwischen dem Zimmer in der Herrenbergerstraße und dem Buchgeschäft an der Stiftskirche. Zwischen den Niederungen der Tageswelt und den ersehnten, einsamen Nachtstunden. Darüber hinaus hat Hermann wenig Abwechslung. Ab und zu ist er Gast im Hause des Professors Häring, den seine Eltern gut kennen. Im Salon der vornehmen Familie macht Hermann aber keine gute Figur. Er sitzt unter den anderen Gästen steif herum und bringt kaum ein Wort heraus.

In den ersten Monaten streift er mit seinen früheren Mitschülern aus Maulbronn, die jetzt alle Studenten sind, in den Tübinger Wirtshäusern herum. Doch eine dauernde Freundschaft ergibt sich daraus nicht, auch mit Rümelin nicht. Zu fremd ist man sich geworden und Hermann fühlt sich unter den Studenten, die alle einer der sechsunddreißig Studentenverbindungen in Tübingen angehören, wie ein »Philister« und bleibt den Wirtshäusern lieber fern. Große Sprünge kann er sowieso nicht machen. Sein Vater hat ihm äußerste Sparsamkeit auferlegt, auch weil er befürchtet, dass Hermann in den alten Schlendrian zurückfällt. Auf einem Merkzettel, den er ihm nach Tübingen mitgegeben hat, heißt es unter Punkt 8, er solle »Kartenspiel um Geld und dergleichen« einfach abweisen mit der festen Erklärung: »Ich habe kein Geld zum Verlieren, und durch Spielen will ich keines gewinnen.«[11]

An seine Eltern, mit denen er einen »offenen, herzlichen Verkehr« pflegen möchte, schreibt er wöchentlich einen Brief. Darin schildert er ausführlich seine Arbeit und seine Vorgesetzten. Es ist ihm aber auch wichtig, seinen Vater und seine Mutter über den Stand seiner Studien auf dem Laufenden zu halten. In ihren Antwortbriefen geht Marie Hesse kaum darauf ein. Sie berichtet, wer alles am Sonntag zum Kirchenkaffee erschienen ist, dass der Vater unter Hochdruck an seinem Buch *Mission auf der Kanzel* arbeitet, wer in Calw gestorben ist und dass sie der Leiter des Freudenstädter Kurhauses, David Huppenbauer, in einem – welche Sensation in Calw – »Motor-Wagen mit Gebläse« besucht hat.

Voller Freude teilt sie ihm auch mit, dass sie sich wegen ihrer Krankheit dem berühmten Wunderheiler Elias Schrenk anvertraut hat. Der legte ihr in einer hochfeierlichen Stunde unter Gebeten die Hände auf und am nächsten Tag konnte sie wie durch ein Wunder wieder aufstehen und einige Schritte machen. Marie Hesse hat Schrenk gebeten, auf Hermann einzuwirken und ihm zu schreiben, was dieser auch tut. »Der Herr hat sich in Deinem Elternhause erwiesen als einen lebendigen Heiland«, steht in einem Brief, den Hermann vom Erzpietisten Schrenk erhält, »nun kommt Er zu Dir und will es bei Dir tun.«[12]

Auf diesen Besuch legt Hermann keinen Wert. Er bleibt lieber allein in seinem Zimmer und hat seine eigene Religion. Goethe, dessen Werke er gründlich liest, geht ihm jetzt über alles. Er ist ihm ein treuerer Gott als der »Sonntagsgott der Kirchenchristen«, der, wie Hermann meint, an den Werktagen nicht helfen kann. Goethe stehe auch zu ihm, wenn es trüb und trostlos in ihm aussehe. Und es gefällt ihm sicherlich auch, dass Goethe die Vorträge der Pietisten »narkotische Predigten« nennt und das Dämonische nicht, wie der »hellere Teil der Menschheit«, verteufelt, sondern als etwas Göttliches im Menschen betrachtet.[13]

Die souveräne Gelassenheit des Weimarer Genies bewundert Hermann. Nachvollziehen kann er sie nicht. Er fühlt sich eher von den Romantikern, von Novalis und Eichendorff, angezogen. Das romantische Leiden an der nüchternen Wirklichkeit und die romantische Sehnsucht nach der »blauen Blume«, das entspricht auch seinem Lebensgefühl, das ist seine Lage zwischen dem Arbeitsplatz in der Buchhandlung und der eigenen Poetenstube. Hermann leidet daran, dass seine Sehnsucht seit Maulbronn so »unerlöst« ist. Es drängt ihn dazu, seinen Träumen Ausdruck zu geben, er krankt, wie er sagt, an »ungebor'nen Liedern«[14]. Verse möchte er machen, die sind wie Chopins Musik, ganz Gefühl, zu Klang gewordene reine Empfindung.

Von dieser Art sind die Gedichte, die Hermann in nächtlichen Stunden schreibt. Einige davon bietet er der Wiener Zeitschrift *Deutsches Dichterheim* an – und sie werden genommen. Im September 1897 schickt er eine Nummer des *Dichterheims*, in dem ein »Chopinlied« von ihm abgedruckt ist, an seine Eltern. Die Reaktion ist für Hermann enttäuschend. Der Vater schreibt, dass die Zeitschrift leider nichts enthalte, »was zu würdigen ich in der Lage wäre«. Und die Mutter geht mit keinem Wort auf Hermanns Verse ein, sondern schwärmt von den frommen Gedichten einer Freizeitpoetin, die unter dem Titel *Von Gott – zu Gott. Lieder einer Volksdichterin im Schweizerland* erschienen sind.

Für Marie Hesse, die selber Gedichte schreibt, sind christliche Lyrik und Kirchenlieder das, wie sie sagt, »tägliche Manna meiner Seele«. Die Schönheit eines Gedichtes entscheidet sich für sie am frommen Inhalt. Und es widerspricht daher ihrem Innersten, wenn Hermann von frommen Gedichten recht abfällig redet und die anmaßende Behauptung aufstellt: »Je lyrischer desto weniger fromm – und umgekehrt«. Gekränkt über die schulmeisterlichen Belehrungen ihres Sohnes, des Möchtegernpoeten, der sich anscheinend für ein Genie hält, antwortet sie trotzig, dass ihrer Ansicht nach Kirchenlieddichter wie Paul Gerhard und Gerhard Teerstegen tausendmal mehr Gutes in der Welt ausgerichtet hätten als die Werke Goethes, Schillers und Shakespeares.[15]

Hermann reagiert auf solche Verletzungen nicht mehr so hemmungslos wie noch in Stetten. Das schlechte Gewissen, das er seit dieser Zeit hat, hält ihn zurück. Als der Großvater in Weißenstein im November 1896 starb, bekannte er seinem Vater: »Ich kann [...] das Gefühl der Schuld nicht loswerden, der Sünde an Ihm, an Dir, an Euch allen.«[16] Nach Calw kommt Hermann während seiner Lehrzeit äußerst selten und auch dann ungern. Sogar zur Hochzeit seines Stiefbruders Theodor lässt er sich aus fadenscheinigen Gründen entschuldigen. Trotzdem hängt er noch mit tausend Fäden an seinem Elternhaus. Und wie wichtig ist es ihm, dass die Eltern seine literarischen Bemühungen anerkennen! Der Mutter schenkt er zum fünfundfünfzigsten Geburtstag ein Heft mit eigenen Texten und Gedichten. Und für ihren sechsundfünfzigsten Geburtstag hat er ein ganz besonderes Geschenk geplant ...

Der Verlag E. Pierson in Dresden verhilft jungen, hoffnungsvollen Autoren zu ihrem literarischen Debüt. Vorausgesetzt, sie bezahlen die Druckkosten. Hermann Hesse ist entschlossen, eine Sammlung seiner Gedichte in Buchform erscheinen zu lassen. Die Druckkosten von 175 Mark will er mit seinem ersten selbst verdienten Geld abzahlen. Am 30. September 1898 geht seine Lehrzeit zu Ende. Er wird nun bei Heckenhauer zweiter Sortimentsgehilfe und bezieht ein Gehalt von 80 Mark.

Im Oktober hält er das erste Exemplar seines frisch gedruckten Büchleins in Händen. Und es kommt ihm ungeheuer wichtig vor. Auf dem Umschlag ranken sich links Clematisblüten. Und rechts davon steht: *Romantische Lieder von Hermann Hesse*. Das Buch ist »Maria und Frau Gertrud« gewidmet. Das sind zwei Traumgestalten in den Gedichten, die alle von dem romantischen Motiv des Heimwehs durchzogen sind. Das erste Gedicht *An die Schönheit* beginnt mit den Versen:

> »Über meinen Kinderzeiten
> War Dein Flügel ausgespannt,
> Grüne Nähen! Goldne Weiten!
> Und am letzten Himmelsufer
> Schufest Du mein Heimwehland.«[17]

Ein Exemplar schickt Hermann gleich nach Calw, der Mutter zum Geburtstag. Marie Hesse nutzt neben ihrer vielen Arbeit jede freie Minute, darin zu lesen. Und sie findet auch manches Schöne. Trotzdem, so schreibt sie an Hermann, wünscht sie doch seiner Dichtung einen »höheren Inhalt«. Manche Gedichte hätte sie auch lieber nicht gelesen, weil sie den Eindruck erwecken, »als sei die Liebe nicht immer keusch und rein«. Und gern würde sie natürlich auch wissen, wer denn nun diese zwei Frauen, Maria und Frau Gertrud, sind. »Gott hat dir Talent gegeben«, schreibt sie, »wenn du einmal Ihn gefunden hast und Ihm diese schöne Gabe weihst, dann erst wird dein altes Mutterle über dir glücklich sein [...].«[18]

Mehr Anerkennung für sein Erstlingswerk erfährt Hermann bei seinem neuen Freund Ludwig Finckh, genannt »Ugel«. Die beiden haben sich in der Buchhandlung Heckenhauer kennen gelernt. Hermann kam mit dem Jurastudent Finckh ins Gespräch und es stellte sich heraus, dass auch der nebenher Gedichte schreibt. Finckh machte Hermann mit Mitstudenten bekannt und daraus wurde ein Freundeskreis, der sich »petit cénacle« nennt. Man trifft sich regelmäßig, spielt Billard und macht Ausflüge und gebärdet sich recht unbürgerlich. Finckh ist begeistert über Hermanns *Romantische Lieder*. Er ist fest überzeugt davon, dass Hermann sich mit seinem Gedichtband als der »größte deutsche Dichter« erwiesen hat, berühmt wird und sich die Kritiker mit Lob überschlagen werden.[19] Eine allzu optimistische Einschätzung, wie sich zeigen wird. Hermanns Buch wird kaum wahrgenommen und von den 600 gedruckten Exemplaren werden im ersten Jahr gerade mal 54 verkauft.

Noch jemand anderes glaubt an Hermanns Talent. Es ist eine junge Frau namens Helene Voigt. Sie hat schon Hermanns Gedichte im *Dichterheim* gelesen und schrieb ihm den ersten Leserbrief seines Lebens. Seitdem stehen sie in regem Briefkontakt, wobei Hermann der Frage nach seinem Beruf jedes Mal ausweicht. Helene Voigt, die selber literarische Ambitionen hat, schickte ihm ein Foto von sich. Es zeigt eine lockenhaarige Schönheit in dunklem Reitkleid und mit Reitpeitsche. Hermann marschierte daraufhin zu einem Tübinger Fotografen, um seinerseits ein Foto für seine Brieffreundin machen zu lassen. Auf dem fertigen Bild ist ein fast neunzehnjähriger, korrekt aussehender junger Mann zu sehen, mit Nickelbrille, hochgestelltem Hemdkragen, dem so genannten Vatermörder, und schmetterlingsförmiger Krawatte.

Der Einzelgänger Hermann Hesse, der gern Kontakt zu Frauen hätte, hat sich bei der schönen Helene Voigt gewisse Hoffnungen gemacht. Darum ist er enttäuscht, als sie ihm mitteilt, dass sie den Verleger Eugen Diederichs geheiratet hat. Diese Ehe bringt aber auch Vorteile für Hermann. Diederichs erklärt sich nämlich bereit, eine Sammlung von kleinen Prosatexten Hermanns in seinem Verlag herauszubringen. Er glaubt zwar nicht an den wirtschaftlichen Erfolg des Buches, aber er ist überzeugt von seinem literarischen Wert. Die kurzen Texte sind wie Hermanns Gedichte Traumbilder, in denen er sein poetisches Heimwehland beschwört.

Im Juli 1899 erscheint das Buch mit dem Titel *Eine Stunde hinter Mitternacht*. Ein bezeichnender Titel – die Texte waren in den nächtlichen Stunden entstanden, die Hermann schlaflos in seinem Zimmer verbrachte.

Hermann hat Diederichs gedrängt, das Buch bis zum 14. Juni fertig zu stellen. Er will es unbedingt seinem Vater zum zweiundfünfzigsten Geburtstag schenken. Diederichs kann den Termin einhalten und Hermann schickt am 12. Juni das Buch nach Calw. In einem beigefügten Brief schreibt er, dass er gern dem Vater etwas geschenkt hätte, was der brauchen könne. »Statt dessen«, so meint er in banger Erwartung weiter, »kommt ein Geschenk, das dich wenig freuen wird.«

Natürlich hofft Hermann, dass sein Buch dem Vater gefällt und seine ängstlichen Bedenken unbegründet sind. Doch Johannes Hesse antwortet nicht. Dafür Marie Hesse, seine Mutter. Sie teilt Hermann mit, dass der Vater leider seit einiger Zeit unpässlich sei und deshalb das Buch nicht habe lesen können. Sie aber habe es, wie sie sagt, »schnell durchgehastet« und dann nachts nicht schlafen können. Denn einige Sätze empfand sie als so unanständig, dass kein Mädchen sie je lesen sollte. Die »Fiebermuse«, die Hermann in einem Text als die Quelle seiner Inspiration beschwört, vergleicht sie mit der Schlange, die sich ins Paradies schlich. Und sie fleht ihren Sohn an: »Kind, ich bin deine Mutter und liebe dich, wie nicht leicht sonst jemand dich lieben kann, darum muss ich warnen und wahr reden. Mein Herz empört sich gegen solches Gift. Es gibt eine Welt der Lüge, wo das Niedrige, Tierische, Unreine für schön gilt. Es gibt ein Reich der Wahrheit, der Gerechtigkeit, des Friedens, das die Sünde als Sünde zeigt und hassen lehrt und uns einführt zur göttlichen Freiheit. Zu Hohem, Ewigem,

Herrlichem ist der Mensch berufen – will er Staub lecken? Herzenskind, Gott helfe dir und segne dich und rette dich daraus! Innig küsst dich deine Mutter.«[20]

Im ersten Zorn schreibt Hermann seiner Mutter einen »herben Brief«. Doch als er vor dem Postschalter steht, wirft er den Brief doch nicht ein. Er will nicht, dass die Mutter darüber erschrickt, wie verbittert er ist. Stattdessen schreibt er einige Zeilen, in denen er kühl um die Rückgabe seines Buches bittet. Er habe nur wenige Freiexemplare und müsse sparen. Zum bevorstehenden zweiundzwanzigsten Geburtstag wünsche er sich nichts. Und der arme kranke Papa täte ihm »so leid«.

Mit der *Stunde hinter Mitternacht* glaubt Hermann Hesse nun eine Phase seines Lebens abgeschlossen zu haben, eine schwärmerische und traurige Jugend. Er fühlt sich auf der Schwelle zu einem neuen Lebensabschnitt und will auch nicht mehr länger in Tübingen bleiben. Schon seit einigen Monaten hat er sich nach einer neuen Stelle umgeschaut und sich schließlich dafür entschieden, das Angebot der Reichschen Buchhandlung in Basel anzunehmen. Zum 1. August hat er beim »Heckenmops«, wie er seinen Arbeitgeber despektierlich nennt, gekündigt.

Mitte August treffen sich noch einmal, zum letzten Mal, die Mitglieder des »pétit cenacle«. Sie verbringen einige Tage in Kirchheim/Teck und Hermann verliebt sich in die schöne Nichte des Kronenwirts, Julie, die er Lulu nennt. Ugel, also Ludwig Finckh, hat sein Jurastudium aufgegeben. Er hält sich für einen unverbesserlichen Romantiker, der von der Poesie nicht lassen kann. Weil man aber mit Romantik in der Welt nicht weit kommt, hat er vor, in Freiburg Medizin zu studieren.

Hermann verbringt die Wochen vor seinem Umzug nach Basel in Calw, wo er sich gründlich erholen will und glühende Liebesbriefe an Lulu schreibt. Er hat schon einige literarische Pläne, die er in Basel verwirklichen will.

An seine Schwester Adele hat er geschrieben: »Du siehst, ich gebe den Krieg nicht auf, so dumm er ist.«[21]

VI. Augenlust

»Als hätte ein Teil meines Inneren bisher geschlafen.«

In der Kiste, mit der Hermann Hesse seine Habselig-
keiten Mitte September 1899 nach Basel transportiert,
sind auch einige Bände des Philosophen Friedrich
Nietzsche und ein gerahmter Nachdruck von Arnold
Böcklins Bild *Die Toteninsel*. Von Nietzsche und
Böcklin ist Hermann begeistert. Beide haben in Basel
gelebt, und das ist auch ein Grund, warum es Hermann Hesse dorthin zieht.

Friedrich Nietzsche, Sohn aus protestantischem
Pfarrhaus und, wie Hermann Hesse, in einem ehemaligen Zisterzienserkloster erzogen, war von 1869 bis
1879 als junger Professor in Basel. Er galt als frührei-
fes Genie, bis er sich mit seinem ersten Buch seine
weitere akademische Karriere gründlich verdarb. In
den Augen der Fachwelt beging er den Fehler, mit einer historischen Abhandlung seine eigenen, persönlichen Lebensfragen klären zu wollen. In diesem Buch
über die Entstehung der griechischen Tragödie spricht
Nietzsche vom Verhältnis zwischen dem Dionysi-
schen (nach dem griechischen Gott Dionysos) und
dem Apollinischen (nach Apoll). Was er damit meint,
sind Kräfte, die jedes Leben prägen und die dauernd
im Konflikt miteinander liegen. Es ist der Konflikt

zwischen Chaos und Ordnung, wilder Leidenschaft und zähmender Vernunft, Barbarei und Zivilisation, Natur und Kultur. Nach seiner fehlgeschlagenen Laufbahn als Professor verließ Nietzsche Basel und führte das unstete Leben eines Flüchtlings. In seinen weiteren Büchern rechnete er ab mit der christlichen »Herdenmoral«. Er verkündete sogar den Tod Gottes, die Umwertung aller Werte, und er sah einen neuen Menschen hervortreten, einen »Übermenschen«, der sich jenseits von Gut und Böse sein eigenes Gesetz schafft. Den Versuch, selbst diesen Übermenschen zu verwirklichen, bezahlte Friedrich Nietzsche mit großer Einsamkeit. Zur Zeit von Hermann Hesses Umzug verbringt er sein letztes Lebensjahr bei seiner Schwester in Weimar, als gebrochener und geisteskranker Mann.

In den ersten Wochen in Basel nutzt Hermann Hesse jede freie Minute, um in das Kunstmuseum zu gehen. Bilder Böcklins, der 1827 in Basel geboren wurde, sind seit kurzem in einem eigenen Saal ausgestellt und für Hermann ist diese »unerhörte Pracht« ein »wahrer Augen-, Herz- und Seelentrost«[1]. Viele dieser Gemälde sind bevölkert von Satyren, Najaden, Faunen und Kentauren – Geschöpfe halb Mensch, halb Tier, mit einem Unterleib wie ein Ziegenbock, ein Fisch oder ein Pferd. Es herrscht eine übermütige, heidnische Sinnlichkeit in diesen Bildern und nicht von ungefähr warnte der katholische Abgeordnete

Reichensperger in einer Debatte im Berliner Reichstag eindringlich davor.[2]

Hermann macht es sich zur Gewohnheit, jeden Sonntag eine Stunde im Böcklin-Saal zu verbringen. Nach Hause berichtet er mit genüsslicher Bosheit, dass er zwar den sonntäglichen Gottesdienst verschlafen, aber dafür eine schöne Stunde bei Böcklin verbracht habe.

Basel ist nicht nur die Stadt Nietzsches und Böcklins, es ist auch der Ort von Hermanns Kindheit. Fünf Jahre hat die Familie hier gelebt. Hier steht das Stammhaus der Basler Mission, mit dem der Calwer Verlagsverein verbunden ist und in dem der Vater Lehrer war. In das dazugehörige Knabenhaus wurde Hermann gesteckt, als die Mutter nicht mehr mit ihm zurechtkam.

Dies alles, so glaubt er, ist ein abgeschlossener Teil seines Lebens, der weit zurückliegt und mit dem er jetzt nichts mehr zu tun hat. Er ist selbst über sich verwundert, dass es ihn doch wieder zu den Orten seiner Kindheit zieht, vor allem zum früheren Wohnhaus im Müllerweg und zu der großen Wiese, wo er als Kind so ausgelassen gespielt und Schmetterlingen nachgejagt hat. Wenn er an dieser Wiese vorbeigeht, kommt es ihm vor, als ob dort »ein guter Teil« von ihm zurückgeblieben wäre, etwas, das er nicht vergessen kann und das ihn mit vorwurfsvollen Augen ansieht. »So wild ich als Kind war«, schreibt er an seine

Eltern, »und so sehr ich mir unzähliger Unarten und Bosheiten bewußt bin, ich habe doch einen wehmütigen Respekt vor der ungebrochenen Kraft und Fülle jener Jahre, die mir jetzt oft in Pracht und Sehnsucht wiederaufleben.«[3] Und als er einen alten Bekannten aus diesen Kindertagen trifft, bestätigt der ihm im schönsten Schwyzerdütsch: »Sie sind selligsmol a chli a Wilde gsi.«[*]

Ein Wilder ist Hermann Hesse nun wirklich nicht mehr. In Tübingen ist aus ihm ein braver Buchhändlergehilfe geworden, der nur noch nachts, wenn er über seinen Büchern sitzt, von einem wilden Dichterleben träumt. Sehr viel näher ist er diesem Lebenstraum noch nicht gekommen. Auch sein zweites Büchlein *Die Stunde hinter Mitternacht* war ein völliger Misserfolg. Immerhin ist das Werk recht freundlich von einem zwei Jahre älteren Kollegen namens Rainer Maria Rilke besprochen worden. Es stehe »am Rande der Kunst«, meinte Rilke im *Boten für die deutsche Literatur*.[4]

Hermann versucht den Kontakt mit dem Verleger Eugen Diederichs aufrechtzuerhalten. Er rezensiert Bücher, die in dessen Verlag erscheinen. Doch wenn Hermann eigene Projekte vorschlägt, hält sich Diederichs höflich zurück. Wahrscheinlich ist ihm doch das Risiko eines weiteren Fehlschlags zu hoch.

---

[*] etwa: »Sie sind damals ein bisschen wild gewesen.«

Trotzdem schreibt Hermann weiter. Es sind kleine Texte, die aus persönlichen Erlebnissen entstanden sind. In Tübingen war einmal ein Trauerzug an seiner alten Buchhandlung vorbeigezogen. Ein Student wurde beerdigt, der sich das Leben genommen hatte. Hermann hat diesen scheuen und verletzbaren Studenten Eberhard gekannt. Und beim Anblick des Sarges wurde ihm schlagartig bewusst, dass er auch in diesem Sarg liegen könnte, wenn er es nicht immer wieder geschafft hätte, »ins Gewohnte und Geordnete zurückzukehren, wo es sich leichter leben ließ«[5]. Aus diesem Erlebnis ist eine Erzählung entstanden. Und auch der Besuch seiner alten Spielwiese hat ihn zum Schreiben angeregt. Die Bilder aus der Kindheit sind ihm lebendig geworden. Er versucht den Glanz dieser Zeit wieder heraufzubeschwören, den kindlichen Blick, mit dem er die Welt gesehen hat und der ihm dann irgendwie verloren gegangen ist.

Es sind diese Erinnerungen und auch die Bilder Böcklins, die ihm bewusst werden lassen, dass er die letzten Jahre ein sehr einseitiges Leben geführt hat. Die ausschließliche Beschäftigung mit Büchern hat ihn, wie er einmal schreibt, »nach sinnlich Schönem durstig gemacht« und ihm ist, »als hätte ein ganzer Teil meines Inneren bisher geschlafen«.[6]

Hermann verkriecht sich jetzt auch nicht mehr nach der Arbeit in sein Zimmer. Er nimmt Einladungen an von bekannten Basler Familien, wohin er von seinem Vater empfohlen worden ist. Am häufigsten verkehrt er im Haus des Historikers und Staatsarchivars Rudolf Wackernagel, am Brunngäßli. Manchmal ist er bei einer Abendgesellschaft der Jüngste und der Einzige, der keinen Doktor- oder Professortitel hat. Er reinigt sich dann vorher seinen Stehkragen mit dem Radiergummi, um in seinen abgetragenen Kleidern in der vornehmen Gesellschaft nicht zu sehr aufzufallen. An anderen Tagen geht es eher ungezwungen zu, es werden Spiele gemacht und Hermann tobt und lacht mit den Kindern seiner Gastgeber herum.

Bei Wackernagels begegnet er auch der fast gleichaltrigen Elisabeth La Roche, einer jungen Pianistin, in die sich Hermann leidenschaftlich verliebt. Freilich offenbart er der Angebeteten seine Gefühle nicht, dazu ist der Buchhändlergehilfe aus dem Schwarzwaldnest viel zu schüchtern und zu wenig weltgewandt. Aber er versteht es, seine Liebe zur schönen Elisabeth in der Distanz zu pflegen, in Gedichten und Liedern.

Leichter tut sich Hermann mit den jungen Künstlern, die im Hause Wackernagel verkehren. Besonders hingezogen fühlt er sich zu einem jungen Architekten, dem Rheinländer Heinrich Jennen. Der hat gerade den ersten Preis in der Konkurrenz um die Erweiterungsbauten des Basler Rathauses gewonnen und er ist genau der Freund, den Hermann jetzt braucht: literarisch völlig uninteressiert, aber mit einem Blick für Formen und Farben und sehr sinnlich. Obwohl in Basel eine »Antialkoholbewegung« im Gange ist und die Wackernagels alle Gäste zum Teetrinken überreden wollen, entwickeln sich Hermann und Heinrich zu wahren Weinkennern. Sie klappern die Weindörfer in Baden und im Elsass ab und wissen bald alle Sorten zu unterscheiden. Dabei hat jeder seine eigene Methode. Hermann versucht den Charakter jeder Weinsorte mit einem Gedicht oder einer Erinnerung auszudrücken. Jennen dagegen ordnet jedem Wein eine bestimmte Farbe zu, die er beim Trinken sieht. Beides abzustimmen ist freilich schwierig und es kommt nicht selten zum Streit.[7]

Ende 1899 ziehen Hermann Hesse und Heinrich Jennen zusammen in eine gemeinsame Wohnung in der Holbeinstraße. Die Wohnung ist schön gelegen, allerdings ist sie nur geeignet zum »Plaudern und Trinken«, weniger zur literarischen Arbeit. Daran ist Hermann Hesse zur Zeit ohnehin nicht gelegen. Alles Schreiben und Lesen kommt ihm »papiernern« vor. Lieber betrachtet er in seiner Freizeit Kunstdrucke oder sitzt mit Jennen über Bauplänen.

Von Calw und seiner Familie hält er sich auffällig fern. Nicht einmal zur Silberhochzeit seiner Eltern im November 1899 ist er nach Hause gefahren. Und auch Weihnachten bleibt er in Basel und schreibt Briefe an seine Familie. »Vergebt mir alles Widerwärtige«, bittet er. Doch es ist nicht leicht, den Erwartungen seiner Eltern gerecht zu werden. Seine Mutter beschwert sich, sie komme zu kurz, seit Hermann mit »Herrn Jennen« zusammenwohne. »Je weniger du schreibst«, klagt sie, »desto mehr beschäftigst du mich in schlaflosen Nächten, desto mehr muss ich für dich bitten und doch unwillkürlich auch mich sorgen.« Und sie ermahnt Hermann eindringlich, die Sünde zu fliehen.

Hermann ist mittlerweile sehr allergisch gegen einen, wie er sagt, »gewissen religiösen Ton« in den Briefen seiner Mutter. Es werde sie freuen zu hören, antwortet er in verhaltenem Zorn, dass er bald vom »Ungeheuer Jennen« wegziehe. Typisch für Hermann ist, dass er wenige Sätze später seine Mutter um Verzeihung bittet für seine harten Worte und sich bedankt für ihre »sorgliche Liebe«.[8]

Im März 1900 zieht Hermann tatsächlich aus der Wohngemeinschaft mit Jennen aus und mietet ein kleines Zimmer in der Mostackerstraße. Den Entschluss hat er nicht wegen seiner Mutter gefällt, sondern weil er sich wieder mehr dem Schreiben widmen will. Denn trotz seiner Abneigung gegen alles bloß Literarische hat er doch sein Ideal, ein Dichter zu werden, nie aufgegeben. Er hat nur das Gefühl, bisher viel zu wenig vom Leben zu wissen und alles allein aus Büchern zu kennen. Darum will er auch nicht mehr, wie in seinen früheren Texten, in einer Phantasiewelt schwelgen und über ferne »Heimwehinseln«

schreiben, sondern über die Welt, die ihn umgibt, und über Erlebnisse, die er wirklich gemacht hat.

Ein erster Schritt hin zu einer mehr realistischen Seh- und Schreibweise sind Erinnerungen an seine Kindheit, die Hermann verfasst hat, und die Erzählung über den Tübinger Selbstmörder. Für diese kleinen Texte hat er noch keinen Verlag gefunden. Dennoch reizt es ihn, etwas Neues zu schreiben, in dem er seine Entwicklung seit dem Weggang aus Tübingen verarbeiten will. Es soll etwas Größeres werden, ein Roman.

Zeit zum Schreiben findet Hermann Hesse nach wie vor nur in seiner Freizeit. Als Sortimentsgehilfe muss er nicht weniger arbeiten als in Tübingen. Die Reichsche Buchhandlung liegt im Stadtzentrum, in der Freien Straße, nur wenige Schritte entfernt vom Rathaus, wo Heinrich Jennen auf Baugerüsten herumsteigt und ein Heer von Handwerkern dirigiert. Hermanns Arbeit ist da weniger bedeutend und aufregend. Er muss Journale versenden, Post frankieren, das Lager ordnen und die »kleine Kasse« führen. Dafür bekommt er immerhin doppelt so viel Gehalt wie in Tübingen. Und er kann sich auch mal freie Tage nehmen.

Die größere Unabhängigkeit und Freiheit nutzt er auch, um die Umgebung von Basel zu erkunden. Offenbar haben ihn seine häufigen Spaziergänge zu seiner alten Spielwiese am Müllerweg angeregt, die Natur wieder zu entdecken. Im Frühjahr 1900 macht er am Wochenende Ausflüge ins Umland, zum St. Chrischona, dem Basler Ausflugsberg, oder nach Riehen, wo die Familie Wackernagel einen Wohnsitz hat, den so genannten »Wenkenhof«. Er beschreibt diese Ausflüge mit einer kindlichen Begeisterung. Hermann entdeckt in der Natur ein Lebensgefühl, das ihm auch in den Schriften Nietzsches und den Bildern Böcklins begegnet. Es ist eine Haltung dem Leben gegenüber, die nicht urteilt und wertet, sondern alles nimmt, wie es ist, mit seinen schönen und hässlichen Seiten. »Wir sollen«, schreibt er in einem späteren Text, »die Natur nicht nur fruchtbar und nützlich, sondern auch schön finden, aber wieder nicht nur schön, sondern auch unergründlich und über schön und häßlich erhaben. Wir sollen nicht suchen, sondern finden; wir sollen nicht urteilen, sondern schauen und begreifen, einatmen und das Aufgenommene verarbeiten.«[9]

Sobald die Tage wieder wärmer werden, gewöhnt Hermann sich an, morgens, bevor er zur Arbeit geht, ein kühles Bad im Rhein zu nehmen. Und an Ostern wandert er mit seinem alten Freund »Ugel« Finckh in der Gegend um Freiburg und anschließend verbringen sie einige Tage am Vierwaldstätter See. Die Berge sind noch tief verschneit, aber in den Tälern blühen schon die Obstbäume. Der See, so schreibt er an seine Brieffreundin Helene Voigt-Diederichs, »ist unsäglich schön, frisch und farbig«.[10] Seine Freude wird nur getrüb von der »Militärfrage«. Hermann kann sich ihr nicht mehr länger entziehen, ihm steht nun bald die Musterung bevor. Und wenn er für tauglich erklärt wird, dann wird er Basel verlassen müssen und wieder ein ganzes Jahr vom Geld seiner Eltern abhängig sein. Für ihn ein unerträglicher Gedanke.

Am 8. Juli 1900 muss Hermann nach Lörrach zur Musterung. Der Arzt erklärt ihn für untauglich, wegen »hochgradiger Kurzsichtigkeit«. Gleich meldet er die freudige Nachricht nach Calw. Seine Eltern sind erleichtert und der Vater versäumt es nicht, seinem Hermann einen Rat auf den weiteren Lebensweg mitzugeben: »Werde nur immer kurzsichtiger für all das Böse und Verführerische in der Welt!«[11] Johannes Hesse schreibt gerade an seinem Buch *Die Heiden und wir*. Seine dauernden Kopfschmerzen und seine körperliche Schwäche machen ihm die Arbeit zur Qual und er muss sich an den Schreibtisch zwingen.

Sein Sohn Hermann zeigt wenig Mitgefühl. Er selber sei, so schreibt er, »zu faul zum Schreiben«, und er schickt Ansichtskarten nach Calw aus Luzern und Altdorf, wo er mit seinem früheren Schulfreund Otto Mörike wandert und das alljährliche Seenachtfest miterlebt. Und Ende August nimmt Hermann zwei Wochen Urlaub, den er allein an seinem geliebten Vierwaldstätter See verbringt. Dort sucht er »einen Weg vom Anschauen der Natur zum wirklichen Leben in ihr«. Die Tage verbringt er mit Angeln, Wandern und Schwimmen. Und stundenlang lässt er sich in seinem Boot, eine Flasche Wein an Bord, auf dem See treiben und beobachtet das Lichtspiel auf dem Wasser. Einmal, beim Anblick einer Wolke, summt er selbstvergessen eine Melodie vor sich hin und daraus wird ihm unversehens ein Gedicht an Elisabeth, die ferne Angebetete. So, meint er im Nachhinein, sollte Literatur sein: nicht gemacht, sondern »halb unbewußt« aus einem Erlebnis entschlüpft.

Nach den wundervollen Wochen am See fällt es Hermann doppelt schwer, wieder in die Tretmühle seines Berufs zurückzukehren. Er befürchtet, sein neu erworbenes Lebensgefühl in der »undankbaren und aufreibenden Maschine« der Buchhandlung wieder zu verlieren. Seine Arbeit aufgeben, das kann er nicht. Aber immerhin möchte er die Belastung durch den Brotberuf so klein wie möglich halten. Und so ringt er sich im Spätherbst 1900 zu einem Entschluss durch, der ihm schon lange auf dem Herzen liegt. Er kündigt zum 1. Januar bei seinem Arbeitgeber, Herrn Reich. Hermann hofft auf eine ansprechendere Stelle in einem Antiquariat, wo er weniger arbeiten, natürlich weniger verdienen, dafür aber mehr Zeit für Reisen und seine Schriftstellerei haben wird. Und tatsächlich findet er auch die gewünschte Stelle, im Antiquariat Wattenwyl, unweit seiner alten Arbeitsstätte. Mit Herrn von Wattenwyl kommt er überein, am 1. August anzufangen, für 100 Franken im Monat, das entspricht dem Tübinger Verdienst.

Dass er nun für Monate arbeitslos sein wird, ist Hermann gerade recht. Er will sich einen lang gehegten Traum erfüllen. Schon seit Tübingen hat er sich mit dem Historiker Jakob Burckhardt und dessen Werk über die italienische Renaissance beschäftigt und nun will er die Gelegenheit nützen, nach Oberitalien zu reisen. Das, glaubt er, kann er sich jetzt leisten. Er hat gespart und mit Artikeln in der *Allgemeinen Schweizer Zeitung* und dem Verkauf von handschriftlichen Exemplaren seiner Gedichte einiges Geld dazuverdient. Außerdem hat er für seine Sammlung von kurzen Texten nun doch einen Verleger gefunden. Unter dem Titel *Hinterlassene Schriften und Gedichte von Hermann Lauscher* ist das Buch im Verlag der Reichschen Buchhandlung erschienen und in Basel viel beachtet worden.

Am 25. März 1901 reist Hermann Hesse von Calw aus mit dem Zug ab nach Italien. Bei Sturm und Regen sieht er das erste Mal in seinem Leben das Meer und kommt nach kurzen Aufenthalten in Mailand und Genua am Palmsonntag, dem 31. März, bei schönstem Frühlingswetter, nach Florenz. Hermann ist alles andere als ein normaler Tourist. Er lebt wie ein Vagabund, der sich treiben lässt und sich langsam die ganze Stadt erschließt. Einen Baedeker braucht er nicht, seine Sinne für die Kunst der Renaissance sind ihm durch Jakob Burckhardt geschärft, und er führt kleine Notizbücher mit sich, in denen er, Tag für Tag, seine Eindrücke und Erlebnisse festhält.[12] Und es sind viele und nachhaltige Eindrücke.

Natürlich besucht er die Museen und Kirchen der Stadt. Aber es ist kein Programm, dem er dabei folgt. Oft geht er zwei-, dreimal zu einem Gemälde von Botticelli in den Uffizien oder zu einem Fresko von Fillipino Lippi in der Basilica di Santa Maria, bis er glaubt, es »verstanden« zu haben. Und wenn er dann von der Kunst satt ist, streunt er, immer eine Zigarre im Mund, ziellos in den engen Gassen, auf dem Markt oder auf dem Ponte Vecchio herum und knüpft ein Gespräch mit Kaufleuten oder Marktweibern an. Mittags flaniert er gern in den Boboli-Gärten, wo er stundenlang den Goldfischen im See zuschauen kann.

Am Ostersamstag liegt er auf dem warmen Dach des Glockenturms, des Campanile beim Dom, lässt sich die Sonne auf den »Pelz« brennen und beobachtet das feierliche Treiben auf dem Domplatz. Und am liebsten wandert er nach Fiesole, dem Ort auf dem Hügel über Florenz. Dort steht auch das Haus, in dem Arnold Böcklin gelebt hat und wo er erst vor kurzem, am 1. Januar 1901, gestorben ist. Hermann liegt ganze Nachmittage im Gras unter den Zypressen des Klosters und plaudert mit alten Männern und Kindern. Zum Essen geht er in billige Trattorias oder er ernährt sich, um sein weniges Geld zu sparen, von

Brot, Käse und Wein, Eiern und Orangen. Es ist, wie er sagt, ein »verwahrlostes, fleißig-faules Schlenderleben«[13], das er führt.

Bis Ende April bleibt er in Florenz und reist dann über Bologna, Ravenna und Padua nach Venedig. In den ersten Tagen besucht er keine Gemäldesammlung und geht nicht in die Paläste und Kirchen. Er will seine Augen zuerst an die besonderen Farben der Lagunenstadt gewöhnen. »Man lernt hier«, so schreibt er in sein Tagebuch, »die Kunst des faulen Herumlungerns famos.«[14] Hermann bummelt in den Gassen herum, badet am Lido und sucht die Inseln Burano, Torcello und Chioggia auf.

Ein besonderer Genuss ist es für ihn, sich mit einer Gondel auf der Lagune herumfahren zu lassen. Einen dieser Ausflüge beschreibt er so: »Ich befahl dem Gondoliere, langsam am Ufer entlang nach rechts zu fahren. Es war ein kristallheller, durchsichtiger Sonnenmorgen, ganz dünne, schneeweiße Flaumwölkchen standen in einzelnen langen Streifen am hellblauen Himmel, dessen Farbe bis an den Horizont herab noch dunstlos rein war. Das Wasser, von einem leichten Windhauch kaum sichtbar bewegt, war auf leichtgrünem Grunde von wunderbaren Farbenspielen überflogen, die meine ganze Aufmerksamkeit fesselten. ›Langsam! Noch langsamer!‹ rief ich wiederholt dem Ruderer zu, bei Santo Spirito endlich ließ ich ihn haltmachen und winkte ihm nur noch jeweils nach rechts oder links zu wenden, je nachdem ein auffallender Reflex mich anzog.«[15]

Am 17. Mai tritt er seine Rückreise an. »Ich fühle schon jetzt«, schreibt er in sein Notizbuch, »wie ich nach diesen Stunden eines traumhaft wunschlosen Lebens später Heimweh haben werde.«[16]

Hermann fährt nach Calw, wo er die Zeit bis zum Antritt seiner neuen Stelle verbringt. Seiner Mutter geht es sehr schlecht. Ihre auf so wunderbare Weise geheilte Krankheit ist im März wieder ausgebrochen. Zu der Knochenerweichung kommt jetzt auch noch ein Nierenleiden, das ihr starke Schmerzen bereitet. Sie hat sich hinter dem Haus, dem Hang zu, eine Veranda bauen lassen, wo sie an den warmen Tagen liegt und wo Hermann ihr Gesellschaft leistet.

Es fällt ihm wie erwartet schwer, im August wieder sein Berufsleben in Basel aufzunehmen. In Italien, wo er als Fremdling war, konnte er leben, so bekennt er in einem Brief, hier in Basel vegetiere er eben so hin.[17] Die Arbeit bei Wattenwyl ist interessanter und weniger anstrengend als bei Reich, befriedigt ihn aber nicht. Hinzu kommt, dass er zusätzlich Geld verdienen muss. Er schreibt Reiseskizzen für den *Basler Anzeiger*. Um das Honorar zu bekommen, muss er nach vergeblichen schriftlichen Bitten erst persönlich in das Büro des Redakteurs gehen, der dann widerwillig achtzig Franken herausrückt.

Nach dieser schnöden Behandlung ist es für Hermann eine wohltuende Anerkennung, dass er aus Berlin einen Brief des bekannten Dichters Carl Busse bekommt. Busse hat Gedichte von ihm gelesen und will nun in der Reihe *Neue deutsche Dichter* einen Band Hesse-Gedichte herausgeben. Das ist eine ungeheure Ehre. Hermann stellt eine Auswahl seiner Lyrik zusammen und plant, das fertige Gedichtbuch seiner kranken Mutter zu widmen.

Dazu kommt es nicht mehr. Marie Hesse stirbt am 24. April 1902. Hermann fährt nicht zur Beerdigung. So Leid es ihm tue, schreibt er danach an seine Familie, »so war es doch für mich und Euch vielleicht besser, als wenn ich gekommen wäre«.[18] Das Widmungsgedicht wird nun zu einem Abschiedsgedicht an seine Mutter. Die erste Strophe lautet:

> »Ich hatte dir so viel zu sagen,
> ich war zu lang im fremden Land,
> und doch warst du in all den Tagen
> die, die am besten mich verstand.«[19]

Noch bei seinem letzten Besuch in Calw hat Hermann seine Mutter gebeten, ihm seine früheren Unarten zu verzeihen. Marie Hesse hat ihm verziehen. Dennoch leidet er weiter an den »Lieblosigkeiten, mit denen ich Mama so oft weh getan habe«.[20] Auch das Hochgefühl von der Italienreise ist verloren und Hermann ist drauf und dran, wieder in sein früheres, einsiedlerisches Leben zurückzufallen. Sein Freund Jennen ist aus Basel weggezogen, »Ugel« Finckh studiert in Berlin und bei der Familie Wackernagel hat sich Hermann seit Monaten nicht mehr sehen lassen. Er sei eben ein menschenscheuer Sonderling, entschuldigt er sich bei Rudolf Wackernagel. Zu seiner düsteren Stimmung kommt noch, dass Hermann seit Juni 1902 Augenschmerzen plagen und er sich sogar ins Krankenhaus begeben muss. Dort stellt man eine Verhärtung der Augenmuskeln und eine Entzündung des Tränenkanals fest. Monatelang kann er nicht lesen und schreiben und der neue Roman, an dem er arbeitet, geht, wie er klagt, im Schneckentempo voran.

Mehr Erfolg hat er mit dem bereits veröffentlichten Buch, dem *Hermann Lauscher*. Es ist zwar alles andere als ein Bestseller, gilt aber als Geheimtipp und andere Schriftsteller suchen nun den Kontakt zu dem Basler Buchhändler. Der junge Dichter Stefan Zweig schreibt an ihn, ebenso Paul Ilg, ein Schweizer Schriftsteller. Ilg, der vom *Hermann Lauscher* begeistert ist, macht den Fischer-Verlag auf das Nachwuchstalent aufmerksam. Und Anfang 1903 bekommt Hermann einen Brief des berühmten Verlags. Mit dem *Hermann Lauscher*, so heißt es darin, verbinde man »eine nicht gemeine Hoffnung« und ob er, Hermann Hesse, nicht neuere Arbeiten mitteilen wolle.[21]

Eigentlich war Hermann davon ausgegangen, dass er nach dem missglückten Versuch mit Eugen Diederichs nie wieder einen Verlag finden würde. Dass jetzt der Fischer-Verlag an ihm Interesse zeigt, ist wie ein Märchen. In einem Antwortbrief bezeichnet er seine bisherigen Texte als »persönliche Versuche«, von denen sich wohl kaum, wie er meint, ein erheblicher Bucherfolg erwarten lasse. Und was die Frage nach neuen Arbeiten betrifft, so verspricht er einen kleinen Roman, an dem er gerade arbeite.

An diesem kleinen Roman, er wird einmal *Peter Camenzind* betitelt, schreibt Hermann Hesse schon seit über einem Jahr und die Arbeit daran ist bisher sehr zäh vorangegangen. Jetzt, beflügelt von den neuen Aussichten, schreibt er in freien Stunden wie im Rausch. Kurz vor Ostern 1903 ist er fast fertig mit dem Buch, als er die Arbeit daran doch noch einmal unterbricht. Es ist die Aussicht, wieder nach Italien zu kommen, die ihn nicht mehr am Schreibtisch und in Basel hält. Eine Basler Malerin namens Gundrun, die für immer nach Italien umgezogen ist, hat Freunde eingeladen, sie in Florenz zu besuchen. Hermann, den sie auch gefragt hat, wollte anfangs nicht. Eine Freundin der Malerin, Maria Bernoulli, will die Reise unbedingt machen und sie schafft es schließlich, Hermann zum Mitkommen zu überreden. Maria Bernoulli stammt aus einer bekannten Basler Familie und hat zusammen mit ihrer Schwester ein eigenes Fotoatelier. Hermann lässt alles stehen und liegen. Alleine mit Maria Bernoulli fährt er am 1. April 1903 abends um sechs Uhr mit der Bahn dritter Klasse Richtung Süden.

In Mailand und Florenz fühlt sich Hermann, als ob er nach kurzer Abwesenheit wieder in die Heimat kommt. Alles ist ihm vertraut. Nur ist er dieses Mal nicht allein. Mit der Malerin versteht er sich schlecht. Dafür umso besser mit der Fotografin. Maria Bernoulli, neun Jahre älter als Hermann, liebt es, mit ihm, wie sie sagt, »abenteuern« zu gehen, das heißt ziellos durch die Gassen und Wirtshäuser zu streifen.[22]

Hermann zeigt ihr die Goldfische in den Boboli-Gärten und wandert mit ihr nach Fiesole. Nach einem Ausflug nach Pisa sitzen sie bei Mondlicht am Hafen und betrachten das Meer. Und oft verbringen sie die Abende in Hermanns Bude und erzählen sich ihre Liebeserlebnisse. »Wir ›können's miteinander‹«, schreibt Hermann in sein Tagebuch. Und obwohl er sich immer noch für einen unverbesserlichen Einzelgänger hält, ist er doch traurig, dass das »tüchtige liebe Mädchen« nicht mehr nach Venedig mitkommen kann, weil es zurück nach Basel muss. Als er am Tag des Abschieds frühmorgens aufbricht, erscheint sie nochmals »unerwartet« und begleitet ihn zum Zug.

In Venedig fühlt sich Hermann nicht so wohl wie beim ersten Besuch. An vielen Tagen ist es regnerisch und kühl. Seine Augen machen ihm zu schaffen und er schläft schlecht. Einmal träumt er, dass eine Frau, die aussieht wie seine Mutter, in einer stillen Gasse sich an ihn hängt. Als sie wieder weggeht, ist ihm, als verlöre er seine Mutter noch einmal, und er bricht in Tränen aus.

Ende April 1903 ist Hermann Hesse wieder in Basel. Nun schreibt er seinen Roman zu Ende und schickt ihn Anfang Mai an den Verlag. Das Buch wird sofort genommen und Samuel Fischer ist begeistert. Er schließt mit Hermann einen zusätzlichen Vertrag ab, in dem der Fischer-Verlag für die nächsten fünf Jahre ein Vorkaufsrecht auf alle Werke von Hermann Hesse zugesichert erhält.

Seinem Traum, einmal ein Dichter zu werden, ist Hermann Hesse so nahe wie noch nie. Obwohl er für den *Peter Camenzind* noch keinen Pfennig bekommen hat, kündigt er seine Stelle bei Wattenwyl. Und auch in seinem Privatleben stehen große Veränderungen bevor.

Aus der Urlaubsfreundschaft mit Maria Bernoulli ist in Basel ein echte Liebesaffäre geworden. Sein Schatz, so schreibt er an einen Freund, sei »kein liebes dummes Gretchen, sondern mir an Bildung, Lebenserfahrung und Intelligenz mindestens ebenbürtig«.[23] Und außerdem könne sie, wie er versichert, »gewaltig küssen«.

Schon Pfingsten 1903 verloben sich Hermann Hesse und Maria Bernoulli, gegen den Willen ihres Vaters, der seine Tochter nicht einem einfachen Buchhändler mit Dichterflausen im Kopf geben will.

Mia denkt trotzdem an Heirat. Dazu muss allerdings erst Hermanns finanzielle Zukunft gesichert sein und das hängt in erster Linie vom Erfolg seines Romans ab.

Im Herbst zieht Hermann vorläufig nach Calw, ins Verlagshaus zu seinem Vater. Er richtet sich in seinem alten Zimmer ein und beginnt damit, *Unterm Rad*, den Roman über seine Maulbronner Internatszeit, zu schreiben. An der Wand hängen seine Angelrute, eine Italienkarte, ein Foto seiner Mutter Marie Hesse und daneben ein Foto von Maria Bernoulli. Hermann schreibt jeden Tag an seinen »kleinen schwarzen Schatz«, wie er Maria nennt. Am liebsten würde er sie sofort heiraten, aber er muss noch abwarten, wie sein Roman aufgenommen wird.

Der *Peter Camenzind* erscheint erst im Januar 1904. Für den Vorabdruck in einer Zeitschrift und für die erste Auflage des Buches erhält Hermann über 1000 Mark. Und im Laufe des Jahres verdient er noch mehr. Im April steht der Roman vor der dritten Auflage. Er ist ein Erfolg und Hermann kann es sich jetzt leisten zu heiraten.

Während Hermann weiter in Calw bleibt, sucht Maria Bernoulli nach einer gemeinsamen Wohnung. Die beiden schwärmen für ein gesundes und möglichst bedürfnisloses Leben auf dem Land. In dem kleinen Ort Gaienhofen am Bodensee entdeckt Maria ein altes Bauernhaus, das ihr gefällt.

Am 2. August 1904, einem Tag, an dem Vater Bernoulli nicht in der Stadt ist, heiraten Maria Bernoulli und Hermann Hesse in Basel. Und gleich darauf ziehen sie in das alte Bauernhaus nach Gaienhofen.

Schon in Tübingen war es das Ideal des Buchhändlers Hermann Hesse gewesen, irgendwann einmal »auch im Tagleben zu tun und zu sein, was ich in den Gedanken der Freizeit tue und bin«.[24] Hermann Hesse hat seinen Traum verwirklicht. Aus dem Buchhändler ist ein Dichter geworden. Aber wie lebt ein Dichter?

VII. Der Dichter als Bauer

»Ich bin nur zu 50 Prozent ein Luftikus.«

Das Deutschland um die Jahrhundertwende hat sich seit der Reichsgründung 1871 rapide gewandelt. Die »alte« Welt mit ihren Handwerkern, Mühlen und Postkutschen, wie sie Hermann Hesse noch in Calw kennen gelernt hat, ist im Schwinden begriffen. Deutschland ist zu einer Industrienation geworden. Das alltägliche Leben wird verändert durch technische Neuerungen wie die Strombeleuchtung, das Telefon und das Automobil. In modernen Großstädten wie Berlin gibt es einen riesigen Amüsierbetrieb, mit Theatern, Kinos und Kabaretts. In den wachsenden Industrierevieren zeigen sich dagegen die Schattenseiten dieses Fortschritts wie Wohnungsnot, Arbeitslosigkeit und soziale Unruhen.

Bei vielen Menschen in Deutschland löst diese Entwicklung eine nie gekannte Zukunftseuphorie aus. Man glaubt sich auf dem Weg in goldene Zeiten. Und es erscheint nur natürlich, dass Kaiser Wilhelm II. nun für das wirtschaftlich so starke Deutschland auch eine gewichtige Rolle in der Weltpolitik beansprucht. Er lässt seine Seeflotte aufrüsten und will auch bei der Verteilung der Kolonien unter den Großmächten nicht zu kurz kommen.

Gegen das moderne Leben mit all seinen Folgen gibt es aber auch einen breiten Widerstand. Es bilden sich Bewegungen, die andere Lebensformen ausprobieren wollen. So unterschiedlich diese Reformbewegungen sind, gemeinsam ist ihnen doch, dass sie sich an den Vorstellungen von einem »naturgemäßen Leben« orientieren.[1] So entsteht beispielsweise eine Naturheilbewegung, die auf die heilende Wirkung von Luft-, Wasser-, Licht-, Ozon- oder Radioaktivitätskuren setzt. So genannte Vegetarier verzichten auf Fleischgenuss und propagieren eine gesunde Ernährung aus pflanzlicher Kost. Diese Reformer rebellieren auch gegen die alte Kleidermode. Weg von den steifen Anzügen, den Vatermördern und Korsetts, hin zu einer Kleidung, die »gesund, praktisch und schön« ist – so lautet die Devise. Auf dem Gebiet der Pädagogik sind es Reformer wie Rudolf Steiner und Maria Montessori, die dafür eintreten, von den natürlichen Anlagen eines Kindes auszugehen, statt nur nützliches Wissen einzutrichtern.

Einen besonderen Zulauf haben jene Bewegungen, die dazu aufrufen, die Stadt hinter sich zu lassen und das Leben in frischer Luft und freier Natur wieder zu entdecken. In erster Linie sind es Jugendliche, die als »Wandervögel« mit Stock und Rucksack umherstreifen und abends mit der Gitarre am Lagerfeuer sitzen. Daneben gibt es auch richtige Aussteiger, die ganz konsequent ein spartanisches Leben abseits der Städte führen. Einer dieser Naturmenschen ist der Maler Karl Diefenbach, der mit seiner Familie und seinen Schülern in einer Schlucht in Höllriegelskreuth bei München haust. Alle Mitglieder der Einsiedelei tragen lange Haare und lange Gewänder und ernähren sich von Beeren, Früchten, Brot und Wasser. Manchmal legen sie sich auch im »adamitischen Kostüm« in die Wiese, um ein Licht- und Sonnenbad zu nehmen. Für diese »Schweinerei« werden sie allerdings regelmäßig von der bayerischen Polizei verhaftet.[2]

Hermann Hesse ist kein Anhänger einer dieser Reformbewegungen. Aber er sympathisiert mit ihren Ideen. In seinen Briefen an Schriftstellerkollegen stellt er sich gern als Außenseiter dar, der von der Politik nichts wissen will und dessen Herz ganz der Natur und den Büchern gehöre. Am liebsten, so bekennt er Stefan Zweig, würde er allein in einem »entlegenen italienischen Nest« leben, um dem »ganzen Schwindel unseres modernen Lebens« zu entkommen. Und obwohl er noch nie über den beschränkten Horizont von Städten wie Basel und Bern hinausgesehen hat, gilt ihm doch eine Metropole wie Berlin als Inbegriff des unnatürlichen und falschen Lebens. »Ein Butterbrot auf einem primitiven Schweizer Wirtstisch«, so schreibt er, »schmeckt mir besser als ein brillantes Souper in Berlin, Leipzig etc.«[3]

Hesses Misstrauen gegen die Neuerungen der modernen Zeit und seine Naturbegeisterung sind wohl auch ein Grund für den Erfolg seines *Peter Camenzind*. Viele Zeitgenossen, die nach anderen, alternativen Lebensmöglichkeiten suchen, können sich darin wieder finden. *Peter Camenzind* ist ein Entwicklungsroman, in dem der junge Hermann Hesse seine Erfahrungen auf dem Weg von Calw nach Basel verarbeitet hat: die Ablösung von seinem Elternhaus, den Tod seiner Mutter, die Vereinsamung in der Stadt, die Liebe zur Natur und sein Bemühen, seine Einsamkeit zu durchbrechen.

In vielem aber zeigt das Buch auch, wie Hermann Hesse sich gerne sehen würde und gerne sein möchte. In Peter Camenzind, dem Helden des Romans, ist bereits verwirklicht, was bei dessen Autor noch Sehnsucht und Wunsch ist. Das fängt schon damit an, dass Peter Camenzind trotz seiner Feinfühligkeit ein kräftiger großer Bauerssohn aus einem Schweizer Dorf ist. Er verlässt seine Heimat, die Berge und die Seen, besucht eine Schule und wird ein bekannter Schriftsteller und Zeitungsschreiber. Er ist auf dem besten Weg dazu, auch ein zynischer Menschenfeind zu werden. Davor bewahren ihn jedoch seine Fähigkeit zur Freundschaft und seine Naturverbundenheit, die ihn wie ein innerer Kompass immer wieder auf den richtigen Pfad zurückführen. Er wendet sich ab von den dekadenten Künstlerkreisen und den städtischen Salons und sucht den Umgang mit den einfachen Leuten. Er macht die Bekanntschaft eines Schreiners, der ihn wie einen Sohn in seine Familie aufnimmt. Auf diese Weise lernt er auch den körperbehinderten Boppy kennen, der sein Freund wird und den er bis zu seinem Tod pflegt. Am Ende verzichtet Peter Camenzind auf die große Welt. Er kehrt in sein Schweizerdorf zurück, wo er sich um seinen alten Vater kümmert und schließlich als Wirt die Weinschenke am Ort übernimmt.

Man könnte sagen, dass der Roman *Peter Camenzind* dort aufhört, wo Hermann Hesse mit seinem Umzug nach Gaienhofen weitermacht. Mit dem Unterschied, dass Hesse nicht nach Hause, nach Calw, zurückkehrt. Und er geht auch nicht alleine aufs Land, sondern zusammen mit seiner Frau Maria, die er Mia nennt. Gemeinsam wollen sie ein »ländliches, einfach-aufrichtiges, natürliches, unstädtisches und unmodisches Leben«[4] führen. Gaienhofen soll eine neue Heimat werden.

Das Dorf Gaienhofen liegt am deutschen Teil des Bodensees, am Untersee, zwischen Stein am Rhein und Radolfzell. Zu Beginn des 20. Jahrhunderts ist es ein gottverlassenes Nest. Keine Eisenbahn führt hierher. Zur nächsten Bahnstation ist man mit dem Pferdepostwagen stundenlang unterwegs. Es gibt keine Kaufläden, kein Gas, kein elektrisches Licht und keine Wasserversorgung. Man muss sich das Wasser mit Eimern vom Dorfbrunnen holen und zum Einkaufen fährt Hesse mit dem Boot ans gegenüberliegende Ufer, nach Steckborn.

Das Haus, das sich das jung vermählte Paar für 150 Mark im Jahr gemietet hat, liegt am Kirchplatz. Es ist ein altes, schon etwas heruntergekommenes Bauernhaus, zur Hälfte als Scheune benutzt, zur Hälfte bewohnbar. Nachdem endlich die Umzugskisten aus Basel angekommen sind, gibt es für Hermann noch viel zu reparieren. Er muss das Dach und die Böden ausbessern. In den Wänden klaffen Ritzen, die er mit Werg und Papier verstopft, und das Dachgebälk in den oberen Zimmern streicht er mit dunkelroter Farbe an.

Im Erdgeschoss, neben der Küche und der Stube mit dem Kachelofen, hat Mia ihr Zimmer. Dort hinein kommt auch ihr Klavier. Mia ist eine hervorragende Pianistin und sie liebt wie Hermann die Musik Frédéric Chopins.

Im oberen Stockwerk richtet Hermann sein Arbeitszimmer ein. Durch das Fenster hat er einen wunderbaren Blick auf den See. Nahe ans Fenster kommt der neue, große Schreibtisch, den sich Hermann in München hat schreinern lassen. Auch die Bretter für sein Bücherregal sind neu. Das Zimmer ist sehr niedrig, und wenn Hermann den Raum betritt, muss er in der Tür mit der hohen Schwelle immer den Kopf einziehen. Als sein Brieffreund Stefan Zweig ihn das erste Mal besucht, tritt dieser zu schnell und freudig durch jene Tür und er muss sich erst mit angeschlagenem Kopf eine Viertelstunde hinlegen, bevor er ein Wort reden kann.

Obwohl man Gaienhofen auf keiner Karte findet, ist Hesse doch nicht von der Welt abgeschnitten. Er muss sich damit abfinden, dass er nun ein bekannter Autor ist. Für den *Peter Camenzind* hat er den Bauernfeldpreis der Stadt Wien erhalten. Und sein Name wird in Meyers kleinem Konversationslexikon aufgenommen. Viele Briefe erreichen ihn täglich, junge Poeten schicken ihm ihre Manuskripte, und Zeitungen, die ihm früher seine Gedichte zurückgesandt haben, wollen seine Texte abdrucken.

Hesse ist diese modische Aufregung um seine Person zuwider. Einen Journalisten, der ein Interview machen möchte, schickt er zum Teufel und er lässt nicht zu, dass man Fotos von ihm veröffentlicht. Trotzdem kommen viele Besucher nach Gaienhofen, um die Bekanntschaft des gefeierten Autors zu machen. Aus München reisen der Dichter Ludwig Thoma und der Verleger Albert Langen zum Untersee und überreden Hesse dazu, bei der neu gegründeten Zeitschrift *Süddeutschland*, die später *März* heißen wird, mitzumachen. Hesse lernt auch viele Literaten und Künstler kennen, die in der Bodenseegegend wohnen. Zum Beispiel Emil Strauß, der im nahe gelegenen Überlingen wohnt, oder den Maler und Grafi-

145

ker Max Bucherer, der in der Drachenburg in Gottlieben sein Atelier hat.

Auch seinen alten Freund Ludwig »Ugel« Finckh lädt Hesse ein, nach Gaienhofen zu kommen. Und Finckh kommt nicht nur, die Gegend gefällt ihm gleich so gut, dass er beschließt, sich ebenfalls hier niederzulassen.

Ludwig Finckh ist inzwischen Arzt und hat sich mit Gedichten und dem Roman *Der Rosendoktor* als Schriftsteller einen Namen gemacht. Er kauft sich mit finanzieller Hilfe Hesses ein Häuschen mit Garten und schafft sich zwei korsische Esel und zwei Bernhardinerhunde an. Er und »Hermi«, wie er Hermann Hesse nennt, führen nun ein ziemlich »indianerhaftes« Jäger- und Fischerleben. Wie zwei begeisterte Buben machen sie den Untersee zu ihrer Spielwiese und unternehmen lange Wanderungen, einmal sogar bis ins Engadin. Und die Gaienhofener müssen sich an den Anblick gewöhnen, dass die zwei nichtstuerischen »Schriftsetzer«, wie sie genannt werden, ohne Sense, aber mit Schmetterlingsnetz, Angel und einer Flasche Wein zum Ufer schlendern, um dort in einer geschützten Bucht nackt in der Sonne zu liegen oder zu baden. »So – gont'r spaziere?«, grüßen sie, wenn sie den beiden begegnen.[5] Doch der äußere Eindruck trügt. Hesse ist ein sehr fleißiger und produktiver Autor, der am liebsten nachts arbeitet. Neben zahlreichen Rezensionen für Zeitschriften schreibt er seinen

Roman *Unterm Rad* zu Ende und verfasst Erzählungen.

Am 9. Dezember 1905 bringt Mia einen Jungen zur Welt. Bruno wird er genannt. Hermann Hesse ist innerhalb kurzer Zeit ein erfolgreicher Autor, Ehemann und Vater geworden. Er hat allen Grund, glücklich zu sein. Aber er ist es nicht. Schon seit den ersten Wochen in Gaienhofen nagt in ihm eine Unzufriedenheit. In seine idyllischen Schilderungen von seiner Bodensee-Heimat mischen sich andere Töne. In tagebuchähnlichen Aufzeichnungen beschreibt er, wie sein Blick oft, wenn er an seinem Schreibtisch sitzt, durchs Fenster auf den See geht und von fernen, unbekannten Hügelketten und Bergen angezogen wird. Dort, in der Ferne, kommt ihm alles »unbegreiflich schön und entrückt«[6], rätselhaft und geheimnisvoll vor. Und einmal sitzt er abends in seinem gut geheizten Zimmer, betrachtet sein neues Regal mit den schön gebundenen Büchern und denkt darüber nach, wie gut es ihm nun geht: Es ist immer genug Holz für den Ofen und guter Wein im Keller da, sogar die Katze bekommt so viel Milch, wie sie haben will. Von unten hört er seine Frau Mia Klavier spielen, ein Stück von Chopin. Und dann steigt in ihm Zorn hoch »über dies bequeme Hinleben«[7] und er nimmt leise Mantel, Hut und Stock, geht hinaus und treibt sich bei Sturm und Regen im Freien herum.

Hermann Hesse wird oft von dieser Unruhe befallen. Besonders, wenn er mit seinem Boot lange Fahrten auf dem See macht. Oder wenn er das Luftschiff des Grafen Zeppelin, das von Friedrichshafen aus zu Rundflügen startet, über den Untersee schweben sieht. In solchen Momenten bedauert er es, dass er »kein Einsamer und Wanderer« mehr ist. Und insgeheim beneidet er die Landstreicher, die manchmal durch Gaienhofen ziehen.

Im Frühjahr 1906 kommen wieder solche heimatlosen Gesellen ins Dorf. Es sind wunderliche Gestalten. Sie haben lange Haare, und die wenigen Kleidungsstücke, die sie tragen, haben sie selber gemacht. Ganz frei vom »bürgerlichen Kram« wollen sie leben, verkünden sie. Sie nennen sich »Sonnenbrüder« und sind unterwegs nach Ascona, zum Monte Verità, zum Berg der Wahrheit.[8] Alles, was sie erzählen, fasziniert Hesse. Und er beschließt kurzerhand, diese Sonnenbrüder nach Ascona zu begleiten.

Monte Verità – so nennt sich eine Kolonie von so genannten »Naturmenschen« auf einem Berg nahe Ascona, die von dem belgischen Millionär Henri Ödenkoven gegründet worden ist. Wahrheitssucher aus allen Ländern der Welt finden sich hier zusammen: Lebensreformer, Okkultisten, Gesundbeter, Freiluftkuranhänger, Vegetarier, Revolutionäre. Alle vereint sie der Wunsch, ein naturnahes Leben fernab der Zivilisation zu führen. Die Männer haben alle Bärte und lange Haare und tragen Hemden und knielange Hosen aus Sackleinen, manche auch nur einen Lendenschurz aus Bast. Die Frauen sind in weiße Gewänder gekleidet und haben Blumen im Haar. Auch Künstler wie die Puppenmacherin Käthe Kruse oder Maler wie Wassily Kandinsky und Gabriele Münter sind Gäste auf dem Monte Verità. Daneben gibt es auch skurrile Gestalten wie jenen »gustav nagel«, der die Welt barfuß durchwandert hat und alle Buchstaben kleinschreibt. Oder Gusto Gräser, ein Wanderapostel, der lange in einer Höhle bei Ascona gelebt hat.[9] Wahrscheinlich unter dem Einfluss dieses Gusto Gräser unterzieht sich Hesse einer Kur, bei der er, nur mit einer Decke ausgestattet, nackt in einer Hütte haust, sich ab und zu in Erde eingräbt und sich nur von Wasser und Beeren ernährt.[10]

Nach mehreren Wochen kehrt Hermann Hesse nach Gaienhofen zurück, »dürr zum Erbarmen, braun wie ein Mulatte, reizbar und mimosenhaft«, wie sich sein Freund Ugel erinnert. Finckh und Mia Hesse machen sich Sorgen um Hermann, der nur noch strikt vegetarisch, ohne Wein, Rauchen und Kaffee leben will und zusehends an Kräften verliert. Dem Münchner Maler Rudolf Sieck, der in Gaienhofen zu Besuch ist, geht Hesses Getue auf die Nerven und er packt den Asketen etwas rauer an. »Sie, Herr Hesse«, sagt er zu ihm, »wissens, wie man solchene Menschen wie Sie heißt? Kohlrabi-Apostel! A Kohlrabi-Apostel sans!«[11]

Über die arbeitsscheuen Wahrheitsfanatiker auf dem Monte Verità wird sich Hesse später selber lustig machen. Jetzt aber ist es ihm noch viel zu ernst mit seinem asketischen Experiment und er ist über solche Bemerkungen beleidigt.

Nach seinem Ausbruch nach Italien scheint Hesse schnell wieder ein pflichtbewusster und sesshafter Familienvater zu werden. Erstaunlich schnell. Ende des Jahres beschließen Mia und er, ein eigenes Haus zu bauen. Das alte Bauernhaus erweist sich für eine Familie mit Kind nun doch als zu primitiv. Einen Großteil des nötigen Geldes erhalten sie als zinsloses Darlehen von Mias Vater, der sich inzwischen mit seinem Schwiegersohn ausgesöhnt hat. Als Bauplatz wird ein schönes Hanggrundstück etwas außerhalb von Gaienhofen ausgesucht, hoch gelegen, mit einem weiten Ausblick bis nach Konstanz und zu den jenseitigen Bergen. Im Frühjahr 1907 beginnen die Bauarbeiten. Es wird ein großes, villenartiges Haus, mit Veranda und Terrasse und einer eigenen Wasserleitung. In Hermanns Arbeitszimmer werden Regale und Schränke für eine Bibliothek und, als besonderes Prunkstück, ein großer Kachelofen eingebaut. Endlich kann er sich auch einen alten Wunsch erfüllen und neben dem Haus einen weitläufigen Garten anlegen.

Das neue Haus ist für ein ganzes Leben gebaut und eingerichtet. Doch schon als Bauherr ist Hesse wenig häuslich. Im April sucht er wieder das Weite. Er reist nach Ascona, zum Monte Verità, um erneut eine Kur zu machen. Die erhoffte Wirkung bleibt anscheinend aus. Er kommt, wie nach dem ersten Mal, unzufrieden und gereizt zurück. In den Tagen um seinen dreißigsten Geburtstag spricht er von einer »heftigen Krise« und muss sich eingestehen, dass sein Versuch, ein unverdorbenes Leben ohne Alkohol und Tabak zu führen, eigentlich seiner sinnenfreudigen Natur widerspricht. Die Frage ist nur, warum er sich selbst Gewalt angetan hat. Vielleicht, so mutmaßt er, weil er aus seinen Idealen eine »entsprechende Philosophie«[12] gemacht hat und dieser Philosophie in die Falle gegangen ist, anstatt seine wahren Bedürfnisse zu erkennen.

Ähnliche Zweifel begleiten nun das Leben im neuen Haus, obwohl es nach außen eine Idylle zu sein scheint. Die Villa am Untersee ist offen für viele Freunde und Bekannte, Maler, Musiker, Literaten. Hesses Roman *Unterm Rad* ist ein großer Erfolg geworden. Die Verleger reißen sich um seine Texte. Und es sind auch wieder neue Erzählungen und ein Roman im Entstehen.

Neben der Arbeit am Schreibtisch geht Hesse ganz in seiner Gartenarbeit auf. Er pflanzt Obstbäume, Kastanienbäume, Linden und Hecken an. Er sammelt die von »Ugel« Finckhs Esel liegen gelassenen »Äpfel« auf, düngt damit seine Dahlienzucht, seine Blumen- und Gemüsebeete und erntet im Überfluss Kohl und Salat. In den Garten baut er eigenhändig einen

Schuppen und um den alten Birnbaum zimmert er eine Lattenbank.

An diesem Bauernleben hat Hesse seine Freude. Aber diese Freude kann schnell umkippen und zu Überdruss und Ekel werden. Seine Gartenarbeit empfindet er dann als elende Sklaverei und sein ganzes Gaienhofener Leben kommt ihm vor wie ein »Bauernspielen«[13]. Als ob er sich, wie bei den Kuren auf dem Monte Verità, eine »Philosophie« gemacht hätte, die mit seinen ursprünglichen Absichten nicht mehr viel zu tun hat. »Dabei sieht es in unserem Haus ganz freundlich aus«, schreibt er an seinen Freund Karl Ginzkey Anfang 1908. »Frau und Bub sind munter und gedeihen, und auch ich bin wohler als letztes Jahr. Aber ich habe mir das Glück als Junge anders vorgestellt und bin nun immer noch dumm unzufrieden, daß es mir in etwas anderer Fasson verabreicht wurde, als ich geträumt hatte.«[14]

Diese dumme Unzufriedenheit ist es, die ihn immer wieder schnell aus dem Gleichgewicht bringt. Aus heiterem Himmel sticht ihn dann der Hafer und er flieht aus Gaienhofen. Einmal liegt es am neuen Kachelofen, der wieder einmal nicht funktioniert und sein Zimmer einräuchert – schon packt Hesse seinen Handkoffer, fährt mit dem Pferdewagen nach Radolfzell und von dort aus mit der Bahn weiter nach München, zu seinen Freunden von der Zeitschrift *März* oder vom *Simplicissimus*. Dann glaubt er genau zu wissen, dass er eben nicht zum Bauern geboren ist, sondern ein Nomade ist wie der Landstreicher Knulp, seine Lieblingsfigur aus seinen Dorfgeschichten. Aber eigentlich möchte er beides sein: ein sesshafter Bauer mit Haus, Familie und Garten und ein einsamer Nomade ohne Heimat und Besitz. »Ja ich liebe den Philister«, bekennt er in einem Brief, »(mit dem ich in Wirklichkeit keinen Tag auskäme), weil ich ihn um das feste Fundament seines Lebens beneide [...].«[15]

Hermann Hesse weiß um seine Widersprüche, um den »dreckigen Punkt im eigenen verpfuschten Leben«[16], wie er einmal bitter vermerkt. Doch er weiß auch, dass diese Widersprüche in seinem Wesen liegen und ihm im täglichen Leben und in seiner Literatur beschämend vor Augen treten. Er kann diese Probleme zwar künstlerisch darstellen, aber das nimmt ihnen nicht ihren Stachel.

In der Tat stößt man in Hesses Texten auf jene ungelöste Spannung, die auch sein Bauernleben am Bodensee so widersprüchlich macht. In Gaienhofen schreibt er viele Erzählungen. Fast alle spielen in der fiktiven schwäbischen Kleinstadt Gerbersau, für die offenbar Calw das Vorbild ist. In der Erzählung *Marmorsäge* ist es ein junger Künstler, der sich kurz vor seinem Abschied von der Heimat in ein Mädchen verliebt. Die ist aber schon einem einheimischen, erfolgreichen Verwalter versprochen und im Konflikt zwischen dem rechtmäßig Verlobten und dem heimlichen

Geliebten geht sie zugrunde. In *Walter Kömpff* wird der gleichnamige junge Mann gegen seine Neigung in den Kaufmannsberuf gezwungen. Weil Kömpff aber die »geheime, sich selber nicht verstehende Sehnsucht nach der Freiheit eines klaren, in sich begründeten und befriedigten Lebens« niemals ablegen kann, scheitert er. Walter Kömpff wird immer wunderlicher, verschenkt seine Waren an die Kunden und hängt sich schließlich auf. »Und wenige dachten daran«, so schließt die Geschichte, »wie nahe wir alle dem Dunkel wohnen, in dessen Schatten Walter Kömpff sich verirrte.«[17] Umgekehrt ist es mit dem Landstreicher in *Eine Fußreise im Herbst*. Ihn, den Rumtreiber, zieht ein seltsamer Trieb zurück in die Heimat, zu seiner ehemaligen Geliebten. Die ist aber inzwischen mit einem Spießer verheiratet und hat alles verloren, was der Vagabund einst an ihr so geschätzt hat. »Ich Narr! Ich Narr!«, schilt er sich wegen seiner törichten Hoffnung, im geordneten Leben noch einmal Fuß zu fassen, und er zieht wieder hinaus in die Fremde.[18]

Auch Hesse hat oft das Gefühl, in eine Falle geraten und ein Narr zu sein. Aber er lässt die bürgerliche Welt nicht endgültig hinter sich. Er versucht es mit kleinen Fluchten. Er ist eben nur, wie er meint, zu »50 Prozent Luftikus«[19]. Zu den anderen 50 Prozent ist er ein beliebter Autor, Hausbesitzer und Familienvater.

Diese Zweiteilung gestaltet Hesse auch in seinem neuen Roman *Gertrud*. In ihm sind zwei Künstler, beide Musiker, einander gegenübergestellt. Der eine ist ein grüblerischer Einzelgänger namens Kuhn, der bezeichnenderweise verkrüppelt ist. Der andere ist der genialische Lebemann, Frauenheld und Wüstling Muoth. Beide werben um die schöne Gertrud, Sinnbild eines ganzen, unschuldigen Lebens. Schließlich gewinnt sie Muoth und der zu kurz gekommene Kuhn übt sich in Entsagung und Resignation.

Im März 1909 kommt Hesses zweiter Sohn, Heiner, zur Welt. In diesem Jahr ist Hesse fünf Monate unterwegs. Im Juli ist er Kurgast in Badenweiler, um seine Kopfschmerzen und sein Rheuma behandeln zu lassen. Anschließend macht er eine ausgedehnte Lesereise in Norddeutschland. »Reisen hilft weniger«, schreibt er, als er im Dezember wieder in Gaienhofen ist. Doch auch zu Hause ist er gereizt und unruhig und muss immer wieder »rasch verreisen«.

Wie es Mia Hesse in dieser Zeit geht, das lässt sich nur vermuten. Immerhin war sie vor der Heirat eine selbständige, berufstätige Frau. In Gaienhofen ist sie ans Haus gefesselt und trägt die Sorge für die Kinder ganz allein. Es ist auffällig, dass Hermann Hesse in seinen zahlreichen Aufzeichnungen und Briefen seine Frau höchstens am Rande erwähnt. Briefe zwischen beiden sind nur wenige erhalten. Die meisten wurden später bei einem Brand zerstört.

Die Liebe zwischen Hermann und Mia Hesse scheint sich ziemlich abgekühlt zu haben. Jedenfalls mag er, wie er feststellt, den Pfingstsonntag nicht mehr, weil er sich an diesem Tage einstmals verlobt hat.

Viel mehr Zeit als mit seiner Frau verbringt Hesse mit seinen Freunden. Im Frühjahr unternimmt er mit den Musikern Fritz Brun und Othmar Schoek eine Reise nach Umbrien. Wieder zurück, hält ihn auch die Geburt seines dritten Sohnes im Juli 1911 nicht lange in Gaienhofen. Er schmiedet wieder Reisepläne. Dieses Mal soll es über Europa hinaus gehen, nach Indien. Und schon am 7. September besteigt er zusammen mit seinem Reisegefährten, dem Maler Hans Sturzenegger, das Dampfschiff »Prinz Eitel Friedrich« in Genua. Vom Hafen schickt er seinem Freund Reinhold Geheeb, dem Herausgeber der Zeitschrift *Simplicissimus*, eine Karte mit dem unvollständigen Zweizeiler:

>»Still verlaß ich dieses Hafens Becken
>Nun kann Europa mich am ...«[20]

Nach Indien zu reisen ist zu dieser Zeit fast eine Mode. Man fährt auf komfortablen Schiffen und wohnt in luxuriösen Hotels. Eigentlich wollte Hermann Hesse das Land sehen, in dem seine Mutter geboren wurde und sein Vater und Großvater viele Jahre als Missionare verbracht haben. Aber Krankheit und ein gewisser Reiseüberdruss lassen ihn gar nicht erst bis nach Indien kommen. Letztendlich wird es nur eine Indonesienreise, nach Ceylon, Sumatra und auf die malaysische Halbinsel.

Am Ende ist Hermann Hesse eher enttäuscht. Er schreibt zwar über seine Erlebnisse, aber wenn er später auf die »Indienreise« zu sprechen kommt, betont er immer wieder, dass sie keinen nennenswerten Eindruck bei ihm hinterlassen habe und auch sein »Zug zum Asiatischen« nicht damals entstanden sei.[21] In erster Linie hat er die Reise gemacht, um Abstand zu seinem Leben in Gaienhofen zu gewinnen und sich über die Gründe seiner dauernden Unzufriedenheit klar zu werden.

Welche Erkenntnisse ihm seine fast viermonatige Abwesenheit von Europa gebracht hat, lässt sich nicht sagen. Jedenfalls ist er zu Weihnachten wieder zurück im kalten Deutschland, zu Hause in Gaienhofen und versucht sein altes Leben fortzuführen. Das gelingt ihm jedoch schlecht. Im Mai sitzt er in seinem Zimmer, er hört von unten den Lärm seiner Kinder und fühlt sich so elend wie noch nie. Er sei überzeugt, so schreibt er an seinen Freund Fritz Brun, dass mit ihm längst nichts mehr los sei und er auch literarisch sein Pulver verschossen habe. Ihm ist zumute, als müsse jeder Hund ihn »anschiffen«.[22]

Aus innerer Not rafft er sich doch zu einem Entschluss auf. Er kann und will sein Leben nicht grundsätzlich ändern, aber immerhin seine Lebensumstände. Er beschließt, das neue Haus aufzugeben und in die Stadt, nach Bern, zu ziehen. Mia Hesse ist damit einverstanden. Allerdings werden die tieferen Gründe für diesen Entschluss zwischen den beiden nicht berührt, nur die, wie er sagt, »leicht diskutierbaren«: Der älteste Sohn Bruno wird schulpflichtig; man will wieder die Vorteile der Stadt genießen; und schließlich soll Mia wieder in die Schweiz, in die Nähe ihrer Familie und Freunde kommen. Insgeheim erhofft sich Hermann, dass er sich dann mit besserem Gewissen isolieren kann und reisen darf.

Mia und Hermann Hesse wollen nicht mitten in die Stadt. Das käme ihnen wie ein Verrat an ihren Idealen vor. Sie suchen nach einem Haus am Stadtrand, in dem ein halb städtisches, halb ländliches Leben möglich ist.

Der Zufall kommt ihren Wünschen entgegen. Der befreundete Maler Albert Welti stirbt überraschend und die Hesses können sein Haus am Berner Stadtrand, am Melchenbühlweg, übernehmen. Es ist ein altes, verwinkeltes Patrizierhaus inmitten eines riesigen Gartens, zu dem auch ein kleiner Wald mit alten Bäumen und eine Landwirtschaft gehören.

Im September 1912 findet der Umzug statt. Damit ist das Gaienhofener Experiment beendet.

Noch in Gaienhofen hat Hesse mit der Arbeit an einem neuen Roman begonnen. In *Roßhalde*, so wird das Buch heißen, will er sich Klarheit verschaffen über ein Problem, das ihn seit Jahren quält – über seine Ehe.

Sein literarischer Doppelgänger in *Roßhalde* ist der Maler Johann Veraguth. Er wohnt mit seiner Frau Adele und seinem kleinen Sohn Pierre auf dem Landgut Roßhalde, für welches auch das neue Haus der Hesses in Bern als Vorbild dient. Die Ehe der Veraguths ist nur noch Fassade. Sie leben in gereizter Höflichkeit und »enttäuschter Freudlosigkeit« nebeneinander her. Der Maler wohnt und arbeitet allein in einem kleinen Gartenhaus, in dem auch sein Atelier untergebracht ist. Alles, was die beiden noch zusammenhält, ist der gemeinsame Sohn, an dem beide hängen. Veraguth liebt Pierre abgöttisch. Doch noch wichtiger ist für ihn seine künstlerische Arbeit. In seinem Atelier führt er das Leben eines »freiwillig Eingemauerten«. Es ist diese verbitterte Unzugänglichkeit, die, das deutet der Roman an, Pierre krank werden lässt. Und er stirbt schließlich qualvoll an einer Gehirnhautentzündung. Nach Pierres Tod hält den Maler nichts mehr auf Roßhalde. Er nimmt das Angebot seines besten Freundes an, mit ihm nach Indien zu gehen.

Als *Roßhalde* als Buch erscheint, im März 1914, schreibt Hesse in einem Brief, dass ihn hierbei die Frage beschäftigt habe, ob ein Künstler wie er überhaupt zur Ehe fähig sei. »Eine Antwort«, meint er, »weiß ich da nicht; aber mein Verhältnis dazu ist in dem Buch möglichst präzisiert; es ist darin eine Sache zu Ende geführt, mit der ich im Leben anders fertig zu werden hoffe und die mir doch überaus wichtig ist.«[23]

VIII. Für Kunst und Vaterland
»Ich bin deutsch gesinnt, aber obenan steht mir
die Menschheit.«

Der 1. August 1914, jener Tag, an dem das Deutsche
Reich Russland den Krieg erklärt, ist ein schöner, hei-
ßer Sommertag. Die Familie Hesse sitzt in ihrem stillen Haus draußen vor der Stadt Bern. Nur der älteste
Sohn Bruno, »Buzi« genannt, ist nicht zu Hause. Man
hat ihn zur Erholung von einer Lungenkrankheit an
den Thuner See geschickt. Sein Vater hat ihm versprochen, ihn heute zu besuchen und, weil Schweizer Na-
tionalfeiertag ist, ein kleines Feuerwerk mit ihm abzu-
brennen.

Hermann Hesse ist von den Nachrichten überrascht. Er hat sich bisher nicht viel um das Weltge-
schehen gekümmert. Von dem Attentat auf den österreichischen Thronfolger Franz Ferdinand in Sarajewo
hat er zwar gehört, aber die Kriegsgerüchte der letzten Zeit hat er nicht ernst genommen. Von den Nachbarn erfährt er jetzt, dass in Bern ein Sturm auf
Banken und Geschäfte eingesetzt hat und viele Le-
bensmittel knapp geworden sind.

Am Vormittag geht er selbst in die Stadt, um sich
ein Bild zu machen.

Alles ist in Aufruhr. Vor den Banken stehen Men-
schenschlangen. Extrablätter melden die deutsche

Kriegserklärung. Und auf Plakaten wird die Schweizer Mobilmachung angekündigt.

Das berühmte Blausche Geschäft für Feuerwerkskörper, in dem sonst an diesem Tag großes Gedränge herrscht, ist menschenleer. Der Schweizer Bundesrat hat eine Mahnung erlassen, man möge heute auf Lärm und Feuerwerk verzichten. Hesse besteht trotzdem darauf, dass man ihm einige Raketen und »römische Lichter« verkauft. Und mit seinem Paket besteigt er den Zug an den Thuner See. Dort, am Bahnhof, sind Massen von Fremden, die in ihr Heimatland reisen wollen. Kofferberge türmen sich auf dem Bahnsteig. Auf dem Weg zu der Pension, in der sein Sohn Bruno untergebracht ist, begegnen Hesse Schweizer Soldaten und beinah vor jedem Bauernhaus hängt eine Uniform zum Lüften. Am Abend veranstaltet er mit Bruno und seinen Freunden ein Feuerwerk. Die Buben sind begeistert. Hesse selbst ist nur halb bei der Sache. Über allem liegt für ihn ein Schleier von Trauer und Angst vor dem Kommenden.[1]

Am 3. August erklärt Deutschland Frankreich den Krieg. Deutsche Soldaten besetzen das neutrale Belgien in der Absicht, den französischen Truppen in die Flanke und in den Rücken zu fallen. Es sind junge Regimenter, die westlich von Langemarck unter dem Gesang »Deutschland, Deutschland über alles« gegen die erste Linie der französischen Stellungen vorrücken werden. Diese jungen Soldaten werden fast gänzlich

aufgerieben. Ihr Tod wird zum Mythos von Langemarck.

In der neutralen Schweiz hat man Angst, ebenfalls
in den Krieg hineingezogen zu werden. Die Bevölke-
rung ist in ihrer Einstellung durchaus gespalten. Ein
großer Teil sympathisiert mit Deutschland. Die »wel-
schen«, also Französisch sprechenden Schweizer, stehen überwiegend auf der Seite Frankreichs. Und im
südlichen Tessin schaut man auf Italien, das noch un-
entschieden, aber kriegsbereit ist. Für die meisten
Deutschen, die in der Schweiz leben, ist es selbstverständlich, sich zu ihrem Heimatland zu bekennen.
»Wir alle sind natürlich ganz deutsch gesinnt«,
schreibt Hesse in sein Tagebuch. Viele seiner deutschen Freunde wie Martin Lang und Bruno Frank
werden eingezogen oder melden sich wie der Maler
Otto Blümel als Freiwillige. Auch Hesse geht zum
deutschen Konsulat und fragt nach seiner Verwen-
dung. Als untauglicher Reservist ist er dem ungedien-
ten Landsturm zugeteilt. Und da man genügend Freiwillige hat, das erfährt er auf dem Konsulat, ist an den
Einsatz dieses Landsturms vorerst nicht zu denken.

Eigentlich kann Hermann Hesse es sich selbst nicht
vorstellen, als Soldat in den Krieg zu ziehen. Es
»graust« ihm vor dem Gedanken, ins Feld zu müssen.
Das vertraut er aber nur seinem Tagebuch an. Nach
außen hin ist er ein überzeugter Patriot. Um das unter
Beweis zu stellen, will er sich sogar als Freiwilliger

melden. Aber den Krieg kennt Hesse bisher nur vom Hörensagen. Alles, was er davon mitbekommt, sind die Propagandameldungen und die deutsche Kriegsbegeisterung, die auch auf ihn, den Wahlschweizer, noch seine Wirkung hat. Hesse nimmt alle Nachrichten vom Kriegsverlauf begierig auf. Und es kommt ihm sonderbar vor, dass sein Leben in Bern ganz normal weitergeht. Wenn er friedlich im Garten seines Hauses arbeitet, muss er daran denken, dass jenseits des Jura ein Krieg tobt und geschossen wird.

Im Herbst 1914 unternimmt Hermann Hesse eine Reise nach Deutschland. In Konstanz besucht er ein Lazarett, das in einer ehemaligen Kunstakademie untergebracht ist. In einem großen Atelier stehen Entwürfe zu Mozarts *Zauberflöte* und durch das Fenster kann man beobachten, wie schwer verletzte Soldaten auf Tragbahren angeliefert und weggebracht werden. Hesse trifft hier auch eine alte Dame, die als Krankenschwester arbeitet. Sie ist begeistert von der »großartigen Stimmung« in Deutschland und sie dankt Gott, dass sie das noch miterleben darf. Inmitten von Verwundeten und Sterbenden wirkt diese Frau auf Hesse, wie er sagt, »schauderhaft«. Er fragt sich, ob wirklich solche Opfer gebracht werden müssen, nur damit Menschen wie diese Frau aus ihrem langweiligen Leben gerissen werden und das erhebende Gefühl haben, einer heroischen Zeit beizuwohnen.

In Bern mochte sich Hesse nicht an die kühle Neutralität der Schweiz gewöhnen. Jetzt in Stuttgart, wo er seinen Freund Conrad Haußmann besucht, einen führenden Politiker der Volkspartei und Mitarbeiter bei der Zeitschrift *März*, stören ihn die vielen »Hurrahelden« und besonders der übersteigerte Hass gegen alles Französische. Das »Hotel Royal« heißt nur noch Hotel, das Wort »Royal« hat man verschwinden lassen. Und man wird von den Leuten scheel angeschaut, wenn man sich mit einem »Adieu« verabschiedet oder mit einem »Merci« bedankt. Geradezu als Verrat gilt es, auch nur die leiseste Kritik an der deutschen Kriegsführung zu üben. Auch den deutschen Überfall auf Belgien tut man als zwar bedauerlichen, aber notwendigen Schritt ab.

Hesse kann sich dieser Meinung nicht anschließen. Sein Patriotismus reicht nicht aus, um einfach über eklatantes Unrecht hinwegzusehen. Das geht ihm öfter so. Wenn er verwundete Soldaten trifft, die von der Front und den Schlachten erzählen, bewundert er den Mut und die Tapferkeit, von denen sie berichten. Doch den Krieg von dieser heroischen Seite zu betrachten gelingt ihm nur kurzzeitig. Lässt die Wirkung der pathetischen Gefühle nach, dann empfindet er vor alledem nur noch einen »großen Ekel« und alles, was er zu sehen vermag, ist »die Schweinerei und das furchtbare Leid«.[2]

Den Krieg in seinem Schrecken und Irrsinn anzuprangern, das erwartet Hesse gerade von den Künstlern. Doch von dieser Seite sind ganz andere Töne zu hören. Als am 19. September die Kathedrale von Reims von deutschen Truppen beschossen wird und der Maler Ferdinand Hodler dagegen protestiert, wird er im *Simplicissimus* mit Hohn und Spott übergossen. Und im gleichen Monat veröffentlichen dreiundneunzig deutsche Künstler und Wissenschaftler, darunter Gerhart Hauptmann, Max Liebermann, Max Planck und Wilhelm Röntgen, ein Manifest, in dem sie den engen Schulterschluss zwischen Kultur und Krieg bekunden. Unter anderem heißt es: »Ohne den deutschen Militarismus wäre die deutsche Kultur längst vom Erdboden getilgt.«

Auch Hesses Freund »Ugel« Finckh stimmt in die Hasstiraden gegen die Feinde Deutschlands mit ein. In einem Gedicht gibt er Empfehlungen, wie man mit den Franzosen, Belgiern, Russen und Engländern umgehen sollte. Darin heißt es: »[...] Was tut man mit den Franzen? / Man setzt die Mörser auf die Bahn / Und lässt sie aufwärts tanzen. [...] / Was macht man mit den Belgen? / Man lässt sie treulich in der Gruft / Mit ihren Freunden schwelgen. [...] / Was macht man mit den Russen? / Man lässt sie vor dem Schießgewehr / Die Mutter Erde kussen. [...]«[3]

Finckhs Gedicht ist kein Einzelfall und gibt die Stimmung der Zeit wieder. Und was diese Zeit von Künstlern erwartet, das bekommt Hermann Hesse am eigenen Leib zu spüren. Der Redakteur der Wochenschrift *Die Propyläen*, für die er Kritiken schreibt, teilt ihm kurz und bündig mit, dass er in Zukunft keine Werke von französischen, englischen, russischen, belgischen und japanischen Autoren mehr besprechen soll.

Hesse antwortet auf diese Anweisung mit einem Artikel in der *Neuen Zürcher Zeitung* mit der Überschrift *O Freunde, nicht diese Töne!* Darin verurteilt er jene Künstler, die mit ihren Schriften den Hass zwischen den Völkern noch schüren und den Krieg »ins Reich des Geistes hinübertragen«. Der Blick eines Künstlers, so Hesse, darf nicht an Grenzpfählen enden, sondern muss international sein und immer die Menschheit im Auge haben. Die Künstler müssen an einer »übernationalen Humanität« festhalten, um nach dem Krieg wieder ein Zusammenleben zu ermöglichen. »Soll es denn dazu kommen«, fragt er, »daß Mut dazu gehört für einen Deutschen, ein gutes englisches Buch besser zu finden als ein schlechtes deutsches?«[4]

Hesse jedenfalls will es nicht so weit kommen lassen. Er will sich nicht, wie er sagt, dem Krieg literarisch anpassen. Solche Bemerkungen werden ihm aber in Deutschland sehr verübelt. In deutschen Zeitungen beschimpft man ihn als Verräter, der mit seinem »Harfenspielen und Friedenssäuseln«[5] nicht in diese Zeit passe. Und einige frühere Freunde teilen ihm mit, ihr Herz schlage nur noch für das Reich und den Kaiser und nicht mehr für ihn, den Entarteten.[6] Ganz im Sinne seiner übernationalen Humanität bekommt Hesse Unterstützung aus Frankreich. Der Schriftsteller Romain Rolland dankt ihm für seine Worte und besucht ihn sogar in Bern.

Doch Hesses Einstellung zum Krieg ist nicht so eindeutig, wie seine Äußerungen und die Reaktion darauf vermuten lassen. Er ist kein erklärter Kriegsgegner der ersten Stunde wie Heinrich Mann, Annette Kolb oder Stefan Zweig. Er schließt sich auch nicht Widerstandsgruppen an, wie die Schriftsteller Hugo Ball oder Leonhard Frank es in Zürich und Bern tun. Bei allen Mahnungen und Appellen liegt ihm doch sehr daran, keinen Zweifel an seiner grundsätzlichen vaterländischen Gesinnung aufkommen zu lassen. »Ich bin Deutscher«, bekennt er, »und meine Sympathien und Wünsche gehören Deutschland.«[7] Kurz darauf schreibt er in einem Brief: »Ich bin deutsch gesinnt, aber obenan steht mir die Menschheit.« Ähnlich unstimmig sind auch Hesses Äußerungen zum Krieg. So lobt er einmal überschwänglich das Werk des deutschen Philosophen Max Scheler *Der Krieg und der Genius*, in dem der Krieg als ein befreiendes, reinigendes Gewitter verklärt wird. Wie Scheler kann sich auch Hesse den Krieg als Chance vorstellen, die Menschen aus dem, wie er schreibt, »blöden Kapitalistenfrieden«[8] herauszureißen. Von den elementaren Erfahrungen, die der Krieg ermöglicht, erhofft er sich eine

Art Läuterung und seelische Reinigung für die Zukunft. Dagegen heißt es in einem Brief recht entschieden: »Ich kann den großen Trugschluß nicht mitmachen, ich kann nicht eine reinere Lebensluft lobpreisen, die ich dem Blut und den Schmerzen von tausenden Unschuldigen verdanke.«[9]

Der Krieg verschärft einen Konflikt, den Hesse schon lange mit sich herumträgt. Schon in Gaienhofen war er das Gefühl nicht mehr losgeworden, dass er sich in einem bequemen und leichten Leben verfangen hat, aus dem er seine eigentlichen Träume und Absichten wieder befreien muss. Die selbstquälerischen Kuren auf dem Monte Verità waren ein gewaltsamer Versuch, sich die schlechten Gewohnheiten wieder auszutreiben und zu seinen Wurzeln zurückzufinden. In der Kriegsbegeisterung entdeckt er nun das gleiche Bedürfnis nach Reinigung und Neuanfang, jetzt als Befreiungsversuch eines ganzes Volkes. Man habe genug vom satten Frieden und vom feigen Wohlsein, in dem Glück mit Komfort gleichgesetzt wird.[10] Der Krieg sei wie eine »Kur«, eine moralische Kur sozusagen.

Andererseits gibt es Momente, in denen Hesse jede Verteidigung des Krieges nur als Lug und Trug begreifen kann. Und er kann dann nichts anderes darin sehen als einen fatalen Irrtum, ein sinnloses Gemetzel und ein großes Unglück.

Hesse kann sich zu einer radikalen Ablehnung des

Krieges genauso wenig bekennen wie zu einem entschiedenen Patriotismus. Er bleibt Pazifist und Patriot.

Auch als Freiwilliger wird er nicht genommen. Er wird wegen »hochgradiger Kurzsichtigkeit« zurückgestellt. Darüber ist er erleichtert. Denn er möchte lieber am Rande politisch mitwirken als in eine Kaserne ziehen. Ein Engagement nach seinen Vorstellungen ergibt sich im Sommer 1915. Hesse hat schon seit einiger Zeit einen guten Kontakt zur deutschen Gesandtschaft in Bern. Dort schätzt man seine besondere Stellung als Auslandsdeutscher, der weder ein fanatischer Hurrapatriot noch Kriegsgegner ist. Zusammen mit dem Biologen Professor Richard Woltereck beauftragt man Hesse, unter dem Dach des Roten Kreuzes einen Hilfsdienst für Kriegsgefangene aufzubauen.

Seine Aufgabe besteht darin, deutsche Kriegsgefangene in Frankreich mit Büchern zu versorgen. Daneben will er auch noch ein regelmäßig erscheinendes *Sonntagsblatt für Kriegsgefangene* herausgeben. Die hierfür bereitgestellte Geldsumme ist lächerlich gering. Also muss er Geld auftreiben und Verlage oder Privatpersonen zu Bücherspenden bewegen. Er selbst steuert einiges aus seiner umfangreichen Bibliothek bei und bezahlt manchen Bücherkauf aus eigener Kasse, obwohl seine finanziellen Verhältnisse alles andere als rosig sind. Die Arbeit für die Bücherzentrale ist ehrenamtlich. Sein angespartes Geld befindet sich auf deutschen Konten, wo es durch die Inflation ständig an Wert verliert. Außerdem ist amtlicherseits verfügt worden, dass er monatlich nur 200 Mark ausgezahlt bekommt, was für den täglichen Bedarf kaum reicht.

Das fehlende Geld ist nicht das einzige Problem im Hause Hesse. Vor allem der jüngste Sohn Martin macht den Eltern Sorgen. Wie der kleine Pierre in Hesses Roman *Roßhalde* war er an Gehirnhautentzündung erkrankt. Er wachte nachts schreiend auf und litt unter Angstzuständen. Die behandelnde Ärztin erklärte ihn für »nervenkrank« und verbot jeden Kontakt mit anderen Personen. Mia, seine Mutter, musste wochenlang mit ihm Tag und Nacht in einem abgedunkelten Zimmer hausen. Als Martin das Schlimmste überstanden hatte, brachte man ihn zur Pflege aufs Land.

Mia Hesse war völlig erschöpft und musste nun selbst wochenlang krank im Bett liegen. Die anstrengende Pflege und die lange Isoliertheit haben ihren Hang zur Schwermut noch verstärkt. Sie zieht sich immer mehr zurück und reagiert überempfindlich auf Lärm und fremden Besuch. In *Roßhalde* schildert der Maler Veraguth das Verhältnis zu seiner Frau. Im Kern trifft die Beschreibung wohl auch auf Hesses Ehe zu: »Es ging ein paar Jahre lang, nicht gut und nicht schlecht [...]. Aber ich konnte meine Enttäuschung zu wenig verbergen, und ich verlangte von Adele immer wieder gerade das, was sie nicht zu geben hatte. Schwung hat sie nie gehabt; sie war ernsthaft und schwerlebig [...]. Sie konnte niemals fünf gerade sein lassen und sich mit Humor oder Leichtsinn über etwas Schweres weghelfen. Sie hatte meinen Ansprüchen und Launen, meiner ungestümen Sehnsucht und meiner schließlichen Enttäuschung nichts entgegenzusetzen als Schweigen und Geduld, eine rührende, stille, heldenhafte Geduld, die mich oft bewegte und mit der mir und ihr doch nicht geholfen war. [...] War ich bei ihr, so schwieg sie nachgiebig und ängstlich, sie nahm Zornausbrüche und lustige Stimmungen mit gleicher Gelassenheit hin, und war ich fort, so spielte sie für sich Klavier und dachte an ihre Mädchenzeit. So kam ich immer tiefer ins Unrecht und hatte schließlich eben auch nichts mehr zu geben und mitzuteilen. Ich fing an fleißig zu werden und habe so allmählich gelernt, mich in die Arbeit wie in eine Burg zu verschanzen.«[11]

Hermann Hesse hat seine Studierstube in ein Büro umgewandelt. Er sitzt zwischen Stapeln von Briefen und Paketen und an manchen Tagen will das Telefon gar nicht mehr aufhören zu läuten. In seinen Garten kommt er nicht mehr. Und seinen Freunden und Bekannten teilt er förmlich mit, dass er aufgrund seiner Beanspruchung in der Kriegsgefangenenfürsorge seine private Korrespondenz und die literarische Arbeit ruhen lassen muss.

Im September 1915 ist Hesse im Auftrag der Kriegsgefangenenfürsorge in Süddeutschland unterwegs. Er eilt von Besprechung zu Besprechung, um für Unterstützung seiner Bücherzentrale zu werben. Zwischendurch nimmt er sich die Zeit, seinen Vater zu besuchen. Der achtundsechzig Jahre alte Johannes Hesse hat die Leitung des Calwer Verlagsvereins vor zehn Jahren abgegeben. Seitdem lebt er in der pietistischen Brüdergemeinde Korntal, nahe Stuttgart. Er wird betreut und gepflegt von seiner jüngsten Tochter Marulla, die unverheiratet geblieben ist und ihre Pläne, Lehrerin zu werden, aufgegeben hat.

Johannes Hesse fordert seinen Sohn Hermann zu einem kleinen Wettkampf auf: Wer kann auswendig und in alphabetischer Reihenfolge die meisten lateinischen Sprichwörter aufsagen? Hermann schafft mit Mühe zwei oder drei. Johannes Hesse zaubert mit geschlossenen Augen und traumwandlerischer Sicherheit eine Redewendung nach der anderen aus seinem Gedächtnis hervor.

Johannes Hesse ist ein fast blinder Mann. Trotzdem schreibt er an einer Schrift mit dem Titel *Die Bibel als Kriegsbuch*, in der er die Lehren der Bibel auf den gegenwärtigen Weltkrieg übertragen will.[12]

Während seines Aufenthalts in Deutschland gewinnt Hesse den Eindruck, dass der anfängliche Kriegstaumel einer nüchternen und ernsten Nachdenklichkeit gewichen ist. Seine Erfahrungen bestärken ihn in seiner Auffassung, dass der Krieg immerhin eine heilsame Selbstfindung ermöglicht, auch wenn man Gewalt und Militarismus entschieden ablehnen muss. Nach seiner Rückkehr schildert er seine Eindrücke in einem Artikel, der im Oktober 1915 in der *Neuen Zürcher Zeitung* veröffentlicht wird.

Zwei Wochen später erscheint im *Kölner Tagblatt* ein Beitrag mit dem Titel »Ein ›deutscher‹ Dichter«, in dem Hesses Haltung scharf attackiert wird. Der anonyme Verfasser stürzt sich auf die kriegsfeindlichen Bemerkungen in Hesses Artikel und findet für dessen moderaten Patriotismus kein Verständnis. Das sei nichts anderes als feige »Drückebergerei« und Hesse selbst ein »vaterlandsloser Geselle«, der froh sei, wenn er sich wieder in seine Schweizer Wahlheimat zurückziehen könne.[13]

Hermann Hesse ist von diesem Angriff völlig überrascht und schockiert. Er fühlt sich bewusst missverstanden und verleumdet. Und er sieht darin eine böswillige Hetzkampagne, dass dieser Kölner Artikel von zwanzig weiteren Zeitschriften abgedruckt wird. Aus Deutschland bekommt er empörte Briefe. Einige tragen einen Stempelaufdruck mit der Inschrift: Gott strafe England. Ein Schmähbrief, der sich in Gedichtform an den »Dichter Hermann Hesse« wendet, beginnt mit den Worten: »Ich kann kaum Worte finden, dich zu hassen! / Du Mensch, du Wurm; bist du denn ganz verlassen / Von deines Geists, von Deutschlands

Heiligkeit / Dass du nicht fühlst das Wehen dieser Zeit.«[14]

Im »Wehen dieser Zeit« hat man offenbar kein Ohr für Hesses differenzierte Töne. Die patriotische Seite seiner Seele scheint man jedenfalls nicht wahrzunehmen. Oder kann es sein, dass er selbst durch seine verwirrenden Widersprüche und Unklarheiten zu diesen Missverständnissen beigetragen hat?

Von Hesses Freunden finden sich nur wenige, die ihn öffentlich verteidigen. Theodor Heuss, der neue Chefredakteur der Zeitschrift *März*, nimmt ihn in Schutz und erinnert an Hesses aufopfernde, »vaterländische« Tätigkeit in der Kriegsgefangenenfürsorge. Auch Conrad Haußmann stellt sich in einem Zeitungsartikel vor seinen alten Freund und vergleicht Hesses scheinbar kühle Haltung mit Goethes »internationaler Humanität«.

Es ist bezeichnend für Hesse, dass er den Vorwurf des vaterlandslosen Gesellen nicht auf sich sitzen lassen will. Er schreibt eine Erwiderung in der *Neuen Zürcher Zeitung* und verlangt von einigen deutschen Zeitungen den Abdruck einer Gegendarstellung. Auf seinen Wunsch hin bestätigt ihm auch die »Kaiserliche Deutsche Gesandtschaft«, dass er sich freiwillig gemeldet hat, abgelehnt worden ist und nun seinen Kriegsdienst in der Gefangenenfürsorge ableistet.

Wie um alle Zweifel an seiner Gesinnung Lügen zu strafen, stürzt Hesse sich nun noch mehr in die Arbeit. Er leitet zwei Büros und ist täglich zwölf Stunden beschäftigt. Die Bitten von Kriegsgefangenen um Lektüre werden immer zahlreicher und dringlicher. Anfang 1916 erreichen die Bücherpakete über 100 000 Gefangene in 300 französischen Lagern. Hesse achtet darauf, dass sie keinen Schund, sondern nur gute Bücher zu lesen bekommen: Stifter, Mörike, Storm, Gottfried Keller, Thomas Mann – und er verschickt sie wie eine heilsame Medizin. Unentwegt schreibt er Bittbriefe um Spenden, sucht persönlich wohlhabende Leute auf, veranstaltet Lesungen zugunsten seiner Bücherzentrale. Verlage stellen ihm kostenlos Bücher zur Verfügung und sogar kleine Kinder schicken ihr Taschengeld an den »lieben Herrn Hesse«, damit er für die Gefangenen Geschenke kauft.

Hermann Hesse ist so geschäftig wie nie in seinem Leben. Er, der von sich behauptet, immer jeden Betrieb gehasst zu haben, fühlt sich jetzt »gehetzt von früh bis spät«[15]. Er weiß, er tut es für eine gute Sache. Aber zuweilen kommt ihm diese ganze Emsigkeit und Betriebsamkeit »ein wenig falsch, ein wenig überhitzt« vor und heimlich wünscht er sich, das alles vom Hals zu haben.[16]

Am 8. März 1916 ist Hesse wieder für die Fürsorge unterwegs. Abends steht er auf dem Züricher Bahnhof und will gerade in den bereitstehenden, dampfenden Zug nach Winterthur einsteigen, wo er eine Lesung halten soll, als ihm jemand auf die Schulter klopft. Es ist sein Freund Othmar Schoeck, der Komponist, der ihn bittet, nicht weiterzureisen und den Abend bei ihm zu bleiben. Hesse wehrt lachend ab. Da nimmt ihm Schoeck sanft den Koffer aus der Hand und teilt ihm mit, dass er ein Telegramm erhalten habe und Hesses Vater plötzlich verstorben sei.

Hermann Hesse reist, halb betäubt, mit dem nächsten Zug zurück nach Bern. Er muss erst einen neuen Pass beantragen, bevor er nach Deutschland reisen darf. Nachdem er alle lästigen Formalitäten hinter sich hat, sitzt er endlich im Zug in die alte Heimat. Das Leben erscheint ihm furchtbar sinnlos, seine Arbeit und Geschäfte schal und töricht. Dagegen wird ihm in der Erinnerung das Bild seines Vaters wieder lebendig, dessen Zartheit und Frömmigkeit. Im Vergleich zu diesem Mann kommt er sich selber vor wie ein »roher Weltmensch«[17]. Der Verlust wird ihm schmerzlich bewusst und er macht sich Vorwürfe, dass er sich wegen seiner dummen Pflichten so wenig um den Vater gekümmert hat.

In Korntal warten schon die Geschwister, Hans, Marulla und Adele. In der Wohnung des Vaters trinken sie Kaffee. Im Nebenraum ist der Leichnam des Vaters aufgebahrt. Hermann Hesse verbringt viele Stunden alleine bei ihm. Er legt seine Hand auf die Stirn des Toten und erinnert sich daran, wie er oft als Kind seine kalten Hände auf diese Stirn gelegt hat, um die Kopfschmerzen des Vaters zu lindern. Am Abend bekommt er, der älteste Sohn, von seiner Schwester Adele den Trauring des Vaters und steckt ihn sich nun selbst an den Finger.

Hesse will dem toten Vater noch einmal alle Liebe geben. Bald wird, wie er an Ludwig Finckh schreibt, für ihn die Zeit kommen, »mit allem Väterlichen abzurechnen«.[18] Zu dieser Abrechnung wird die kleine Erzählung *Kinderseele* gehören, die davon handelt, wie der kleine Hermann aus dem Zimmer seines Vaters einen Kranz Feigen geklaut hat. Zu dieser Abrechnung gehört aber auch ein kleines Drama, das er Anfang 1919 schreiben wird.

Es dreht sich um einen jungen Soldaten, der von der Front in sein Elternhaus zurückkehrt. Durch die Erlebnisse im Krieg hat er sich, wie er sagt, »selber gefunden« und er will nun auch mit seinen Eltern reinen Tisch machen. Bei einer Aussprache macht er dem Vater heftige Vorwürfe: »Und alles paßte zusammen! Auch deine zarte Gesundheit paßte dazu, deine Nerven, dein Kopfweh – das alles war immer da, wenn du dich drücken wolltest, wenn das Leben dir unbequem war, wenn du im Unrecht warst und es nicht zugeben mochtest. Du hast aus deinem Leiden Macht gezogen, und immer, wenn es dir mißlang und du dich uns anderen gegenüber nimmer sicher fühltest, dann kamen die Schmerzen, und man mußte dich bemitleiden, und du warst ein armer und geplagter Mann und Märtyrer! Wenn das Donnern und das schöne Reden nicht mehr halfen, dann mußte das Kopfweh helfen. Wie hast du mich damit gequält, als ich noch ein Kind war! Es war die härteste Strafe, über die du verfügtest! Überall, wo ich dir nicht zu Willen war, bekam ich zu spüren, wie sehr du unter mir littest, wie wenig du wieder geschlafen hattest, wie zart deine Nerven waren!«[19]

Johannes Hesse wird in Korntal begraben. Auf dem Grabstein steht ein Psalmvers, den er noch zu Lebzeiten selbst ausgesucht hat: »Der Strick ist zerrissen, der Vogel ist frei.«

IX. Die Seele im Krieg
»Ich vermehrte die Schuld der Welt, indem ich
mir selbst Gewalt antat.«

Hermann Hesse war schon mehrmals in seinem Leben an einen Punkt gelangt, an dem er nicht mehr weiterwusste. Das erste Mal in Maulbronn, als er Dichter werden wollte und Internatszögling werden musste. Dann in Basel, als er keinen Weg mehr sah, den Sprung aus den Kontoren der Buchhandlungen zu schaffen und ein Dichter zu werden. In Gaienhofen, nachdem er diesen Sprung doch geschafft hatte, geriet er wieder in eine Sackgasse: Er war zwar nun ein Dichter, aber von seinem Lebenstraum fühlte er sich so weit entfernt wie eh und je.

Immer wenn er von fremden Erwartungen und Pflichten erdrückt zu werden drohte, wusste er sich nicht anders zu helfen, als zu fliehen. Dann suchte er eine »Zuflucht«[1], einen Ort, wo er sich eine Zeit lang den Anforderungen entziehen, wo er »zu sich« kommen konnte. Der Seminarist unternahm ein »Geniereisle« und landete im Heuschober. Der Buchhändler verbrachte seine Freizeit in einem Ruderboot auf dem Vierwaldstätter See. Der erfolgreiche Jungautor floh in eine Felsenhöhle auf dem Monte Verità. Und auch die Indienreise war ein Versuch, dem eingefahrenen Familienleben in Gaienhofen zu entkommen und eine

Zuflucht zu finden. Die Indienreise war Symptom einer Krise – und in dieser Krise, so meint Hesse jetzt, sei er stecken geblieben.

Der Tod seines Vaters löst bei ihm erneut eine schwere Krise aus. Vieles, was ihn seit Jahren belastet, wird jetzt unerträglich: die Arbeit in der Fürsorge, die ihn auffrisst und ihm keine Zeit mehr lässt für sein Schreiben; der Krieg, unter dessen Schrecken er leidet; und schließlich sein gestörtes Familienleben. Sein Sohn Martin ist monatelang krank außer Haus. Hesse kennt ihn schon gar nicht mehr. Und Mia wird immer unzugänglicher. Hesse hat das Gefühl, als ob sein ganzes Leben langsam auseinander bricht. Und das Welti-Haus mit seinen vielen leer stehenden Räumen kommt ihm oft vor wie ein Geisterhaus.

Kurz nach der Beerdigung seines Vaters in Korntal reist Hesse an den Lago Maggiore und unternimmt Wanderungen. Zwischen sonnenerwärmten Felsen und Erikakraut sucht er zu vergessen, dass er zu Hause in ein Leben eingespannt ist, das er im Grunde hasst. Und er fragt sich, wie sein Leben jetzt weitergehen soll.

Glück bedeutet für Hesse, mit der Welt und mit sich im Einklang zu stehen. Er selbst ist dagegen meistens mit der Welt im Widerspruch und mit sich selbst uneins. Für einen neurotischen Außenseiter wie ihn, so meint er, gebe es normalerweise nur zwei Möglichkeiten: Entweder er passt sich gewaltsam dem normalen Leben an. Oder er gibt sich, wenn er unter diesem Leben leidet, mit »Tröstungen und kleinen Erleichterungen« zufrieden.[2]

Aber für ihn kommen alle beide Wege nicht mehr in Frage. Er hat sie schon versucht und es hat ihm nicht geholfen. Die Not hat ihn doch immer wieder eingeholt. Er sucht nach einem dritten, radikaleren Weg. Wie der genau aussehen soll, weiß er nicht. Er weiß nur, dass er sich krank fühlt, dass er sich selber nicht mehr helfen kann und Hilfe von außen braucht.

Diese Hilfe findet er nun in Luzern, im Privatsanatorium »Kurhaus Sonnmatt«, in das er sich Anfang Mai 1916 einweisen lässt. Der Patient Hermann Hesse wird mit leichten Elektroschocks behandelt und, wie er einer Freundin berichtet, »durchwärmt, massiert, gebürstet an die Sonne gelegt«.[3] Mit dieser Behandlung will man Hesses Rheuma, seine Verdauungs- und Schlafstörungen kurieren. Doch seine schlechte Gesundheit ist für ihn selbst nur Zeichen einer anderen, seelischen Krankheit. Und mit dieser Krankheit vertraut er sich nun einem Arzt an, wie er ihn sich gewünscht hat. Es ist der junge, dreiunddreißigjährige Josef Lang, ein Psychiater und Schüler des berühmten Carl Gustav Jung.

Die Psychoanalyse, also die wissenschaftliche Erforschung des Unbewussten und seiner Beziehung zu seelisch-körperlichen Störungen, ist zu dieser Zeit noch eine sehr junge Disziplin. Sigmund Freud, der ihre Grundlagen entwickelte, hat für seine Theorien und Behandlungsmethoden erst seit einigen Jahren allgemeine Anerkennung gefunden. Und Carl Gustav Jung, einer seiner ersten Schüler, ist gerade dabei, sich von Freud abzugrenzen und eine eigene Schule zu bilden. Während es für Freud darum geht, die unbewussten Vorgänge bewusst zu machen – aus Es werde Ich, lautet eine berühmte Maxime –, vertritt Jung die Auffassung, dass das Unbewusste mit dem Ich eine Einheit bildet und in fruchtbarem Austausch steht. Das Unbewusste hat für ihn eine eigene Sprache, und um sie zu verstehen, greift Jung auch auf die Welt der Religionen, Mythen und Märchen zurück.

Der Jung-Schüler Josef Lang führt mit Hermann Hesse viele therapeutische Gespräche. Lang macht darüber umfangreiche Aufzeichnungen, die, bis auf wenige Zeilen, später von seiner Tochter vernichtet werden. Aus Äußerungen Hesses jedoch geht hervor, dass Lang sich bei seiner Behandlung einer sehr bilderreichen, poetischen Sprache bediente. Damit kommt er natürlich dem Dichter Hesse entgegen. Und Hesse betont auch in einem späteren Aufsatz, dass die Psychoanalyse für ihn nichts absolut Neues bedeutete, sondern vieles bestätigte, was er schon aus Kunst und Literatur kannte. Dichter wie Dostojewski oder Jean Paul, so meint er, wüssten nicht weniger über die Seele als Sigmund Freud, sie drückten es nur anders aus.[4]

Obwohl die Psychoanalyse für Hesse nur ein »Schlüssel« unter anderen ist, wird sie für ihn sehr wichtig. Durch ihre klaren Begriffe, Konzepte und Modelle wird ihm deutlicher, was er vorher nur halb und ahnungsweise gewusst hat. Und vor allem erziehen ihn die Gespräche mit Lang zu einer, wie er sagt, »Wahrhaftigkeit gegen sich selbst«, zu der er früher nicht fähig war. Lang führt ihn mit großer Hartnäckigkeit immer wieder in seine Kindheit und Jugend zurück. Hesse kostet es viel Überwindung, ihm zu folgen, und die Erinnerungen, die dabei auftauchen, lösen bei ihm eine große »Erschütterung« aus. In den Briefen aus Luzern spricht er von einer »Umkehr«, davon, dass alte, lieb gewonnene Denkweisen abwelken und etwas Neues im Werden ist, das er noch nicht klar zu sehen vermag und das ihn ängstigt. Er fühlt sich an das Märchen *Flötentraum* erinnert, das er vor einigen Jahren geschrieben hat und in dem seine jetzige Lage traumhaft vorweggenommen ist. Darin verlässt der Ich-Erzähler seinen Vater, der ihm eine Flöte mit auf den Weg gibt. Er kommt an einen Fluss und lässt sich vom Steuermann auf einem Floß zum Meer fahren. Die unheimlichen Lieder des alten Mannes und die anbrechende Dunkelheit ängstigen ihn. Er will zurück. Doch dann merkt er, dass er allein auf dem Floß ist und selber das Steuer übernehmen muss. Es gibt kein Zurück mehr. Er muss mit seiner Flöte allein auf dem dunklen Wasser durch die Nacht.[5]

Das, was sich in solchen Traumbildern und in den Gesprächen in Sonnmatt anbahnt, ist wirklich eine »Umkehr«. Keine Änderung seiner Natur, sondern, wie Hesse meint, »eine innere Bereitschaft, seine Natur zu tragen und das Positive darin zu sehen«.[6] Die Frage, vor die er sich gestellt sieht, ist, ob er wirklich auf sich selber vertrauen kann, auf seine Begabung, auf seine Urteile und Lebensvorstellungen; oder ob die Angst, dann unterzugehen, doch zu groß ist und er sich lieber von fremden Werten und Erwartungen steuern lässt.

Hesse muss sich außerdem fragen, ob er von seinen Idealen auch selber immer wirklich überzeugt war. Als er sich als Zwölfjähriger entschloss, ein Dichter zu werden, da wollte er nichts anderes als sein eigenes Leben führen und sich nichts vorschreiben lassen. Dieser Vorsatz ist ihm schwer gemacht worden, durch den Widerstand seiner Eltern, seiner Lehrer und Vorgesetzten, an dem er fast zerbrochen wäre. Aber es waren, so muss er sich eingestehen, auch und vielleicht entscheidender seine eigenen Zweifel, die ihn davon abgehalten haben, mit seinen Plänen wirklich ernst zu machen. Er selbst hat seiner Sache nicht recht getraut. Er hat nicht hoch genug davon gedacht. Es sei eine »fremde Stimme« in ihm gewesen, die insgeheim jenen Recht gegeben habe, die seine Vorstellungen für verrückt und Literatur eben nur für harmlosen Zeitvertreib gehalten hätten.[7] Dieser fremden Stimme hat er oft mehr Gehör geschenkt als seiner eigenen inneren Stimme. Und darum war er eben nicht nur ein Außenseiter, er wollte auch ein fleißiger Schüler sein, ein dankbarer Sohn, ein geachteter und beliebter Schriftsteller und ein guter Patriot.

Anfang Juni 1916 verlässt Hermann Hesse das Kurhaus Sonnmatt. Mit Lang will er in Kontakt bleiben und die Gespräche weiterführen.

Hesse kehrt nach Bern zurück. Er nimmt sein altes Leben wieder auf. Innerlich allerdings fühlt er sich wie ein ganz anderer. Auch seine Stelle bei der Gefangenenfürsorge führt er weiter. Für seine Verdienste wird ihm sogar die Rot-Kreuz-Medaille verliehen.

Während der Tage im Kurhaus Sonnmatt ist Hesse auch klar geworden, dass seine verfahrene private Situation und die Katastrophe des Weltkrieges etwas miteinander zu tun haben. So wie er immer die Schuld für sein Elend woanders gesucht hat, bei seinen Eltern, bei seiner Frau, bei den gesellschaftlichen Zwängen, so sucht man auch in Deutschland die Schuld für den Krieg woanders, bei den Engländern, beim Staat oder bei den ökonomischen Entwicklungen. Die Folge davon ist aber nur Gewalt und Gegengewalt. Diese Spirale der Gewalt kann für Hesse nur beendet werden, wenn man anfängt, nach der eigenen Verantwortung zu fragen.

»Schuld an unserem Elend«, so wird er es in einem

Zeitungsartikel formulieren, »schuld an der Nichtigkeit und rohen Verödung unseres Lebens, schuld am Krieg, schuld am Hunger, schuld an allem Bösen und Traurigen ist keine Idee und kein Prinzip, schuld daran sind wir, wir selber. Und auch nur durch uns, durch unsere Erkenntnis, durch unseren Willen kann es anders werden.«[8]

Dieser Weg führt aber notwendigerweise über den einzelnen Menschen. Nur wenn der Einzelne die Gründe seines Handelns verstehen lernt, davon ist Hesse überzeugt, kann die Kriegsneurose in Europa überwunden und ein echter Friede erreicht werden.

Von einem Kriegsende ist man im Sommer und Herbst 1916 noch weit entfernt. An der Westfront konnten die deutschen Truppen den französischen Widerstand nicht entscheidend brechen. In der »Hölle von Verdun« sind hunderttausende von Soldaten ums Leben gekommen, ohne dass eine Seite einen Vorteil erreichen konnte. Die Zerstörungsgewalt des Artilleriefeuers war zeitweise so verheerend, dass die mühsam bestatteten Toten durch die schweren Geschosse wieder ausgewühlt und die Leichenfetzen auf die lebenden Soldaten geschleudert wurden. Im Juli 1916 mobilisiert die Oberste Heeresleitung die letzten Kräfte, um den Franzosen und Engländern einen entscheidenden Schlag zu versetzen. Es kommt zu einer gigantischen Schlacht an dem Flüsschen Somme. Wieder werden ganze Divisionen im Granatenhagel zerrieben. Und wieder erstarrt die Offensive in einem mörderischen, sinnlosen Stellungskrieg.

Durch den Kriegsverlauf an der Westfront wird in Deutschland die Kriegsbegeisterung merklich gedämpft. Konnte man sich anfangs vor Freiwilligen nicht retten, so gibt es jetzt Kriegsdienstverweigerer, die freilich mit harten Strafen rechnen müssen und allgemein belächelt werden. Für Hermann Hesse sind diese Verweigerer das »wertvollste Symptom der Zeit«, weil sie sich aus einem echten Gefühl heraus gegen die Sinnlosigkeit des Krieges wehren. Und er hofft, dass es eines Tages möglich sein wird, den Wehrdienst in Form von ziviler Arbeit abzuleisten, um das Kriegshandwerk nur noch »den geborenen Raufbolden und Sauhunden« zu überlassen.[9]

Durch die verlustreichen Schlachten bei Verdun und an der Somme entstehen Engpässe beim Nachschub neuer, frischer Truppen. Auch jüngere Jahrgänge und eigentlich Wehrdienstuntaugliche werden jetzt eingezogen. Im März 1917 erhält Hermann Hesse vom Bezirkskommando Calw seinen Stellungsbefehl. Er ist entschlossen, der Aufforderung nicht Folge zu leisten. Doch so weit kommt es nicht. Sein Kollege Woltereck fährt eigens nach Berlin, um die Behörden davon zu überzeugen, dass Hesse für die Kriegsfürsorge unentbehrlich ist. Es gelingt ihm und der Stellungsbefehl wird zurückgenommen.

Hesse wird nun als »Beamtenstellvertreter« dem

Kriegsministerium unterstellt. Das ist eine Beförderung, die er eher amüsiert zur Kenntnis nimmt. Denn er kommt sich in seiner Behörde wie ein Fremdkörper vor. Seine Arbeit macht er aus ganz eigenen, persönlichen Gründen. Die Gefangenenfürsorge versteht er nicht als Dienst am Vaterland oder als Ersatz für den Kampf mit der Waffe. Jede politische Mission ist ihm fremd. Es geht ihm einzig und allein darum, in dieser Zeit etwas menschlich Sinnvolles zu tun. Und sinnvoll ist es für ihn, gefangene Soldaten mit Büchern zu versorgen, damit sie inmitten des Krieges auch eine andere Luft zum Atmen haben. Die Fürsorge betreibt er wie eine »Seelsorge«[10]. Die Bücher, es sind mittlerweile 12000 pro Monat, verschickt er wie geistige Medizin. Und Lesen bedeutet für Hesse eine Erziehung zum Frieden.

Mit seiner Vorstellung von Frieden unterscheidet er sich nicht nur von den Politikern, sondern auch von den Pazifisten. Er kritisiert die Tatenlosen unter ihnen. Weniger, weil sie es nur beim Reden belassen, sondern weil sie glauben, dass ein Friede mit moralischen Appellen oder Predigten zu erreichen sei. Für Hesse entspringen die Handlungen eines Menschen »kaum zu einem hundertstel Teil« vernünftigen Erwägungen. Jemand könne von der Unsinnigkeit seines Tuns überzeugt sein und es dennoch aus vollem Herzen tun. Verbote oder Belehrungen helfen da wenig. »Intellektuelle Erkenntnisse sind Papier«, schreibt er in einem Artikel in der *Neuen Zürcher Zeitung*. Und die Moral, so meint er in einem Brief kategorisch, »nützt uns nichts«.[11]

Vielmehr komme es darauf an, Schichten in einem Menschen zu erreichen, die tiefer liegen als Moral und Vernunft. Dieses Innenleben hat er nicht erst durch die Psychoanalyse kennen gelernt. Es sind für Hesse vor allem die Religionen und die Werke der Dichter, bei denen man ein Wissen von diesen Dingen findet und die immer wieder neue und andere Bilder dafür erfunden haben. Hesse selbst vergleicht den menschlichen Geist einmal mit einem See. Die Oberfläche des Sees ist unser bewusstes Denken. Das darunter liegende Wasser, der weit größere Teil des Sees, liegt im Dunklen, es entzieht sich unserem bewussten Erkennen. Beides aber, die Oberfläche und die Tiefenschichten, gehören zum Menschen. Zusammen bilden sie das, was Hesse »Seele«, »Wesen«, oder »das Lebendige in uns« nennt. Und so, wie im Wasser eines Sees durch Strömung und Zirkulation ein dauernder Austausch von Oben und Unten stattfindet, so sollte auch in der Seele ein beständiges Wechselspiel von Bewusstem und Unbewusstem herrschen. Wenn aber die tieferen Wasser nicht an die Oberfläche gelassen werden, weil sie dunkler sind und man sich vor ihnen fürchtet, dann werden sie verteufelt und erst dann bringen sie Unglück in die Welt. Dieses Unglück entsteht jedoch nur durch die Angst vor dem, was unter der Oberfläche ist. Für sich genommen sind diese dunkleren Seiten der Seele nicht unheimlich, böse oder gefährlich. »Es ist aber nichts schädlich und nichts nützlich«, schreibt Hesse, »alles ist gut, oder alles ist indifferent.«[12]

Wer die Entdeckung macht, dass es von seinem seelischen Gleichgewicht abhängt, wie er die Welt sieht, der überschreitet für Hesse eine Schwelle. Er macht die alles umstürzende Erfahrung, dass die innere Welt sich in der äußeren spiegelt – und umgekehrt. Scheinbar unverrückbare Tatsachen werden dann enttarnt als Irrtümer und Täuschungen. Und Gegensätze wie Gut und Böse oder Feind und Freund verlieren ihre Unversöhnbarkeit und heben sich auf. »Mit der Erfahrung«, meint Hesse, »daß all dies ›Äußere‹ nicht nur Gegenstand unserer Wahrnehmung, sondern zugleich Schöpfung unserer Seele ist, mit der Verwandlung des Äußeren in das Innere, der Welt in das Ich, beginnt das Tagen.«

Auch die Wurzeln jedes Krieges – Misstrauen, Feindschaft, Hass, Machtstreben – werden dann fragwürdig. Für die eigenen seelischen Schäden müssen keine Sündenböcke mehr zahlen. Und jeder totgeschossene Soldat, so Hesse, erscheint dann als »die ewige Wiederholung eines Irrtums«.[13]

Im Weltkrieg, der seit dem August 1914 tobt, wird dieser Irrtum täglich tausendfach begangen. Europa ist für Hesse in einer kollektiven Neurose befangen.

Und die Massenvernichtung werde so lange weitergehen, wie »wir heimlich im Herzen irgendwo den Krieg billigen und dulden«.[14] Auch Hesse fühlt sich mitschuldig am Krieg. Er ist überzeugt, dass er zum Unfrieden der Welt beiträgt, indem er sich Gewalt antut, indem er etwas sein will, was er nicht ist.

Was und wer er ist – das versucht er immer noch herauszufinden. Und dabei hilft ihm weiterhin Josef Lang, den er fast jede Woche in dessen Luzerner Wohnung besucht. So wichtig für Hesse die analytischen Sitzungen bei Lang sind, es wird ihm jedoch auch klar, dass die Psychoanalyse für ihn als Dichter nur begrenzten Wert haben kann. Denn ein Künstler, so wird es Hesse einmal sehen, bleibt in den Augen eines Psychoanalytikers nur ein vielleicht begabter, aber letztlich doch »ziemlich hoffnungsloser Neurotiker«[15]. Der Analytiker kann sagen, unter welchen Komplexen und Verdrängungen ein Beethoven, Nietzsche oder Hölderlin gelitten hat. Aber er kann nicht verstehen, wie diese Musiker, Philosophen, Dichter aus ihren inneren Widersprüchen und seelischen Verletzungen etwas Wertvolles, Kultur und Kunstwerke, geschaffen haben. Das Schöpferische, glaubt Hesse, bleibt der Psychoanalyse ein Rätsel.

Das zeigt sich für ihn auch im Umgang mit Träumen. In den Sitzungen deutet Lang Hesses Träume, was oft zu verblüffenden Ergebnissen führt. Indem er sie aber in seine Begriffe und Modelle übersetzt, macht er die Träume zu einer bloß intellektuellen Erkenntnis, nimmt ihnen damit ihre lebensverändernde Kraft. Für Hesse dagegen sind Träume keine Rätsel, auf die man eine Antwort finden muss. Sie sind die Antwort selbst. Ihre Botschaft ist nicht anders zu haben als in ihren poetischen Bildern und ihrer oft irrealen Logik. Darum deutet Hesse seine Träume nicht. Er antwortet ihnen, indem er sie weiterträumt in eigenen poetischen Bildern.

Angeregt durch die Sitzungen mit Lang, fängt er im Herbst 1917 an, ein »Träume-Tagebuch« zu führen. In einem der aufgezeichneten Träume begegnet ihm eine betrunkene »Nachtfigur«, ein Mann namens »Demian«. Im Traum ringt Hesse mit diesem Demian und wird von ihm besiegt. Diese Niederlage ist zunächst für ihn beschämend, doch dann fühlt er sich immer mehr zu Demian hingezogen.[16]

Der Demian-Traum regt Hesse wieder zum Schreiben an. Seit dem Kriegsbeginn hat er außer Rezensionen und Zeitungsartikeln kaum etwas zu Papier gebracht. Er konnte sich nicht vorstellen, wie er seine innere Umwälzung in Literatur verwandeln soll. Er fühlte sich, so schreibt er in einem Brief, wie ein Vogel, der ein Loch im Flügel hat und deswegen auf der Erde bleiben muss. Auf seinen alten literarischen Pfaden wollte er nicht weitergehen. Er will keine Bücher mehr schreiben mit Figuren wie Peter Camenzind, die sich »zugunsten einer edlen Anständigkeit und Moral um tausend Wahrheiten drücken«.[17] Hesse sucht nach neuen Tönen. Aber er will nichts erzwingen, nichts künstlich machen, sondern warten, bis etwas selber herausdrängt.

Die Demian-Geschichte lässt ihn nicht mehr los. Er schreibt sie innerhalb weniger Wochen nieder. Wegen Papiermangels tippt er das Manuskript auf die Rückseiten von Briefbögen seiner Berner Behörde.

Demian, so der Titel des fertigen Romans, ist im Grunde die Geschichte von Hesses eigener Entwicklung, vom Elternhaus in Calw bis zum bekannten Schriftsteller im Bern des Weltkriegs. Die Hauptperson des Buches, der junge Sinclair, kämpft sich auf vielen Um- und Irrwegen zu jener Einsicht durch, die Hesse selbst wie eine Offenbarung erschüttert hat: dass sich im Innern eines jeden Menschen entscheidet, wie die Welt aussieht. Und dass jeder eine Stimme in sich hat, die ihn zum richtigen Leben führt, wenn man auf sie hört.

Anfangs freilich ist Sinclair noch in den strikten Moralvorstellungen seiner Erziehung gefangen. Er braucht einen Anstoß, um diese fest gefügte Welt in Frage zu stellen. Und den findet er in dem älteren und reiferen Mitschüler Demian. Unter dessen Einfluss befreit er sich allmählich von allen Verboten und Vorurteilen, die ihm durch die Erziehung eingepflanzt worden sind. Je mehr Sinclair er selbst wird, desto mehr verliert er seine Angst vor allem, was nicht in die heile Welt seiner Kindheit passt. Und er beginnt zu begreifen, dass sich das Leben nicht aufspaltet in einen breiten Weg der Sünde und in einen schmalen Pfad des Guten und Erlaubten, sondern dass es alles umfasst und alles in einem ursprünglichen Sinn gut ist. Einen Gott, der nur für die helle Seite des Lebens steht, ersetzt er durch den Gott Abraxas, in dem alle scheinbaren Widersprüche vereint sind, als da sind: Gott und Satan, Gut und Böse, Liebe und Hass, Geist und Sinnlichkeit. Am Ende braucht Sinclair auch seinen Führer nicht mehr. Ja, er erkennt, dass Demian nicht eigentlich ein Führer war, sondern wie ein innerer Dämon nur das geweckt hat, was an Richtigem schon immer in ihm war. Entsprechend dem Motto des Buches: »Ich wollte ja nichts als das zu leben versuchen, was von selber aus mir herauswollte. Warum war das so schwer?«

Hesse will unbedingt verheimlichen, dass er der Autor des *Demian* ist. Ende Oktober schickt er das Manuskript an seinen Verleger Samuel Fischer nach Berlin. Er behauptet, es handle sich um das Werk eines gewissen Emil Sinclair, der krank in der Schweiz lebe und für den er sich einsetzen wolle. Das Pseudonym Emil Sinclair markiert für ihn einen Neuanfang. Er glaubt, dass er durch seine bisherigen Bücher in die Rolle eines »Unterhaltungsliteraten« geraten sei. Und er möchte die Jugend nicht durch den »bekannten Namen eines alten Onkels« abschrecken.

Hinter dem Namen Emil Sinclair versteckt sich Hesse nun auch bei seinen politischen Artikeln. Seitdem er Beamtenstellvertreter ist, muss er mit seinen Meinungsäußerungen vorsichtig sein. Im August 1917 hat ihm ein offener Brief *An einen Staatsminister* einen Verweis des Kriegsministeriums eingebracht. Er warf darin dem Minister vor, nur noch theoretische Ziele statt der Wirklichkeit zu sehen. Um zu erkennen, was »wahre Wirklichkeit« ist, empfahl er ihm, mehr Musik zu hören und Dichter zu lesen.[18]

Solche Ratschläge müssen in den Augen eines Realpolitikers natürlich als völlig weltfremd erscheinen. Für Hesse sind sie es nicht. Er ist überzeugt davon, wie er an seinen Freund Sturzenegger schreibt, dass ein Gedicht machen und ein Lied singen wertvoller sei »als eine Schlacht gewinnen oder als eine Million fürs Rote Kreuz geben«.[19] Für ihn ist dieser Glaube auch kein »Verinnerlichungsrummel«, wie es ein Journalist genannt hat. Wenn sich ein Mensch von seinen inneren Zwängen befreit und seine Persönlichkeit ausbildet, dann hat das auch eine politische Dimension. Dieser Mensch wird sich nicht mehr so leicht vom Kriegstaumel mitreißen lassen, er wird sich nicht mehr so einfach einreden lassen, dass der andere sein Todfeind sei, auf den er schießen muss. Das wären die politischen Folgen einer persönlichen Reifung. Politisch nicht nach einem herkömmlichen Verständnis, aber vielleicht im Sinn einer, wie es Hesse nennt, »Beseelung des politischen Erlebens«[20].

Im Weltkrieg erlebt er gerade das Gegenteil, die Politisierung des seelischen Erlebens. Schriftsteller, Musiker, Maler wollen keine Künstler mehr sein. Sie treten als »Intellektuelle« auf, was für ihn ebenso klingt, wie wenn sich ein Liebender »Spekulant in Aktien des Herzens« nennen würde.[21] Als Intellektuelle mischen sie sich in das politische Tagesgeschäft ein. Für Hesse zeigt das nur, dass sie in ihre Möglichkeiten als Künstler nicht viel Vertrauen haben, dass sie nicht glauben, dass Bücher, Bilder oder Musik die Wirklichkeit nachhaltiger verändern können als Gewehre und politische Parolen. Sie unterscheiden sich daher nicht sehr von jenen Politikern, die zwar oft Wörter wie Frieden und Menschenliebe im Munde führen, für die diese Ideale aber nichts anderes sind als sentimentale Gefühle und »Verlegenheiten«.

Hermann Hesse nimmt diese Ideale ernst. Nicht als politische Ziele, sondern als »seelische Neueinstellung«. Und um diese »Neueinstellung« zu erreichen, dürfe man nicht »von hinten beginnen«, bei den Regierungsformen oder politischen Methoden, sondern man müsse »von vorne anfangen«, beim »Bau der Persönlichkeit«.

Am »Bau der Persönlichkeit« mitzuwirken, darin sieht Hesse seine Aufgabe als Dichter. Und wenn die

Zeitumstände ihn daran hindern, eigene Bücher zu schreiben, dann kann diese Aufgabe für ihn auch darin bestehen, an gefangene Soldaten in französischen Lagern Bücher zu senden. Ende 1917 gründet er innerhalb seiner Berner Behörde sogar einen eigenen Verlag, in dem Texte von Stifter, Keller, Zweig oder Thomas Mann als kleine Einzeldrucke hergestellt und dann verschickt werden.

Die Arbeit in der Kriegsgefangenenfürsorge ist für Hesse wichtig und notwendig, aber auf Dauer für ihn nicht der richtige Platz. Im Verlauf der Kriegsjahre ist er sich darüber im Klaren geworden, was er ist und was er nicht ist. Und nun meint er zu wissen, dass er ein »Künstler und Phantasiemensch« ist und kein sesshafter und heimattreuer Bürger sein kann. Er sei, so glaubt er, eben »Nomade und nicht Bauer, Sucher und nicht Bewahrer«.[22] Und er lebt in der Erwartung, dass er bald ein Leben führen wird, das seiner inneren Wandlung entspricht.

Hesse erwartet nicht nur für sich, sondern für Deutschland und ganz Europa eine radikale Veränderung. Wie viele andere auch glaubt er, dass in diesem Krieg eine alte Welt untergeht und eine neue entsteht. Diese Ahnung lässt er bereits Demian am Schluss des gleichnamigen Romans aussprechen: »Daß unsere Welt recht faul ist, wissen wir, das wäre noch kein Grund, ihren Untergang oder dergleichen zu prophezeien. Aber ich habe seit mehreren Jahren Träume gehabt, aus denen ich schließe, oder fühle, [...] daß der Zusammenbruch einer alten Welt näher rückt. [...] Die Welt will sich erneuern. Es riecht nach Tod.«[23]

Die Ereignisse des Jahres 1918 scheinen diese Ahnungen zu bestätigen. Nach erneuten, wirkungslosen Offensiven an der Westfront im Frühjahr ist im Sommer die deutsche Kriegsmaschinerie erschöpft. Im Oktober legt die deutsche Regierung dem amerikanischen Präsidenten Wilson ein Waffenstillstandsabkommen vor und kurz darauf bricht in Deutschland eine Revolution aus.

Freunde in Deutschland fordern Hermann Hesse auf, an der revolutionären Bewegung mitzuwirken. Aber er muss ihnen eine Absage erteilen, weil, wie er schreibt, »diese Welt-Erschütterung mit dem Erdbeben meines Privatlebens« zusammenfällt. Mit diesem Erdbeben meint er seine Frau Mia, die einen Nervenzusammenbruch erlitten hat und in eine »Irrenanstalt« bei Küssnacht eingeliefert werden musste.

Was genau passiert ist, lässt sich nur bruchstückhaft nachzeichnen. In einem Brief an seine Schwester Adele deutet Hesse an, dass die seit Jahren belastete Ehe in den letzten Monaten zur furchtbaren Qual geworden war und er mit einer Katastrophe gerechnet hat. »Die letzten Monate waren die schwersten«, schreibt er, »für Mia und für mich selber, und eine Zeitlang meinte ich, ich wüßte jetzt, was Leid sei, und hätte den Kelch ausgetrunken.«[24] Mag sein, dass sich

Mias Depressionen verschlimmert haben. Mag sein, dass Hesse mit ihr über eine Trennung geredet hat und für Mia dieser Gedanke unerträglich war.

Jedenfalls reiste Mia mit dem jüngsten, siebenjährigen Sohn Martin Anfang Oktober zur Erholung in das Tessin. Auf der Heimreise, in der Nähe von Luzern, kam es zu Mias Zusammenbruch. Auf die Nachricht von dem Zwischenfall reiste Hesse sofort nach Luzern. Er versuchte herauszufinden, was geschehen war, und musste sich in dem Durcheinander auf die Suche nach Mias verloren gegangenem Gepäck machen. Die völlig verwirrte Mia und den verstörten Martin konnte Hesse vorläufig bei einer Freundin unterbringen. Erst am nächsten Tag veranlasste er dann Mias Aufnahme in die Küssnachter Heilanstalt.

In einer Diagnose über Mia Hesses Zustand, die niemand Geringerer als C. G. Jung, den Hesse persönlich kennt, ausgestellt hat, ist von »erheblichen affektiven Störungen«, von »starker Apathie« und »spontanen Einbrüchen des Unterbewussten« die Rede. Jung stellt eine Heilung in Aussicht, rät aber von einer Analyse entschieden ab.[25]

Hesse fühlt sich mitschuldig an Mias Unglück. Er wirft sich vor, dass er diese Ehe vierzehn Jahre lang aufrechterhalten hat, obwohl sie sich gegenseitig unglücklich gemacht haben. Mitte November besucht er Mia in der Anstalt. Ihr geht es viel besser und ihr größter Wunsch ist, wieder ein Heim und ihre Kinder um sich zu haben.

Vorerst ist Hermann Hesse mit seinen drei Söhnen allein. Seinen anfänglichen Plan, sich um Haushalt und Kinder zu kümmern, muss er bald aufgeben. Seine Pflichten in der Gefangenenfürsorge, die auch nach Kriegsende noch weiter besteht, lassen das nicht zu. Hesse muss seine drei Söhne bei Freunden und Bekannten unterbringen. Martin kommt wieder nach Kirchdorf. Bruno und Heiner nimmt ein befreundeter Pfarrer in Langnau im Emmental auf.

Hesse hat alle Hände voll zu tun mit der Versendung der Weihnachtspakete an die Kriegsgefangenen. Die Feiertage selber will er nicht in Bern verbringen. Er verreist und besucht Freunde. Erst zur Jahreswende kehrt er zurück in das menschenleere, dunkle Haus am Melchenbühel. »Daß ich schwieg«, schreibt er an seinen Freund Sturzenegger, »kam von dem Elend, in dem ich lebe. Meine Ehe ist zerstört, meine Frau gemütskrank, die Kinder fort, dazu Geldsorgen und das Elend in meiner Heimat.«[26]

An den revolutionären Vorgängen in Deutschland nimmt Hesse regen Anteil. Der Kaiser hat abgedankt und ist nach Holland geflohen. In Berlin ist die deutsche Republik ausgerufen worden. Und am 15. Januar werden die Gründer des Spartakusbundes und der Kommunistischen Partei, Rosa Luxemburg und Karl Liebknecht, ermordet.

Hesse verfasst eine Schrift mit dem Titel *Zarathustras Wiederkehr*, in der er die deutsche Jugend auffordert, nicht über den verlorenen Krieg zu lamentieren, sondern die Chance zu einer radikalen Änderung der Verhältnisse zu ergreifen.

Im März wird Hesse angeboten, in der Bayerischen Räteregierung mitzuwirken. Er lehnt ab. Er fühlt sich nicht zum Politiker geboren. Und noch einmal möchte er nicht den Fehler begehen, etwas zu machen, was nicht seiner Natur entspricht. »Meine Natur«, schreibt er im Antwortbrief, »treibt ganz woanders hin.«

Mia ist inzwischen aus der Klinik entlassen worden. Hesse will allerdings nicht, dass sie wieder zu ihm nach Bern kommt. Er besteht darauf, dass sie bei Freunden wohnt. Ein normales Zusammenleben mit ihr ist ihm vollkommen unmöglich. Ihre Ärzte haben ihm bestätigt, dass sie wieder ein normales Leben führen kann, mit den Kindern. Hesse selbst will nicht mehr bei seiner Familie bleiben. Sein Entschluss steht fest. Er will, so schreibt er einem Freund, Bern so bald wie möglich verlassen und »eine Klause in den Bergen oder im Süden für mich suchen«.[27]

Zwölf Jahre später schreibt er im Rückblick auf diesen Entschluss: »Es war mir klargeworden, daß es moralisch nur noch eine Existenzmöglichkeit für mich gab: meine literarische Arbeit allem anderen voranzustellen, und nur noch in ihr zu leben und weder den

Zusammenbruch meiner Familie noch die schwere Geldsorge, noch irgendeine andre Rücksicht mehr ernst zu nehmen. Gelang es nicht, so war ich verloren.«[28]

Anfang April 1919 wird Hermann Hesse aus seinem Dienst bei der Gefangenenfürsorge entlassen. Endlich ist er frei. Er löst seinen Haushalt in Bern auf und bereitet seine Abreise vor. Ehe er Bern endgültig den Rücken kehrt, schreibt er in aller Eile und Hast seinem alten Freund »Ugel« Finckh: »Dieser Tage verlasse ich Bern und will mir im Tessin für einige Zeit eine Arbeitsstätte suchen. Ich hoffe den Tiefstand, auf den meine ganze Existenz gekommen ist, noch einmal zu überwinden und noch ein Stück zu leben und zu arbeiten.«[29]

X. Der Weg ins Chaos

»Wir sollen uns wenigstens ein einziges Mal ansehen,
wie wir sind.«

Das Ziel ist Süden, der südlichste Zipfel der Schweiz, das Tessin. Hesse fährt mit dem Zug durch den St. Gotthard, der noch schneebedeckt ist. Auf der anderen Seite der Alpen ist es schon frühlingshaft. In Airolo ist der Schnee verschwunden. In Faido sieht man die ersten Wiesenblumen, in Giornico die ersten blühenden Bäume. Und dann ziehen Rebstöcke auf grünen Terrassen, Zypressen und Palmen am Zugfenster vorbei.

In Lugano steigt Hesse aus dem Zug. Er sucht nach einem vorläufigen Unterkommen und findet es außerhalb der Stadt, in der Pension Wagner, in Sorengo.

Von hier aus macht er lange Streifzüge durch die Gegend, immer seine Malerutensilien, ein Notizbuch und eine Flasche Rotwein im Rucksack. Dabei hält er Ausschau nach einer dauerhaften Bleibe, einem Versteck, wo er seine neue Freiheit genießen kann.

Im Tessin trifft Hesse einen alten Freund, den Maler Carl Hofer. Der erzählt ihm von einer leer stehenden Villa im Dorf Montagnola auf der Collina d'oro, dem goldenen Hügel am Luganer See, wo man billig Zimmer mieten könne. Hesse sieht sich das ungewöhnliche Haus an und es gefällt ihm auf Anhieb. Es ist eigentlich kein Haus, sondern ein verwinkeltes kleines Schloss, mit Türmchen und Treppengiebeln, grotesken Stukkaturen sowie runden und ovalen Fenstern. Diese märchenhafte Residenz war Mitte des 19. Jahrhunderts gebaut worden und dann Sitz der Familie Camuzzi gewesen, die viele Architekten und Stukkateure hervorbrachte.

Inzwischen ist die Casa Camuzzi, wie der Palazzo genannt wird, ziemlich heruntergekommen. Eine »noble Ruine«, wie Hesse einmal meint. Aber das stört ihn nicht. Eine Wohnung im Palazzo ist frei und die lässt er sich gleich zeigen. Die vier möblierten Stuben sind ziemlich schäbig. Der Kalk bröckelt von den Wänden und an manchen Stellen hängt die Tapete in Fetzen. Es gibt auch kein Bad, kein warmes Wasser und keine Heizung. Nur einen kleinen offenen Kamin, der mehr Dekoration ist, als dass er wirklich wärmt.

Hesse nimmt die Wohnung trotzdem, weil sie spottbillig und so wunderbar gelegen ist. Von einem der Zimmer tritt man hinaus auf einen winzigen Balkon. Von hier aus hat man einen weiten Blick auf einen Arm des Luganer Sees, auf den Monte Generoso, den Monte Salvatore und ferne Schneeberge. Und zu den Füßen fällt ein tropischer Baumgarten steil den Hang hinab: Palmen, Kamelien, Rhododendren, Magnolien, Eiben, Blutbuchen und ein riesiger Judasbaum, alles überklettert und überwuchert von blauen Glyzinen und Clematis.

Aus Bern lässt sich Hesse einen Teil seiner Bücher, seine Manuskripte und seinen Schreibtisch nachsenden. Das ist so ziemlich alles, was ihm, dem früheren Hausherrn, an persönlichem Besitz geblieben ist. Auch was seine finanzielle Situation betrifft, ist er nun ein armer Schlucker. Seine Bücher bringen ihm so gut wie kein Geld mehr ein. Und die Ersparnisse in Deutschland verlieren durch die dortige Inflation jeden Tag mehr an Wert. Er selbst sieht sich als »ein kleiner abgebrannter Literat, ein abgerissener und etwas verdächtiger Fremder«, der sich notdürftig von Milch, Reis und Makkaroni ernährt.[1]

Trotz der Armut und seiner unsicheren Lage erlebt Hesse, nunmehr ein Mann von fast zweiundvierzig Jahren, sein neues Leben in der Casa Camuzzi als eine Befreiung. Ihm ist, als ob er aus einem Alptraum erwacht, der jahrelang angedauert hat. Und seine in den Kriegsjahren schon verloren geglaubten Lebensgeister regen sich wieder mit aller Gewalt.

Hesse will nun endlich mit sich ins Reine kommen. Lange genug, so meint er, habe er den frühzeitig zu Harmonie Gelangten gespielt. Lange genug habe er sich »in lauter Güte, Edelmut und Reinheit« geflüchtet und sei dabei zu einem »kastrierten Engel ohne rechtes Leben« geworden.[2] Zu einem rechten Leben, so glaubt er, gehören eben nicht nur das Reine und

Gute, sondern auch das »Chaotische, Wilde und Triebhafte«. Und bevor man auch dazu Ja sagen kann, muss man zunächst den Mut aufbringen, Werte und Vorstellungen, an denen man sich bisher festgehalten hat, aufzugeben und einen »Blick ins Chaos« zu wagen.

Das bedeutet für Hesse, sich dem eigenen Unbewussten zu öffnen, auf die Botschaft der Träume zu hören. Ein Denken, das im Zufluss dieser untergründigen Ströme steht, nennt Hesse »magisch«. Und in einem tagebuchähnlichen Fragment, das er kurz vor seiner Abreise ins Tessin verfasst hat, versucht er diesen magischen Zustand zu beschreiben: »Jetzt bin ich einen Schritt weiter, seit vorgestern. Da ist es mir zum erstenmal geglückt, etwas festzuhalten, was sonst immer auf der Flucht war [...]. Mein Erlebnis ist dieses: ich habe vorgestern zum erstenmal den Sinn und das Glück, das Wesen und die Lehre eines nächtlichen Traumes mit in den Tag hineingenommen. Ich hatte stundenlang Beziehung zur Welt, die man sonst nur im Traume hat. Ich hatte stundenlang Fähigkeiten, die man sonst am Tage nicht hat. [...] Aber das Erlebnis hat sich wiederholt, gestern und heute. Ich wünsche, daß es sich an hundert und tausend, an allen Tagen wiederhole, es soll aufhören, ein Geheimnis und Wunder zu sein, es soll Tag und Natur werden, soll mir gehören und zur Selbstverständlichkeit werden.«[3]

Hesse hofft, dass seine persönliche Wandlung auch

eine allgemeine wird. Ganz Europa steht, davon ist er überzeugt, vor einem radikalen Umbruch. Das ist in Deutschland nach den Zerstörungen des Weltkriegs und der deutschen Niederlage ein weit verbreitetes Gefühl. Der Philosoph Oswald Spengler wird mit seinem Buch *Der Untergang des Abendlandes* diesem Gefühl das Schlagwort liefern. Hermann Hesse spricht schon vor Spengler vom »Untergang Europas« und meint damit den notwendigen Bankrott der europäischen Kultur, die zum Krieg geführt hat und eine geistige Umorientierung nötig macht. Gerade der Weltkrieg hat für Hesse gezeigt, dass in Europa ein falsches, einseitiges Bild vom Menschen entstanden ist. Man wollte nur den Menschen sehen, der ehrbar, anständig und verlässlich ist. Und man leugnete, dass er jederzeit auch zu Lüge, Mord und Totschlag fähig ist. Diese verpönten Anlagen ließen sich vielleicht im Zaum halten und verstecken, nicht aber ausrotten. Und je krampfhafter man sie unterdrückte, desto verheerender mussten die Folgen sein, wenn sie früher oder später doch wieder an die Oberfläche drängten.

In dieser Hinsicht sind für Hesse andere Kulturen, etwa asiatische, der europäischen Kultur überlegen. Eine Brücke zwischen beiden stellen Menschen dar, wie sie in den Romanen des russischen Dichters Dostojewski auftreten. Die Brüder Karamasow, der Fürst Myschkin oder der Totschläger Raskolnikow, das sind

Die Familie Hesse 1889 in Calw: Hermann, der Vater, Marulla, die Mutter, Adele und Hans (v.l.n.r.)

Hermann Hesse mit seinen Eltern, Johannes und Marie Hesse (Ausschnitt), 1899

...esse mit seiner Frau Maria, genannt Mia, und dem zweiten Sohn Heiner im Garten ihres ...erner Hauses, ca. 1915

Der »abgebrannte und abgerissene Literat« in Montagnola, 1922

Die Casa Camuzzi in Montagnola

Hesse am Schreibtisch in seinem neuen Haus in Montagnola (Ausschnitt), 1935

Hesse beim Feuermachen in seinem Garten, im Sommer 1935

Hesse mit seiner dritten Frau Ninon Ausländer

Hermann Hesse mit seinem Enkel David, 1956

alles andere als ehrbare Bürger. Ihnen ist alles zuzu-trauen, im Guten wie im Bösen. Sie können eine kind-liche Frömmigkeit zeigen und im nächsten Moment ein Verbrechen begehen. Doch auch wenn sie laster-haft, zügellos und roh sind, so bewahren sich diese Fi-guren für Hesse doch eine Art amoralischer Un-schuld, die sie für ihn zu Heiligen macht. Das ist keine Heiligkeit, die durch Verleugnung der eigenen Natur erkauft wird. Es ist eine neue, »gefährliche« Heiligkeit, die alles versteht, alles gelten lässt und viel-leicht gerade dadurch Gott näher kommt und den Menschen gerechter wird.[4]

So ein Heiliger möchte Hesse auch werden. Er ver-langt von sich, den Weg ins Chaos zu gehen. »Wir sol-len, wenigstens für ein einziges Mal«, so schreibt er in sein Tagebuch, »alle Werturteile weglassen und uns selber ansehen, so wie wir sind, oder wie die Äuße-rungen des Unbewußten uns zeigen, ohne Moral, ohne Edelmut und all den schönen Schein, in unsern nackten Trieben und Wünschen, unsern Ängsten und Beschwerden.«[5]

Der Versuch scheint Hesse zu gelingen. Den glut-heißen Sommer in Montagnola erlebt er mit einer nicht gekannten Intensität. Mit allen Sinnen nimmt er die Welt um sich auf und durchlebt in seinen Stim-mungen alle Höhen und Tiefen, von der jubelnden Daseinsfreude bis zur bodenlosen Schwermut. Eine Flut von Träumen, Eindrücken, Einfällen droht ihn geradezu zu überschwemmen. Doch Hesse will alles, was in ihm steckt, hervorlassen. Er will seine ganze Persönlichkeit bis in die letzten Winkel hinein aussprechen, bis sein Ich gleichsam »abgewickelt und ausgebrannt« ist. Wie unter Zwang versucht er alles, was ihn bestürmt, auszudrücken, in Bildern und Worten, malend und schreibend. Und manchmal wünscht er sich, wie ein indischer Gott zehn oder zwanzig Arme zu haben, um die ungeheure Vielgesichtigkeit der Welt und seiner Seele wenigstens annähernd festzuhalten.

Seine Kerze brennt, so schreibt Hesse in sein Tagebuch, »an allen Enden zugleich«. Er schläft kaum noch und ernährt sich an manchen Tagen nur von Brot und Wein. Die langen Sommertage verbringt er im Freien, in den Wäldern und Bergen um Montagnola, um zu malen. Abends und nachts ist er in seiner Wohnung in der Casa Camuzzi, schreibt wie besessen und trinkt dazu, so berichtet er an seinen Malerfreund Louis Moilliet, viel Wein. Das gehört für ihn zusammen. Ohne Arbeit und Wein, meint er, »ist es mir unerträglich«.[6]

In wenigen Monaten, von Mai bis August, entstehen nacheinander zwei umfangreiche Erzählungen, *Klein und Wagner* und *Klingsors letzter Sommer*. Für Hesse sind diese Texte nicht irgendwelche Geschichten, die er sich ausgedacht hat. Es sind »Bekenntnisse«, literarischer Ausdruck seiner Selbsterfahrung und der Schwierigkeiten, auf die er dabei immer wieder gestoßen ist und mit denen er zu kämpfen hatte.

Klein und Wagner hat Hesse bereits in Sorengo begonnen, als er den Absprung aus Bern geschafft hatte und die ersten Schritte im neuen Leben probierte. Der Text handelt auch von diesem Übergang. Friedrich Klein, die Hauptperson in der Geschichte, sitzt zu Anfang in einem Schnellzug Richtung Süden. Wie im Fieber rasen die Gedanken durch seinen Kopf und bruchstückhaft erfährt man, dass er auf der Flucht ist, Geld unterschlagen hat und nahe daran gewesen war, seine Frau und seine Kinder umzubringen. Wie es dazu kam, dass aus ihm, dem zuverlässigen Beamten, ein Verbrecher wurde, das weiß er selbst nicht. Übermächtig ist in ihm nur das Gefühl, seiner verfehlten Existenz ein Ende machen zu wollen. Andererseits will er aber auch verstehen, was ihn dazu getrieben hat. Doch er ist nicht Herr über sich selbst. Träume und Erinnerungen bedrängen ihn wie Furien. Er versucht sie wie die Scherben einer zerbrochenen Vase zusammenzusetzen, um endlich Klarheit über sich zu bekommen.

Klein landet in einer Stadt in den Bergen. Die südliche Landschaft tut ihm gut. Doch Ruhe findet er nicht. In schlaflosen Nächten im Hotelzimmer versucht er, einen Sinn in sein inneres Chaos zu bringen. Der Name Wagner taucht in seinem Kopf auf. Den Musiker Richard Wagner, erinnert er sich, hat er in seiner Jugend geliebt. Später hat er ihn scharf kritisiert und verworfen. Hatte diese Abkehr nicht den Grund, so fragt sich Friedrich Klein jetzt, dass er sich für seine jugendliche Schwärmerei geschämt hat? Er wollte nicht an seine früheren Träume und Sehnsüchte erinnert werden. Er wollte nicht daran erinnert werden, dass er sich diese Liebe und Leidenschaft später, in Beruf und Ehe, so gründlich hat austreiben lassen. Doch anstatt die Schuld bei sich zu suchen, hat er den Gegenstand seiner Liebe, Wagner und seine Musik, madig gemacht und in den Dreck gezogen.

Seine Gedanken springen weiter, zu einem anderen Wagner. Dem Schullehrer Wagner, über den Friedrich Klein vor Jahren in der Zeitung gelesen hat. Dieser Wagner hatte Frau und Kinder umgebracht. Damals empörte sich Klein über diesen Mörder und forderte für ihn die härtesten Strafen. Jetzt muss er zugeben, dass er selbst ähnliche Mordgedanken gehegt hat. In ihm, dem Beamten Friedrich Klein, hat immer auch ein anderer gelauert, ein Mörder und Verbrecher. »Die heimliche Meinung seines Innersten«, so heißt es, »hatte er nie gebilligt, er hatte sie nicht einmal gekannt. Und doch hatte diese innerste Stimme ihn unvermerkt geleitet und schließlich zum Flüchtling und Verworfenen gemacht!«[7]

In Friedrich Klein keimt die Hoffnung auf, dass jetzt, da er sich nichts mehr vormachen und sich nicht mehr betrügen will, ein neues Leben möglich ist.

Doch aus seiner alten Haut kommt er nicht so leicht heraus. Beim Spaziergang in einem Park sieht er eine sehr attraktive Frau, die seine Blicke anzieht. Es zeigt sich, dass seine alten moralischen Reflexe noch gut funktionieren. Der Anblick der schlanken Figur, der schönen Beine in Seidenstrümpfen, der vielleicht gefärbten gelbblonden Haare, der geschminkten Lippen ruft sofort eine Abwehr bei ihm hervor. Und es ist ihm eine ausgemachte Sache, dass diese Schöne nur eine Dirne oder ein »eitles Gesellschaftsweib« sein kann, und es ärgert ihn, dass sie ihre Reize so schamlos zeigt. Augenblicke später geht er mit sich ins Gericht. Denn hat er nicht wieder dem alten Klein das Feld überlassen? Es kommt ihm dumm und töricht vor, dass er so selbstgerecht geurteilt hat, wo er doch, wenn er ehrlich ist, in Wirklichkeit nur seine Angst vor Frauen und vor Sexualität verdeckt hat. Es stecke ein Feind in ihm, so meint er, der ihm das Paradies verbiete.

Friedrich Klein möchte die Schöne aus dem Park kennen lernen. Es stellt sich heraus, dass sie Teresina heißt und Tänzerin ist. Er macht ihre Bekanntschaft und wird ihr Liebhaber. Und in dieser Liebe zu Teresina gewinnt Klein ein völlig neues Lebensgefühl. Die Welt kommt ihm wie verwandelt vor. Er sieht sie mit anderen Augen. Die Bäume, den See, einen rennenden Hund, Radfahrer – alles, jeder Dreckhaufen am Weg, ist schön, sinnvoll, voller Freude und Wunder.

Doch dieses Hochgefühl hält nicht lange. Nach einem Liebesabenteuer mit einer Bauersfrau fällt Friedrich Kleins Selbst- und Weltvertrauen wieder in sich zusammen. Zweifel beschleichen ihn. Er macht sich wieder klein. Er misstraut seiner schönen Zuversicht, kritisiert und schulmeistert an sich herum und ekelt sich vor sich selber. Er kann einfach nicht Ja zu sich sagen. Es gelingt ihm nicht, wie Hesse es in anderem Zusammenhang einmal ausdrückt, »in einem überegoistischen Sinn mit sich einverstanden zu sein«.[8]

Nach einer Liebesnacht mit Teresina hält er seine Verzweiflung nicht mehr aus. Er fährt mit dem Boot auf den See und stürzt sich ins Wasser. Noch im Fallen hat er eine Art Erleuchtung. Es wird ihm schlagartig bewusst, worin seine Rettung bestehen würde. »Es war ja alles so einfach, es war ja alles so wunderbar leicht, es gab ja keine Abgründe, keine Schwierigkeiten mehr. Die ganze Kunst war: sich fallen lassen! Hatte man das einmal getan, hatte man einmal sich dahingegeben, sich anheimgestellt, sich ergeben, hatte man einmal auf alle Stützen und jeden festen Boden unter sich verzichtet, hörte man ganz und gar nur noch auf den Führer im eigenen Herzen, dann war alles gewonnen, dann war alles gut, keine Angst mehr, keine Gefahr mehr. […] Daß er sich ins Wasser und in den Tod fallen ließ, wäre nicht notwendig gewesen, ebensogut hätte er sich ins Leben fallen lassen können.«[9]

Sich ins Leben fallen lassen – diese Kunst scheint der Maler Klingsor in *Klingsors letzter Sommer* zu beherrschen. Jener Erzählung, die Hermann Hesse gleich nach *Klein und Wagner* geschrieben hat, im ersten Sommer in Montagnola, als seine Energien förmlich explodierten. Klingsor ist kein kleinmütiger und von Zweifeln geplagter Mensch wie Friedrich Klein. Er ist ein Lebenskünstler oder, besser gesagt, ein Lebensfanatiker, der am liebsten jede Sekunde des Tages und der Nacht bis zum letzten Rest auskosten würde. In leidenschaftlicher Hingabe versucht er auf seinen Bildern die Farben und das Licht der südlichen Sommerlandschaft einzufangen. Mit Freunden macht er einen Ausflug in die Bergdörfer, nimmt mit »durstigem Auge« jeden Baum, jede Blume auf und verliebt sich in jedes Mädchen, das ihnen begegnet. Abends sitzt er dann in einem der Grottos, wie die Weinkeller im Wald genannt werden, lacht, musiziert, tanzt und flirtet mit den Frauen. Und dann geht er betrunken durch die Sommernacht nach Hause, in sein kleines Zimmer, wo er noch lange nicht zur Ruhe kommt, dichtet, Träumen nachhängt und sich berauscht am Duft des Gartens, der unter seinem kleinen Balkon in lauer Nachtluft liegt. Und das alles genügt nicht. Klingsor will mehr Freundschaft, mehr Liebe, Licht und Farbe, mehr Lebensgefühl. Er will immerzu genießen, mit allen Nerven und Sinnen allezeit hellwach wie ein Schloss, dessen Fenster immer erleuchtet sind und aus dem Tag und Nacht Musik nach draußen dringt.

Klingsors Lebenshunger hat aber auch eine Schattenseite. Er lebt mit einer »tiefen, verheimlichten Angst vor dem Ende«[10]. Vor dem Ende des Sommers, vor dem Ende allen Lebens, vor dem Tod. Der Motor seiner Lebensgier und seiner Kunst ist die Angst vor dem Tod. Er will verzweifelt festhalten, was nicht festzuhalten ist, weil es vergänglich ist. Seine Farben, so sagt er, sind seine »Kanonen«, mit denen er auf den Tod schießt. Und auch der Wein ist eine Kanone, mit der er auf den Tod schießt.[11]

Der Tod aber lässt sich nicht erledigen. Ebenso wenig wie Klingsor es verhindern kann, dass der Sommer zu Ende geht und seine Ekstase sich erschöpft. Weil er sich damit jedoch nicht abfinden kann, schlägt seine Lebensgier um in eine Lust am Untergang. Wenn sich schon trotz größter Mühe das Schöne und Lebendige nicht auf Dauer erhalten lässt, dann ist alles wert, dass es zugrunde geht, mit Pauken und Trompeten. Seine Lust am Untergang, so zeigt es sich, ist nur die andere Seite seiner unerschöpflichen Lebenslust.

Am Ende des Sommers trifft Klingsor in einem unwirklichen Wirtshaus einen »Magier«, einen »Boten aus dem Osten«, der sich lustig macht über Klingsors Untergangsgesänge. Wenn Klingsor wirklich den Mut hätte unterzugehen, so meint der Magier, würde er seine Angst vor dem Tod verlieren, er würde verstehen lernen, dass Tod und Leben keine Gegensätze sind, sondern zusammengehören, eins sind.

Der Magier macht deutlich, dass sich Klingsor und Friedrich Klein bei aller Verschiedenheit doch sehr ähnlich sind. Beider Leben wird von Angst geprägt. Nur dass Klingsor aus seiner Angst Kunst machen kann und Klein nicht. Angst, so heißt es in *Klein und Wagner*, kann man vor vielem haben, vor dem Alleinsein, vor Armut, vor Krankheit, vor dem Tod. Aber all das seien nur »Masken und Verkleidungen«. In Wirklichkeit gebe es nur eines, vor dem man Angst habe: »das Sichfallenlassen, den Schritt in das Ungewisse hinaus, den kleinen Schritt hinweg über alle Versicherungen, die es gab«.

Klingsor wagt diesen Schritt. Er nimmt den Kampf mit seinen Ängsten auf. Er geht »den Weg nach Innen«, der verlangt, alles, was in seiner Seele ist, hinzunehmen, ohne Verbote und ohne jede Moral. Nach Ende des Sommers zieht er sich zurück und beginnt, an seinem Selbstbildnis zu malen. Es ist sein Portrait, überlagert von den Gesichtern seiner Seele. Alles ist darin enthalten: Schmerz, Leiden, Lust und Tod.

Das Ende von *Klingsors letzter Sommer* deutet an, dass Klingsor nicht wirklich stirbt, wie es zu Anfang heißt, sondern dass nur sein altes Ich untergeht. Die letzten Sätze lauten: »Das fertige Bild stellte er, am Ende dieser gepeitschten Tage, in die unbenützte leere Küche und schloß ab. Er hat es nie gezeigt. Dann nahm er Veronal und schlief einen Tag und eine Nacht hindurch. Dann wusch er sich, rasierte sich, legte neue Wäsche und Kleider an, fuhr in die Stadt und kaufte Obst und Zigaretten, um sie Gina zu schenken.«[12]

Es ist in diesem Ende ein Ideal angedeutet, das Hesse selber anstrebt: dass er eines Tages keine »Kanonen«, nicht einmal mehr die Kunst, das Malen und Schreiben, braucht, um sein Leben zu ertragen, sondern ins Leben zurückkehrt, nicht als Literat, sondern als ein »großer Mensch«.

Von diesem Ideal fühlt sich Hesse noch weit entfernt. Er kann noch nicht auf seine »Kanonen« verzichten, um das Leben halbwegs auszuhalten. Was ihm das normale Leben so schwer macht, sind auch die Lasten der Vergangenheit, die er mit dem Wegzug aus Bern natürlich nicht abschütteln konnte. Vor allem kann er sich nicht der Frage entziehen, was aus seiner Frau Mia und den Kindern werden soll.

Mia Hesse wollte im Herbst 1919 Bern verlassen und nach Ascona ziehen. Offenbar hat sie aber im September erneut einen Zusammenbruch erlitten und musste in die Klinik nach Kilchberg eingeliefert werden. Mia kann sich nicht damit abfinden, endgültig von ihrem Mann getrennt zu sein. Und Hesse hält es anscheinend für aussichtslos, ihr seine Lage klarzumachen. Jedenfalls hat er sich fest vorgenommen, seine Frau vorerst nicht wieder zu sehen. Mia ist deswegen schlecht auf ihn zu sprechen und wünscht ihm alles Unglück der Welt.

Hesse will auch seine drei Söhne von Mia fern halten. Doch er selber kann und will sie nicht bei sich aufnehmen. Er plant, die Buben in ein Erziehungsheim nach Deutschland zu geben. Ihren Aufenthalt dort könnte er mit dem Geld finanzieren, das auf seinen deutschen Konten liegt und an das er von der Schweiz aus nicht herankommt.

Um auch in Montagnola ein wenig zu Geld zu kommen, beginnt Hesse damit, Aquarelle und selbst illustrierte Gedichte zu verkaufen. Viel springt dabei nicht heraus, und um überleben zu können, ist er auf die Hilfe von Freunden angewiesen. Er hat nach wie vor sehr viele Freunde, zu denen er auch weiterhin Kontakt hält. Darunter sind auch sehr reiche. Fritz Leuthold zum Beispiel, der Direktor eines Züricher Kaufhauses. Ihn und seine Frau Alice kennt Hesse schon seit seiner Indienreise. Oder Georg Reinhart, der in Winterthur eine Firma leitet.

Die Unterstützung durch diese Freunde und Mäzene ändert nichts am kärglichen Leben in Montagnola. Immerhin kümmert sich jetzt eine Witwe aus dem Dorf, Natalina, um ihn und kocht ihm Essen. Im Herbst und Winter macht Hesse besonders die Kälte zu schaffen. Vormittags geht er lange spazieren, um sich zu erwärmen. Oder er setzt sich an die sonnenwarme Kirchenmauer von Agra, um eine Stunde lang nicht zu frieren. Seinen kleinen Ofen in der Casa Camuzzi heizt er nur für wenige Stunden am Tag. Mit dem teuren Brennholz muss er sparsam umgehen. Wenn das Feuer dann einmal brennt, muss er sich nah davor setzen, um gewärmt zu werden und schreiben zu können. Seine Produktivität hält auch über den Sommer, den Klingsorschen Sommer hinaus an. Seit Dezember 1919 schreibt er an einem neuen Buch, *Siddhartha* wird es heißen. Es führt ihn in eine Welt, die er schon durch seinen Großvater und die Eltern kennt und die ihn jetzt wieder mächtig anzieht – die Welt Indiens.

Im ersten, fruchtbaren Jahr in Montagnola lebte Hesse meist sehr zurückgezogen, wenngleich er nie ganz aus der Welt gefallen war, viele Briefe erhielt und auch selber schrieb. Doch Hesse ist ein Nomade auch in dem Sinn, dass er es nie lange in einem Zustand aushält. So wie er sich zeitweise in völlige Einsamkeit verkriechen muss, so braucht er dann wieder den Umgang mit Freunden. Und es ist erstaunlich, wie viele Freunde Hesse in der Gegend um Montagnola hat: den Arzt Hermann Bodmer und seine Frau Anny, eine Malerin, die in Locarno wohnen, die Schriftstellerin Lisa Tetzner, den Maler Louis Moilliet oder den Ingenieur Josef Englert aus Cassarate.

Im vergangenen Sommer hat Hesse auch die Familie Wenger kennen gelernt, die den Sommer alljährlich in einem Haus im nahe gelegenen Carona verbringt.

Theodor Wenger ist ein Stahlfabrikant aus Zürich. Seine Frau Lisa ist eine bekannte Schriftstellerin. Die Wengers haben eine sehr hübsche Tochter, Ruth, in die sich Hesse gleich auf den ersten Blick verliebt hat. In *Klingsors letzter Sommer* hat er den Maler Klingsor dieses Erlebnis machen lassen. Hesse ist, seit er im Tessin lebt, kurzen amourösen Abenteuern nicht abgeneigt. Ruth Wenger aber ist ein behütetes Mädchen aus gutem Hause, mit dem eine unverfängliche Affäre nicht möglich ist. Und eine ernste Beziehung mit einem zwanzig Jahre jüngeren Mädchen einzugehen, davor scheut der mittlerweile zweiundvierzigjährige Hermann Hesse doch zurück. Zumal er noch verheiratet ist und die Folgen seiner gescheiterten Ehe immer noch auszubaden hat.

Seine zwei ältesten Söhne Bruno und Heiner hat Hesse tatsächlich in einem Heim im Schwarzwald unterbringen können. Lange sind sie dort aber nicht geblieben. Mia, die mit dieser Entscheidung nicht einverstanden war, hat sie aus dem Heim geholt und zu sich genommen. Einem Leben allein mit den Kindern scheint sie jedoch noch nicht gewachsen zu sein. Im Frühjahr 1920 muss sie sich wieder in Behandlung begeben, dieses Mal nach Mendrisio, in die kantonale Nervenheilanstalt. Und Hermann Hesse muss wieder eine Lösung für die Kinder suchen.

Er will sie auf alle Fälle dem Einfluss Mias entziehen. Allerdings ist Heiner mittlerweile selbst so in seinem Verhalten gestört, dass die Ärzte dazu raten, ihn wenigstens vorläufig bei seiner Mutter in der Anstalt zu lassen. Bruno nimmt Hermann Hesse mit zu sich nach Montagnola und gibt ihn später zu einem Freund, dem Maler Cuno Amiet in Oschwand. Heiner will er auch nicht länger als nötig bei Mia lassen. Im Mai reist er mit seinem Freund Josef Englert nach Mendrisio und holt Heiner aus der Anstalt. Offenbar gegen den Willen von Mia. Denn kurz darauf flieht sie aus der Anstalt und Hesse erhält einen Brief ihres Anwalts, in dem sie mit Geldforderungen und Prozessen droht. Wenig später taucht Mia selbst in Montagnola auf und will Hesse unter Tränen und Bitten dazu bewegen, ihr Heiner wieder zu überlassen. Doch Hesse bleibt hart und lässt sich, wie er sagt, nicht »herumkriegen«. Er will Heiner in ein Erziehungsheim geben. Und so, meint er, gehe das ganze »Theater« wieder weiter.

»Ich habe seither Appetit und Arbeitsmöglichkeit verloren«, schreibt er an seine Schwester Marulla, der er von dem ganzen Hin und Her berichtet.[13] Zu dieser Aufregung um Mia und die Kinder kommt auch noch, dass die Arbeit an seinem neuen Buch, dem *Siddhartha*, im Sommer ins Stocken gerät. Die ersten Kapitel sind ihm noch zügig von der Hand gegangen. Doch jetzt ist der Faden wie gerissen. Hesse ahnt auch, warum.

Der Held seiner Geschichte, der Brahmanensohn

Siddhartha, durchläuft eine ähnliche Entwicklung wie die Figuren seiner letzten Schriften Emil Sinclair, Friedrich Klein und Klingsor. Er geht den Weg ins Chaos. Siddhartha verlässt sein Elternhaus und schließt sich umherstreifenden Asketen an. Auch von denen trennt er sich und folgt kurzzeitig dem erleuchteten Buddha. Doch auch dessen Jünger will er nicht werden. Siddhartha weiß, dass er keine Lehre, keine Lebensform einfach so übernehmen kann. Er muss selber, ganz für sich allein, herausfinden, welches Leben das seine ist. Das kann ihm keine Tradition, kein Vorbild, kein Lehrer abnehmen. Nur sich selbst, der eigenen inneren Stimme, darf er vertrauen.

So weit ist Siddhartha gekommen, als Hesse seine Geschichte abbricht. Ihm ist klar, dass es mit seinem Helden weitergehen muss. Aber wie? Siddhartha hat alle Brücken hinter sich abgerissen. Als Außenseiter ist er notwendig auch ein Rebell, ein Zerstörer. Aber das Chaos ist kein Selbstzweck. Er darf nicht darin stecken bleiben. Er muss von hier aus wieder neu aufbauen, neue Werte und Maßstäbe entwerfen. Was vorher hinderlich war für seine Ichfindung, die Meinungen und Lebensregeln der anderen Menschen, muss er wieder neu entdecken. Er muss lernen, wieder von sich abzusehen, sich Menschen zu öffnen und den Sinn von Gesellschaft und Zusammenleben neu zu entdecken. Mit anderen Augen und unter veränderten Vorzeichen.

Doch hier liegt das Problem. Hesse muss feststellen, dass er eine Erfahrung beschreiben will, die er noch gar nicht gemacht hat. Und eben das sei ihm unmöglich. »Als ich«, so schreibt er in seinem Tagebuch, »mit Siddhartha dem Dulder und Asketen zu Ende war, mit dem ringenden und leidenden Siddhartha, und nun Siddhartha den Sieger, den Jasager, den Bezwinger dichten wollte, da ging es nicht mehr.«[14]

An der Geschichte vom Brahmanensohn Siddhartha ist Hesse zunächst gescheitert. Dafür erntet er jetzt einen literarischen Erfolg, den er gar nicht angestrebt hat. Der Roman *Demian*, 1919 erschienen, ist begeistert aufgenommen worden und erhielt sogar den Fontanepreis. Von Anfang an vermutete man hinter dem Namen Emil Sinclair einen anderen Autor. In den Zeitungen rätselte man, wer hinter diesem Sinclair stecken könnte, und nachdem dabei immer öfter sein Name gefallen ist, bekennt sich Hesse im Juli 1920 öffentlich zu seiner Autorenschaft und gibt den Fontanepreis, der nur für Erstveröffentlichungen verliehen wird, zurück. Hesse wäre gern unerkannt geblieben. »Am liebsten«, so bekennt er Josef Lang, der inzwischen sein Freund ist, »gäbe ich jedes neue Werk unter einem neuen Pseudonym heraus. Ich bin ja nicht Hesse, sondern war Sinclair, war Klingsor, war Klein etc. und werde noch manches sein.«[15]

Hesse will auch Siddhartha sein. Er ist es bisher nur halb. Aber er will ja kein »erdachtes Finden« zeigen, sondern ein »erlebtes Suchen« gestalten.[16] Und in dieser Suche geht er seinem Siddhartha voraus.

Die sommerliche Klingsorzeit ist vorbei. Das rauschhafte Malen und Schreiben hat sich erschöpft. Hesse öffnet sich wieder der Welt. Er braucht wieder lebendigen Umgang mit Freunden, neue Eindrücke. Und er nimmt auch seine Arbeit in der Fürsorge wieder auf. Mit seinem alten Kollegen Woltereck aus Bern hat er eine neue Zeitschrift gegründet, *Vivos Voco*, was so viel heißt wie ›Ruf an die Lebenden‹. Nicht mehr um die Soldaten will man sich nun kümmern, sondern um die Opfer des Krieges. In erster Linie sollen hungernde und leidende Kinder unterstützt werden und auch der Jugend will man eine Orientierung geben bei ihrer Suche nach neuen Lebensformen.

Hermann Hesse übernimmt den literarischen Teil. Er schreibt aber auch wieder politische Artikel. Was ihn dazu veranlasst, sind die Rachegedanken, die der Versailler Friedensvertrag in Deutschland ausgelöst hat. Der Kriegsverlierer Deutschland musste wichtige Landstriche abgeben und wurde mit immensen Reparationszahlungen belastet. Hesse warnt eindringlich vor einem »Vergeltungskrieg«. »Der neue Krieg«, so schreibt er, »würde [...] doch wieder neue Vernichtung, Verrohung, Vertierung bedeuten – und abermals neue Kriege gebären. Wieder würden die Menschen für hundert Jahre daran gehindert werden, endlich Mensch zu werden.«[17]

Hesse muss feststellen, dass die Deutschen nicht viel aus dem Krieg gelernt haben. Auf seine Artikel bekommt er wieder zahlreiche »Hassbriefe«, vor allem von deutschen Studenten. Sie ereifern sich gegen seinen »Internationalismus« und seinen verweichlichten »Pazifismus«.

Nach dem Krieg hat Hesse sein altes Leben aufgegeben, um im Kleinen zu verwirklichen, was er vom deutschen Volk im Großen erwartet hat. Völker gehen leider doch, so meint er nun ernüchtert, in einem »anderen Tempo« vorwärts als Einzelne. Er selbst hat versucht, die Schuld an seinem verfehlten Leben nicht auf andere zu schieben, sondern selbst »auszufressen«. In Deutschland scheint man dazu nicht bereit zu sein.

Hesse ist bereit, noch weiter zu gehen, als er es schon getan hat. Um sich über sein Leben im Klaren zu werden, musste er sich in Montagnola zurückziehen. Er musste zum Einzelgänger werden, um sich von fremden Anforderungen und Erwartungen zu befreien und herauszufinden, wer er selber ist und was er will. Auf die Dauer allerdings, so glaubt er jetzt, kann er nicht im Widerstand gegen die Welt und die Menschen leben. Aber wie kann er sich, ohne seine gewonnene Freiheit wieder zu verlieren, mit der Welt aussöhnen? Wie kann er ein »Eigensinniger« bleiben und trotzdem lernen, mit der Welt einverstanden zu sein?

Eine Antwort auf diese Frage sucht er vor allem in

der Gedankenwelt der indischen und chinesischen Religionen und Weltanschauungen. Er hält darüber sogar einen Vortrag in St. Gallen. Was ihn am asiatischen Denken fasziniert, ist der Gedanke der Einheit, der auch bedeutet, dass Selbsterkenntnis und Zuwendung zur Welt sich nicht ausschließen. Dieser Gedanke lässt sich für Hesse aber nicht intellektuell begreifen, nur geistig erleben.

Ein solches »geistiges Erlebnis« hat er noch nicht gemacht. Es sind, das merkt er, wieder persönliche Widerstände, die ihn darin hindern und die er nur mit fremder Hilfe beseitigen kann. Hesse hat schon einmal, mitten im Krieg, Hilfe von außen in Anspruch genommen. In den Gesprächen mit dem Psychologen Josef Lang. Anfang 1921 nimmt er nun in Zürich Kontakt auf mit Langs Vorbild, mit Carl Gustav Jung, den Hesse schon früher kennen gelernt hat und der ihm nach der Lektüre des *Demian* einen begeisterten Brief geschrieben hat. Jung kommt gerade von einer Reise nach Nordafrika zurück und hat sein Buch *Psychologische Typen* abgeschlossen, das Hesse tief beeindruckt. Hesse kann Jung dazu überreden, mit ihm eine Analyse zu machen. Insgeheim hofft er, dass Jung kein Honorar von ihm verlangt.

Die Sitzungen bei Jung gehen, mit Unterbrechungen, bis in den Sommer 1921. Hesse nimmt oft lange Fußmärsche auf sich, um von Zürich nach Küsnacht zu kommen, wo Jung wohnt. Doch es lohnt sich für ihn. Jung hält er für einen genialen Menschen. Er verdankt ihm viel, auch wenn er oft bis an den Rand des Erträglichen gelangt. »Es geht bis aufs Blut und tut weh«, schreibt er seinem Freund Hans Reinhart. »Aber es fördert.«[18]

Was sich Hesse von dieser Behandlung verspricht, bringt er in einem kurzen Text zum Ausdruck, den er nach Art des griechischen Philosophen Platon als Dialog gestaltet. In dem Gespräch zwischen Theophilos und Kebes geht es unter anderem auch um die zwei Stufen einer Erkenntnis, die dem ersten und zweiten Teil einer Psychoanalyse entsprechen. Die erste Hälfte, so meint Theophilos, mache einen zum »Aufrührer«, der den Gesetzen der Väter und Autoritäten widerspricht. »Die zweite Hälfte aber«, so fährt er fort, »besteht darin, daß man sich selbst als Teil der Menschheit erkennt und daß man einsieht, die höchste Befriedigung auch des Persönlichen finde man nur da, wo man sich nicht gegen die Menschheit stemmt, sondern ihre Bahn willig mit beschreibt.«

Die zweite Hälfte, so Theophilos, setzt die erste voraus. Wer die erste überspringt, der gelangt nicht einmal zum Erlebnis des eigenen Ich, er verliert sich in der Masse und in fremden Meinungen und bewirkt nichts Gutes. Nur wer gegen alle Ordnung wütet, der kann dann auch Ja sagen zur Welt und zu überlieferten Traditionen.[19]

XI. Verwandlungen
»Probleme sind nicht dazu da, um gelöst zu werden.«

»Ich habe«, so bekennt Hermann Hesse einmal, »nie ohne Religion gelebt, und könnte keinen Tag ohne sie leben [...].«[1] Religion bedeutet für ihn nicht, dass man an bestimmten Glaubenssätzen festhält oder einer Glaubensgemeinschaft angehört. Religiös kann ebenso gut ein Mönch auf dem Berg Athos sein wie ein Lebemann in Paris. Entscheidend ist die »Ergriffenheit«, das heißt das »kindlich naive Gefühl«, dass alles, unser Leben und die ganze Wirklichkeit, gewollt ist und eine Einheit darstellt, in der es keine wirklichen Gegensätze und moralischen Scheidungen gibt.

Diese Einheit gilt auch für die Religionen. Hesse ist überzeugt davon, dass es nur eine Menschheit gibt und keine unüberwindliche Spaltung in Rassen, Kulturen und Sprachen. Demgemäß beruhen für ihn auch die verschiedenen Religionen auf gemeinsamen und vergleichbaren Erfahrungen. Er glaube nicht, so schreibt er in einem Brief, »daß es eine beste und einzige wahre Religion oder Lehre gibt«. Deshalb geht er mit den Religionen auch spielerisch – nicht unernst – um. Worte, die von Jesus überliefert sind, bedeuten ihm ebenso viel wie die Reden des Buddha oder die Lehren eines Laotse. »Buddhismus ist sehr gut«, meint er, »und Neues Testament auch, jedes zu seiner Zeit und da, wo es not tut.«[2]

Für Hesse tut es Not, sich mit östlichen Lehren zu beschäftigen. Das hängt auch mit seiner religiösen Erziehung zusammen. Im Calwer Elternhaus hatte er gelernt, dass man Gott und den anderen Menschen nur dienen kann, wenn man seiner eigenen Person keine Bedeutung beimisst. Diese Einstellung hält Hesse nun für gefährlich, weil damit einer »Kultur der Minderwertigkeitskomplexe«[3] Vorschub geleistet werde. Als Kind und Jugendlicher beharrte er auf seinem Eigensinn. Und er wollte auch nicht einsehen, dass man sich von Gott und den Menschen entfernt, wenn man seine eigene Persönlichkeit verteidigt. Darin liegt auch ein Grund, warum ihn die asiatische und besonders die indische Welt so anzieht. Hier führt die Selbsterkenntnis zum Göttlichen und zu einer neuen Sicht der Welt. Ich, Gott und Welt gehören zusammen.

Im März 1922 wendet sich Hesse wieder seinem indischen Manuskript zu. Die Erzählung hat er abgebrochen, als der junge Siddhartha den Vorsatz fasste, nie wieder einem Lehrer zu folgen, nie einfach eine Lehre zu übernehmen. Und war er nicht auch, so fragt sich Siddhartha, blind einer Lehre gefolgt, als er sich den Samanas, den Asketen im Wald, angeschlossen hat? Von ihnen hat er gelernt, Hunger und Durst zu ertragen und die sinnlich erfahrbare Welt zu verachten, weil sie bloß »Maya« ist, ein Schleier, hinter dem sich der eigentliche Sinn verbirgt. Diesen Sinn wollte er finden.

Siddhartha setzt allein seine Wanderschaft fort. Er geht an Flüssen entlang und durchquert Wälder. Und ihm ist, als sähe er alles das erste Mal. Angesichts der Schönheit der Welt kann er es nicht mehr verstehen, dass er nach einem jenseitigen Sinn gesucht hat. Der Baum, der Fluss, der Vogel – das alles erscheint ihm nun Sinn genug und nicht mehr nur als wertlose Fassade. Siddhartha will nicht mehr die Welt fliehen, er will sich in die Welt stürzen. Er will lernen, dieses Leben zu lieben.

Mit dieser Absicht gibt Siddhartha sein mönchisches Leben auf und geht in die Stadt. Er wird ein wohlhabender Geschäftsmann und der Geliebte der schönen Kurtisane Kamala. Siddhartha möchte werden wie die Menschen in der Stadt. Er möchte auch so hingebungsvoll, so selbstverständlich und fraglos leben wie sie. Aber Siddhartha bleibt ein Außenseiter. Er kann und will das Gefühl seiner Besonderheit nicht ablegen. Die Geschäftigkeit der Händler und Kaufleute kommt ihm vor wie ein Kinderspiel, das er mitmacht, aber nicht ernst nehmen kann. Und auch an den Sorgen und Freuden seiner Mitmenschen kann er nicht wirklich Anteil nehmen. Sogar Kamala bleibt ihm fremd. Von ihr lernt er die Liebeskunst, aber einen Menschen zu lieben, dazu ist er nicht fähig.

Siddhartha erstickt seine Verzweiflung in Luxus und Glücksspielen. Als er merkt, dass er sich langsam, aber sicher zugrunde richtet, verlässt er die Stadt. Nach langem Herumirren gelangt er an einen Fluss und wird der Helfer des Fährmannes Vasudeva. Bei Vasudeva kommt seine Suche an ein Ende. Aber es ist ein ganz anderes Happy End, als es sich Siddhartha bei seinem Weggang aus dem Elternhaus erträumt hat. Damals wollte er sein wahres Ich und sein Glück finden wie den heiligen Gral. Doch seine Erwartungen wurden enttäuscht und er musste seine Vorstellungen von sich und seinem Glück ein ums andere Mal begraben. Jetzt, am Fluss, erkennt er allmählich, dass diese Enttäuschungen nötige, heilsame Niederlagen waren, um endlich frei von Bildern und Illusionen sich und die Welt anzunehmen.

Siddhartha hatte immer ein Ziel vor Augen, dem er sich angleichen wollte. Das Ziel, ein mustergültiger Asket zu werden, das Ziel, ein geschäftstüchtiger Bürger und perfekter Liebhaber zu sein. Nun lernt er, kein Ziel mehr zu haben. Er macht nichts mehr aus sich, sondern nimmt sich hin und nimmt sich an. Er begreift sich als ein Teil eines Ganzen, das gleichzeitig unendlich vielfältig ist und in dem alles seinen gleichberechtigten Platz hat, auch der Asket, auch der Bürger, auch der Liebhaber.

»Ich habe«, sagt Siddhartha zu seinem Freund Govinda, »an meinem Leibe und an meiner Seele erfahren, daß ich der Sünde sehr bedurfte, ich bedurfte der Wollust, des Strebens nach Gütern, der Eitelkeit und bedurfte der schmählichsten Verzweiflung, um das Widerstreben aufgeben zu lernen, um die Welt lieben zu lernen, um sie nicht mehr mit irgendeiner von mir gewünschten, von mir eingebildeten Welt zu vergleichen, einer von mir ausgedachten Art der Vollkommenheit, sondern sie zu lassen, wie sie ist, und sie zu lieben und ihr gerne anzugehören.«[4]

Mit seiner Erzählung *Siddhartha* wollte Hermann Hesse nach seinen eigenen Worten ein »indisch-meditatives Lebensideal«[5] darstellen. Dieses Ideal ist im *Siddhartha* in eine besondere Sprache übersetzt. Es ist eine Sprache, die nur ein sehr langsames Fortschreiten der Gedanken zulässt und in der es viele Wiederholungen gibt wie in einer Litanei.

Die geistige Einstellung, die sich in dieser Sprache ausdrückt, ist für Hesse die höchste Reife, die eine Persönlichkeit erlangen kann. Und gleichzeitig ist es auch ein soziales Ideal. Hesse ist überzeugt davon, dass ein Mensch, der diese Ausgeglichenheit erreicht hat, ganz selbstverständlich auch das Wohl seiner Mitmenschen im Auge hat, in der Gemeinschaft und im Staat, und zwar ohne das »krampfhafte Pflichtgefühl im Sozialen«[6].

Der erlöste Siddhartha bleibt aber auch für Hermann Hesse persönlich ein Ideal. Er hat selbst oft die Erfahrung beschrieben, die der Brahmanensohn am Fluss macht. Es ist das Lebendigste, was er sich vorstellen kann: wenn gleichsam in einem ein »Weltauge«[7] aufgeht, wenn die Wirklichkeit so klar durchleuchtet als eine Einheit erscheint, wenn die Gegensätze in dieser Einheit zu bloßen Polen werden und man auf wunderbare Weise mit sich und der Welt einverstanden ist.

Doch leider hat Hesse auch die Erfahrung gemacht, dass dieser Zustand nicht dauerhaft ist. Nur kurze Zeit, oft nur augenblicksweise, ist er dazu fähig. Und er muss auch schmerzlich feststellen, dass sich diese Einstellung nicht herbeizwingen lässt, sondern einem eher widerfährt wie ein Geschenk, eine Offenbarung oder – wie er selber sagt – wie eine »Gnade«[8].

Was aber ist, wenn sich diese »Gnade« nicht einstellt? Hesse kennt diese gnadenlosen Zeiten nur allzu gut. Dann ist es ihm beim besten Willen nicht möglich, die Welt und die Menschen zu lieben und sie vorurteilslos zu sehen. Dann kann er keinen Hehl aus seiner Abneigung gegen die Welt, vor allem gegen die »moderne Welt«, machen. Dann sitzt er in seiner Klause in Montagnola und verflucht die Touristen, die im Frühjahr und Sommer mit ihren stinkenden Autos und Bussen in das Tessin einfallen und aus der Natur einen Freizeitpark machen, die »Amerikanergesichter«, die »Aktenmappengesichter« mit ihrem »himbeerfarbenen Kinder-Weltbild«.[9]

Hesse leidet darunter, dass er meistens nicht so gelassen sein kann, wie er es gerne möchte. Er empfindet es als eine »Jämmerlichkeit«, dass auch er, der scheinbar so Tolerante, immer wieder von einem »Rest anerzogener Moral« gelähmt wird.[10] Doch auch wenn er das Leben oft nicht lieben kann, so will er sich doch nicht alles Widerwärtige, Störende vom Leib halten und sich nicht in ein falsches Glück zurückziehen. Probleme sind für ihn nicht dazu da, um möglichst schnell gelöst zu werden. Sie sind da, so schreibt er, »um erlitten und erlebt zu werden«[11], um sie, anders gesagt, zu verwandeln und vielleicht wieder zu entdecken, dass das Leben alles umfasst, Angenehmes und Unangenehmes, Freude und Leid.

Probleme hat Hermann Hesse genug. Das fängt schon mit den alltäglichen Geldsorgen an. Er hatte gehofft, dass er vom Verkauf seines Gaienhofener Hauses noch eine schöne Summe bekommt. Die 15000 Mark, die er als letzte Zahlung erhält, sind durch die Inflation noch ganze 37 Franken wert. Davon kann er sich, so meint er mit Galgenhumor, noch drei Mahlzeiten leisten.

Sein kärgliches Leben macht Hesse im Sommer, wenn er malen, schwimmen und sonnenbaden kann, nichts aus. Aber im Herbst und Winter, wenn es mit dem Leben im Freien vorbei ist, wird es in der Casa

Camuzzi ungemütlich. Die durchfrorenen Tage und Nächte haben seiner Gesundheit sehr geschadet. Hesse leidet an Rheuma, so dass er sich an manchen Tagen vor Schmerzen kaum bewegen kann. Im Herbst 1922 macht er deswegen eine Badekur nahe St. Gallen. Danach ist er völlig geschwächt und wiegt nur noch 54 Kilogramm.

Um dem Winter in seiner Klause in Montagnola zu entkommen, lässt er sich gern von Freunden einladen. Zum Beispiel von Max Wassmer, der das Schloss Bremgarten bei Bern bewohnt. Weihnachten 1922 verbringt Hesse bei der Familie Wenger, in deren Haus in Delsberg im Schweizer Jura. Er ist inzwischen sozusagen ein Freund der Familie. Und mit der Tochter Ruth ist er so vertraut geworden, dass eine Heirat nicht mehr ganz ausgeschlossen zu sein scheint. Hesse selbst freilich will davon nichts wissen, obgleich er in Briefen an Freunde andeutet, dass ihm dieser Gedanke gar nicht so unangenehm ist.

Im Frühjahr schenkt er Ruth ein handgeschriebenes und selbst illustriertes »Liebesmärchen« mit dem Titel *Piktors Verwandlungen*. Darin kommt der Maler Piktor in einen Paradiesgarten und gewinnt dank der Kraft eines Kristalls die Fähigkeit, sich zu verwandeln. Er wird zu einem Baum, leidet aber darunter, dass er sich nicht mehr weiterverwandeln kann. Erst als ein junges Mädchen in den Garten kommt und sich sehnsüchtig an den Baum lehnt, bringt ein Zaubervogel wieder den Kristall. Die Welt wird wieder zur Einheit, in der alles mit allem verbunden ist und jeder Mensch, jedes Tier, jede Pflanze eine andere Gestalt annehmen kann. Das Mädchen wird ein Teil des Baumes und Piktor kann sich weiterverwandeln, so viel er will. Er wird ein Teil der ewig sich verändernden Schöpfung. Er wird »Mensch und Schlange, Wolke und Vogel«. Und in jeder Gestalt ist er »ganz«, umfasst alle scheinbaren Gegensätze.[12]

Von der Kraft des Zauberkristalls ist bei Hermann Hesse in den folgenden Monaten wenig zu spüren. Wegen seines Rheumas macht er erneut eine Kur in Baden bei Zürich. Und er fühlt sich von tausend Verpflichtungen umstellt. Ruths Eltern drängen ihn, das Verhältnis zu ihrer Tochter endlich zu klären. Hesse schreibt Ruths Vater, Theo Wenger, einen langen Brief, in dem er sich um eine klare Antwort wortreich herumwindet. Er bittet um »Vertrauen« und »Geduld« und darum, dass sein Zögern nicht als Unentschlossenheit ausgelegt werde. Er verweist sogar auf das »Nichttun« bei Laotse und verspricht schließlich, sein Verhältnis zu Ruth »zu gutem Ende zu bringen«.[13] Das ist freilich ein sehr zwiespältiges Versprechen. Und Hesse gesteht seinem Freund Josef Englert auch, dass er eine neue Ehe »lieber vermeiden« würde.[14]

Immerhin hat Hesse seine Scheidung von seiner Frau Mia energisch betrieben. Er glaubt, dass Mia diesen Schritt nun verkraftet. Sie ist aus der Heilanstalt entlassen und lebt nun in einem Haus in Ascona, in dem sie auch Zimmer an Feriengäste vermietet. Die Scheidung von Mia wird tatsächlich am 1. Juli 1923 ausgesprochen und vierzehn Tage später rechtskräftig.

Hesse bemüht sich nun auch um die Schweizer Staatsbürgerschaft. In einem Schreiben an die zuständige Behörde verweist er darauf, dass er inzwischen seit elf Jahren ununterbrochen in der Schweiz lebe, seine Söhne hier verwurzelt seien und ihn, den früheren »Mußdeutschen«, nichts mehr mit Deutschland verbinde.

Von der Entwicklung in Deutschland ist Hesse enttäuscht. Am 24. Juni 1922 ist der deutsche Außenminister Walter Rathenau wegen seiner Versöhnungspolitik mit der Sowjetunion von nationalistischen Terroristen ermordet worden. Über die »Geistlosigkeit und ruppige Pistolenklöpferei«[15] dieser Kreise ist Hesse empört, vor allem über ihren Judenhass.

Schon im Juli 1922 hat er in der Zeitschrift *Vivos Voco* die »blödsinnige, pathologische Judenfresserei der Hakenkreuzbarden« angegriffen. Für Hesse, der immer dafür eintritt, jede Schuld zunächst bei sich selber zu suchen, ist es dumm und politisch höchst gefährlich, wenn eine Menschengruppe für das Übel der Welt verantwortlich gemacht wird.[16]

Wegen seines Antrags auf die Schweizer Staatsbürgerschaft führt er mit den Behörden einen langwierigen Papierkrieg, der ihm die letzten Nerven kostet. Wenn sein Antrag genehmigt ist, so gelobt er, will er »baldmöglichst« Ruth heiraten. Dazu hat er sich jetzt durchgerungen. Nicht weil ihm viel an dieser Ehe liegt, sondern weil er es Ruth und ihren Eltern »schuldig« zu sein glaubt.

Hesse ist froh, dass er im Frühherbst noch einmal nach Baden zur Kur gehen kann. Im Kurhaus, dem Verenahof, fühlt er sich wohl. Hier wird er umsorgt und mit gutem Essen verwöhnt. Sein Kurleben beschreibt er in einem Buch, das er als Privatdruck Freunden schenken will. Er gibt ihm den Titel *Psychologia Balnearia oder Glossen eines Badener Kurgastes*. Darin schildert er einen anderen Hesse, den »Kurgast Hesse«, der so gar nichts mehr gemein hat mit dem begeisterungsfähigen Klingsor-Hesse oder dem weisen Siddhartha-Hesse. Der Kurgast Hesse ist ein schon älterer Herr mit leicht ergrautem Haar, der von seiner Gicht geplagt wird und sich lustlos und griesgrämig im immergleichen Tagesablauf treiben lässt.

Das Buch handelt aber nicht nur von Bädern, Massagen und ärztlichen Untersuchungen. Das würde nicht zu Hesses Überzeugung passen, dass jedes körperliche Gebrechen »seelisch bedingt« ist, selbst ein Beinbruch oder eine Lungenentzündung.[17] Und so ist auch die Geschichte von der Badener Kur die Geschichte einer seelischen Kur. Dem Kurgast Hesse

239

fällt nicht nur das Aufstehen und Gehen schwer, sondern auch das alltägliche Leben. Die kitschigen Postkarten am Kiosk sind ihm ein Gräuel, die Orchestermusik im Park beleidigt seine Ohren und am Mittagstisch pflegt er seine abschätzige Meinung über die anderen Kurgäste.

Doch eine Heilung ist immer möglich. Der Kristall aus dem Piktor-Märchen ist nie ganz verloren. Das erfährt der Kurgast Hesse gerade in der größten Verzweiflung. Schuld an dieser Verzweiflung ist sein Zimmernachbar, ein Holländer. Diesen Mann bekommt er nur selten zu Gesicht und wechselt auch nie ein Wort mit ihm. Trotzdem macht der Holländer dem Kurgast Hesse das Leben zur Hölle, weil er in seinem Zimmer so laut ist: Er redet laut, er lacht laut, er hustet laut, er gurgelt laut und sein Bett knarzt laut. Der ruhebedürftige und lärmempfindliche Kurgast Hesse beginnt den Holländer zu hassen. Nicht nur sein Lachen und Husten, auch seine ganze Erscheinung, sein glattes, selbstzufriedenes Gesicht und die modische Weste, auch seine anscheinend so unverwüstliche Gesundheit, seine polternde Vitalität, seine unerträglich gute Laune. Der Holländer wird zum Inbegriff jener modernen Welt, die dem Kurgast seit jeher zuwider ist. Und dazu passt jetzt auch die Erinnerung, dass es ja die Holländer waren, die ihren fetten Reichtum anhäufen konnten, weil sie ihre Kolonien bis aufs Blut ausgebeutet haben. Der Kurgast Hesse hasst den Holländer wie ein »erfolgloser christlicher Kaufmann die Juden« und dieser Hass steigert sich schließlich zum Wunsch, ihn zu vernichten, ihn »totzuschießen«, auszulöschen.[18]

Doch der Kurgast Hesse ist nicht der Mensch, der seinen Hass zur Tat werden lässt. Es schützt ihn davor jene Erfahrung der Einheit, jenes Gefühl der Gnade, mit allem, auch mit dem schlimmsten Feind, verbunden zu sein. Er schämt sich seiner Gedanken. Er schämt sich, dass er, der Friedliebende, der Gegner aller Kriegstreiber und Gewaltmenschen, nun auch die Macht haben will, mit seinen Feinden aufzuräumen. Und wenn er nur einen Augenblick nachdenkt, ist ihm sonnenklar, dass seine Vorwürfe an den Holländer völlig haltlos sind. In ihm, in ihm allein liegen die Gründe für seinen Hass. Und der Kurgast Hesse beschließt, diesen »wertlosen Hass« abzubauen und seinen Feind, den Holländer, zu verwandeln – ihn zu lieben.

Fast eine ganze Nacht braucht er für diese Arbeit. Er führt sich den Holländer genau vor Augen, seine körperlichen Eigenarten und Mängel. Er stellt sich ihn vor als Kind und als Jugendlichen, als Bräutigam, ja sogar als alten Mann, der einen Schlaganfall erleidet. Er denkt an sein Asthma und wie es ihm zu schaffen macht. Allmählich schmelzen die früheren Widerstände, der Holländer wird sympathischer. Und im Morgengrauen hat es der Kurgast Hesse geschafft: Aus dem Feind ist ein Bruder geworden. Enttäuscht ist der Kurgast Hesse dann nur, als der Holländer zwei Tage später abreist und eine kleine graue, völlig ruhige Dame in das Nachbarzimmer einzieht.

Im Dezember 1923 reist Hermann Hesse nach Basel. Ruth Wenger nimmt hier Gesangsstunden bei der Sängerin Maria Phillipi und sie möchte, dass Hermann den Winter in ihrer Nähe verbringt und sie sich bald trauen lassen. Beide wohnen im »Hotel Krafft« am Rheinufer. Hesse fühlt sich in der Stadt »ziemlich beschissen«[19]. Er sehnt sich nach Montagnola und wegen der bevorstehenden Heirat hat er »tausend Bedenken«. Nach Weihnachten, das er und Ruth wieder bei den Wengers verbringen, wird Hesse krank. Er muss mit hohem Fieber im Bett liegen. Als es ihm halbwegs besser geht, findet die standesamtliche Trauung statt, am 11. Januar 1924. »Ich [...] wurde«, berichtet er kurz darauf seiner Freundin Ilona Durigo, »wieder auf die Beine gestellt und getraut.«[20]

Die junge Ehe fängt nicht sehr viel versprechend an. Hesse wird erneut krank und auch das Verheiratetsein, das er wieder lernen wollte, glückt ihm nicht recht. Er ist zwar sehr verliebt in seine junge Frau, besonders in ihre Ohrläppchen, aber es ist ihm unmöglich, sich an ihre Lebensgewohnheiten anzupassen. Fremd bleibt ihm auch Ruths kindliche Liebe für Tiere. Sie hat einen kleinen Hund namens Amorette, den

Kater Figaro und einen Papagei, der Coco heißt. Als sie sich auch noch einen schwarzen Pudel anschafft, wird es in den kleinen Hotelzimmern eng und Hesse hat oft das Gefühl, entbehrlich zu sein.

Im Frühjahr entschließt er sich, wieder nach Montagnola zu ziehen. Wie es mit seiner Ehe weitergehen soll, weiß er noch nicht. Auf keinen Fall will er einen gemeinsamen Haushalt mit Ruth einrichten. Er hofft, dass sich für ihre Ehe noch eine unbürgerliche Form finden wird.

Hesse will an seinem Ideal festhalten, sein Leben ganz nach seiner Arbeit auszurichten. Und er begreift es eher als Ironie des Schicksals, dass er nun eine Frau geheiratet hat, die »für ein Paar schöne Schuhe und einen hübschen Hund gern einige Ideale hergibt«.[21]

In Basel hat Hesse auch schmerzlich seine Tessiner Freunde vermisst. Darunter sind einige, die für ihre Ideale ein ziemlich entbehrungsreiches Leben führen. Da ist zum Beispiel der Dichter Hans Morgenthaler, Hamo genannt, der früher ein großer Bergsteiger war und dem nach einem Bergunglück fast sämtliche Fingerglieder an beiden Händen abgenommen werden mussten. Später warf er aus Protest gegen den Massentourismus seine Bergsteigerausrüstung in eine Gletscherspalte und begann zu schreiben. Seitdem kämpft er in jeder Hinsicht ums Überleben und verbringt, »fast freiwillig«, wie er meint, immer wieder einige Zeit in einer psychiatrischen Anstalt. Bei seinem Freund Hermann Hesse in Montagnola taucht er oft aus heiterem Himmel auf. Meistens, wie Hesse berichtet, mit einem »todtraurigen Gedicht« in der Tasche.

Der wichtigste Freund in den vergangenen Jahren war für Hesse Hugo Ball, der mit seiner Frau Emmy Hennings-Ball seit September 1920, mit Unterbrechungen, in dem kleinen Dorf Agnuzzo lebt. Ball war vor dem Weltkrieg dramaturgischer Leiter der Münchner Kammerspiele. Als aktiver Kriegsgegner wurde er dann inhaftiert und floh nach seiner Entlassung zusammen mit Emmy Hennings in die Schweiz. Dort zogen sie frierend und hungernd mit einer Wandertruppe von Stadt zu Stadt, Ball als Klavierspieler, seine Frau als Vortragskünstlerin. Später eröffneten sie in Zürich das »Café Voltaire«, das ein Treffpunkt von Kriegsgegnern und die Geburtsstätte des so genannten Dadaismus wurde.[22]

Seit die Balls im Tessin leben, beschäftigt sich Hugo Ball mit dem mittelalterlichen Christentum und hat auch ein Buch darüber geschrieben. Hesse hat ihn oft besucht und sie sprachen nächtelang am Kaminfeuer über die Zusammenhänge der mittelalterlichen Spiritualität und der modernen Psychoanalyse. Hugo Ball ist die »ärmste Kirchenmaus«, die Hesse kennt. Er lebt in einer primitiven Wohnung und ernährt sich von Brot. Eine zweite Hose hat er nicht und manchmal, im Winter, muss er tagelang im Bett bleiben, weil ihm die warme Kleidung fehlt. Obwohl selbst ein Habenichts, versucht Hesse, Ball und seine Frau zu unterstützen. Ihm liegt daran, dass Hugo Ball, dieser »strenge Mönch«, wie er ihn nennt, sich ganz seiner Arbeit widmen kann, ohne sich durch Nebenjobs über Wasser halten zu müssen. Zu diesem Zweck wandte er sich auch an seinen Freund und Gönner Hans C. Bodmer und der schickte daraufhin umstandslos 5000 Franken. Davon konnten die Balls zwei Jahre leben.

In Montagnola muss sich Hesse, der nun die Schweizer Staatsbürgerschaft erhalten hat, erst wieder an sein altes Leben gewöhnen, an das tagelange Malen im Freien, das Alleinsein in der Casa Camuzzi, an das Lesen und Rauchen, das er sich in Basel abgewöhnen musste. Mit dem Alleinsein ist es allerdings nicht weit her. In die Casa Camuzzi kommt oft Besuch. Zunächst die Söhne Bruno und Heiner. Bruno, der mittlerweile schon neunzehn Jahre alt ist und Maler werden will, begleitet Hesse jeden Tag bei seinen Malausflügen.

Schwieriger für Hesse ist die Beziehung zum sechzehnjährigen Heiner. Er ist widerspenstig und launisch und verübelt es seinem Vater, dass dieser sich in den letzten Jahren zu wenig um ihn gekümmert hat. Heiner hat auch Probleme in der Schule. Von seinem Lehrer im Landerziehungsheim Kefikon erhält Hesse einen Brief, worin ihm mitgeteilt wird, dass Heiners

Leistungen zu wünschen übrig ließen und er sich mehr für ein Mädchen interessiere. Hesse antwortet ihm, dass er die Einstellung seines Sohnes »sehr in Ordnung« finde. Heiner will von seinem Vater auch einen Dispens, um sich nicht konfirmieren lassen zu müssen. Hesse stellt ihm diesen Dispens aus. Er will ihn »in diesen Dingen« nicht beeinflussen.

Zu seinem achtundvierzigsten Geburtstag am 2. Juli kommen Ruth Wenger und ihre Mutter zu Besuch. Sie pflücken einen Strauß Wiesenblumen und bringen einen Kuchen mit. Die Stimmung ist entspannt, auch wenn sich nicht vermeiden lässt, dass man über das heikle Thema der jungen Ehe redet. Ruth scheint zu akzeptieren, dass Hesse sein Einsiedlerleben in Montagnola nicht aufgeben will. Auch sie selbst hat ihre eigenen Pläne. Sie will auf alle Fälle in Basel bleiben und ihre Karriere als Sängerin weiterverfolgen. Aber sie wünscht sich, dass ihr Mann wenigstens den Winter bei ihr in Basel verbringt. Auch für Hesse scheint das eine passable »Praxis« für ihre Ehe.

Nach einem erneuten Kuraufenthalt in Baden reist er im Dezember nach Basel, »auf Befehl der gnädigen Frau«[23], wie er Ruth in einem Brief an Alice Leuthold nennt. Basel ist für ihn gleichbedeutend mit »Ehe«, doch er tut alles, um eine normale Ehe zu vermeiden. Er mietet sich eine kleine Mansardenwohnung in der Lothringer Straße. Ruth wohnt weiter im »Hotel Krafft«. Der Ehealltag läuft sehr geregelt ab. Hesse ar-

246

beitet tagsüber in der Universitätsbibliothek. Er plant, zusammen mit seinem Lieblingsneffen Carlo Isenberg, dem Sohn seines Stiefbruders Karl, eine zwölfbändige Hausbibliothek der deutschen Prosa, in der Texte von Lessing bis Mörike gesammelt werden sollen. Abends geht er zu »Frau Hesse«, verbringt einige Stunden mit ihr und zieht sich dann wieder in seine Mansardenwohnung zurück. Unterbrochen wird dieses eher freudlose Dasein durch eine gemeinsame Reise zu einem Familientreffen der Hesse-Isenbergs und dem schon pflichtgemäßen Weihnachtsbesuch bei den Schwiegereltern Wenger in Delsberg.

Anfang des neuen Jahres wird Ruth krank. Das hält Hesse nicht davon ab, im März wieder nach Montagnola überzusiedeln. Seinen Lebensversuch in Basel hält er für gescheitert, und besonders enttäuscht ist er darüber, dass Ruth so wenig Anteil an ihm nimmt und sich ihm gegenüber so passiv verhält. Im Mai stellen die Ärzte fest, dass Ruth an Tuberkulose erkrankt ist. Man verordnet ihr eine einjährige Liegekur. Sie soll, des besseren Klimas wegen, nach Carona gebracht werden. Hesse ist davon nicht begeistert. Er wird sich wohl oder übel um seine Frau kümmern müssen und damit sind auch seine ganzen Pläne für den Sommer hinfällig.

Doch es kommt noch schlimmer. Ende Mai erhält er die Nachricht, dass der Stuttgarter Verlag, bei dem er die Textsammlung herausbringen wollte, den Vertrag gekündigt hat. Die mühevolle und augenbelastende Arbeit von sieben Monaten war somit umsonst. Doch damit nicht genug. Wenige Tage später wird Hesse dringend nach Ascona gerufen. In der Familie seiner geschiedenen Frau Mia hat sich eine Tragödie abgespielt. Mias älterer Bruder Adolf Bernoulli hat sich das Leben genommen. Über diesen Selbstmord hat der jüngere Bruder völlig den Verstand verloren. Und auch Mias mühsam aufrechterhaltenes seelisches Gleichgewicht ist wieder zusammengebrochen. Ihre Verwirrung ist noch schlimmer als früher und sie hat Tobsuchtsanfälle. In ihrer Pension geht es drunter und drüber und es bleibt nichts anderes übrig, als sie in die Heilanstalt Mendrisio zu bringen. Der kleine Martin hat den Zusammenbruch seiner Mutter hautnah erlebt und steht nun wieder alleine da. Hesse schickt ihn zu Freunden nahe Bern, die ihn aufnehmen. Er selbst muss sich um Mia und ihre Pension kümmern.

Hesse wundert sich, dass er inmitten dieser Katastrophen noch einen einigermaßen klaren Kopf behält. Aber auch wenn er äußerlich gefasst wirkt, ist er doch tief unglücklich. Seine von Anfang an verunglückte Ehe mit Ruth, die monatelange, schließlich ergebnislose Bibliotheksarbeit, die scheinbar unaufhörlichen Probleme mit Mia – das alles verstärkt sein Gefühl, dass sein Leben missglückt und sinnlos ist. Am liebsten würde er es Mias Bruder nachtun und mit allem Schluss machen. Dazu reicht sein Mut jedoch nicht, momentan jedenfalls nicht. Aber er beschließt, auf keinen Fall seinen fünfzigsten Geburtstag zu überleben.

Trotz aller Selbstmordgedanken möchte Hesse doch glauben, dass auch das sinnloseste Leiden noch »irgendwie in Gottes Sinn sein muss«. Aber diese Gewissheit hat er, so schreibt er an Hugo Ball, der sich in Rom aufhält, »nie für lange Zeit«.[24]

Ruth Wenger ist inzwischen in Carona. Hesse geht oft von Montagnola zu ihr hinüber. Sie liegt den ganzen Tag über in ihrem Gärtchen, um sie herum ihre Katze Lilith und der Affenpinscher Tilla, und über ihr im Baum der Papagei Coco. Hesse, der es auch in seiner Tessiner Abgeschiedenheit nicht mehr lange aushält, will Ruth zuliebe den Sommer in Montagnola bleiben. Für den Herbst aber hat er sich wieder zur Kur im »Verenahof« angemeldet, wo er inzwischen Stammgast ist. Danach will er vorerst nicht zurück nach Montagnola. Es kommt ihm gelegen, dass er zu Lesungen nach Deutschland eingeladen worden ist. Ulm, Augsburg, München und Nürnberg sollen die Stationen sein. Hesse hofft, dass er auf der Reise seine Sorgen vergessen und sich treiben lassen kann.

Aus den Erlebnissen der Lesereise nach Deutschland entsteht ein neues Buch, *Die Nürnberger Reise*. Im Ich-Erzähler zeigt er sich wieder von einer anderen Seite, als Hesse, der Reisende. Er ist dem Kurgast Hesse ähnlich. Auch Hesse, der Reisende, ist ein hypochondrischer, übersensibler Zeitgenosse, der am liebsten in der Welt der Poesie und Märchen lebt und nicht so recht in die moderne Welt passt. Längere Reisen sind ihm ein Gräuel. Nur in kurzen Etappen und mit langen Pausen kommt er vorwärts. Und schon kleinste Schwierigkeiten wie ein Anzug, der nicht in den Koffer passt, nehmen ihm allen Mut und er würde am liebsten wieder umkehren. Hesse, der Reisende, ist kein Freund seiner Zeit. Vor dem Autoverkehr in Nürnberg flieht er, angesichts der modernen Architektur in den Städten kann er nur den Kopf schütteln. Die Kritik an der »Maschinenkultur«, am »modernen, tüchtigen, arbeitsamen Menschen« ist ihm schon zu einer Art »Sport« geworden.[25] Wie aber kann so ein Mensch überhaupt leben? Einer, der die »Beschissenheit des Menschenlebens« so überdeutlich wahrnimmt und für den dieses jämmerliche Leben trotzdem so »schön und köstlich« sein kann? Einer, der »den Protest gegen die Wirklichkeit, wie sie einmal ist«, nicht aufgeben will und trotzdem am Leben hängt?

Der Kurgast Hesse litt unter dem gleichen Widerspruch. Und er hoffte auf die Gnade der Verwandlung, darauf also, dass sein kritischer Blick zum »Weltauge« wird und er sich mit allem, dem Guten wie dem Schlechten, versöhnt.

Für Hesse, den Reisenden, gibt es noch ein anderes Überlebensmittel, das auch verwandeln kann: den Humor. Der Humor, so heißt es in der *Nürnberger*

Reise, sei die gebrechliche fliegende Brücke, die »den Abgrund zwischen Ideal und Wirklichkeit« für Augenblicke überspannen könne. Der Humor gibt auch den Ton an, in dem die *Nürnberger Reise* geschrieben ist. Er macht aus Hesse, dem Reisenden, keinen hoffnungslos Verzweifelten, sondern einen liebenswerten, schrulligen Sonderling, dem man gerne seine Schwächen verzeiht.

Am Ende seiner Reise, in München, geht Hesse, der Reisende, ins Theater und sieht sich eine Vorstellung von Karl Valentin an, *Raubritter vor München,* eine »außerordentliche Viecherei«. Valentin kann todtraurig sein, wenn er an der Stadtmauer lehnt und auf seiner Ziehharmonika spielt. Dann wieder bringt er die Leute zum Lachen, dass sie gar nicht mehr aufhören können. Und sie lachen umso mehr, meint der Erzähler, »je schauerlicher und hilfloser er unsere Dummheit und unser dummes banges Menschenlos auf die komische Formel bringt«.

XII. Ninon und der Steppenwolf

»30 Jahre lang habe ich Trottel mich mit dem
Problem der Menschheit abgemüht, ohne zu wissen,
was ein Maskenball ist.«

Vom Echo auf seinen *Siddhartha* ist Hermann Hesse enttäuscht. Selbst gute Freunde schweigen über das Buch. Und die öffentliche Kritik, so beklagt er sich gegenüber Romain Rolland, habe darauf mit »achtungsvoller Verlegenheit« reagiert. Immerhin hat ihm diese indische Dichtung den Ruf des weisen Einsiedlers von Montagnola eingebracht. Das ist ein Image, das er früher selbst gepflegt hat, auf das er nun aber keinen Wert mehr legt. Überhaupt hält er sein asketisches Leben für eine Phase, die nun vorbei ist und ihren Reiz verloren hat. Die Beschäftigung mit asiatischen Lehren glaubt er hinter sich zu haben und auch die Einsamkeit hat er satt. Stattdessen hat er nun das Bedürfnis, von seinem Tessiner Berg herabzusteigen, unter Menschen zu sein und am normalen Leben wieder teilzuhaben.

Den Winter 1925/26 will Hesse in Zürich verbringen. Seine Freunde und Gönner Alice und Fritz Leuthold, die »Siamesen«, besorgen ihm eine Unterkunft, ein Zimmer in einem Appartement, am Schanzengraben 31. Seine Mitbewohner sind zwei kleinwüchsige jüdische Brüder, die ihm nur bis zur Uhrenkette reichen, tagsüber in einem Büro arbeiten und abends vierhändig Klavier spielen.

Hesse ist nur selten in seinem Zimmer, an dessen Tür eine Thora-Rolle hängt. Die meiste Zeit verbummelt er in der Stadt, geht ins Kino, besucht Ausstellungen oder sitzt in Cafés. Er möchte einfach nur wie ein Kind die Freuden des Stadtlebens genießen. Aber das gelingt ihm nicht. Zu sehr ist es ihm in Fleisch und Blut übergegangen, alles mit den Augen des Außenseiters und kritischen Betrachters zu sehen. Alle Leute scheinen »irrsinnig viel zu tun« zu haben, doch ihm kommt diese Geschäftigkeit sinnlos vor. Die Schaufenster sind voll mit Dingen, die, so glaubt er, eigentlich niemand braucht und nur dazu da sind, damit die Hersteller Geld verdienen.

Einmal, in einem schwachen Moment, findet er die weihnachtlich erleuchteten Straßen »reizend«. Doch auch dieses Spiel »durchschaut« er schnell. Natürlich ist das Fest der Liebe auch nur Geschäftemacherei. Und es ekelt ihn bei dem Gedanken, dass in Familien, wo man sich sonst in den Haaren liegt, einige Stunden »Orgien von Familienglück« gefeiert werden.[1]

Vor dem sentimentalen Weihnachtstrubel flüchtet Hesse in Kneipen, bevorzugt in das Gasthaus »Schwarzer Adler«, wo er alleine bei einem oder zwei Gläsern Wein sitzt. Abends besucht er oft seinen alten Freund Josef Lang, der immer einen guten Tropfen Cognac hat.

Einmal entdeckt er in einer Zeitung eine Anzeige, die einen Hermann-Hesse-Abend ankündigt. Hesse kann nicht widerstehen, die Veranstaltung zu besuchen. Am Eingang zum Saal erkundigt er sich beim Kassier, ob denn dieser Herr Hesse persönlich anwesend sei. Als der Kassier bedauernd verneint, meint er, dass er auf die Mitwirkung dieses Herrn sowieso keinen Wert lege. Während des Abends werden frühe Gedichte Hesses vorgelesen, teilweise auch vertonte Verse gesungen. Das jüngere Publikum scheint gerührt von den schwärmerischen Gedichten. Hesse dagegen kann ihre »hübsche Seichtigkeit« nicht ertragen. Die heitere Weltsicht darin kommt ihm verlogen vor. Er geht frühzeitig und muss den üblen Nachgeschmack mit viel Cognac hinunterspülen.

Hesses Stimmung in Zürich ist düster. Daran ändert auch ein kurzer Neujahrsbesuch seiner Frau Ruth nichts. Ruth ist so gut wie geheilt und sie möchte wieder in Basel, in der Nähe ihrer Mutter, wohnen, Gesangsstunden geben und einen kleinen Haushalt führen. Hesse respektiert ihre Wünsche. Das heißt aber, dass die Wege des jungen Paares getrennt bleiben. Die Tage in Zürich haben ihm wieder bewiesen, dass er auf Dauer nicht in der Stadt leben kann. Er hat das Gefühl, dass eine unsichtbare Mauer ihn von den anderen Menschen trennt und er dazu verdammt ist, ein Einzelgänger zu bleiben.

In dieser Stimmung ist er verständlicherweise nicht

begeistert, als ihn ein Freund, der Bildhauer Hermann Hubacher, Anfang Februar 1926 zu einem Maskenball einlädt. Hubacher muss Hesse erst lange überreden. Und weil er noch nie beim Tanzen war, geschweige denn auf einem Maskenball, nimmt Hesse sogar vorher einige Tanzstunden.

Zum Maskenball im »Hotel Baur au Lac« erscheint Hermann Hesse unmaskiert, im Smoking. Viele seiner Freunde sind da. Max Wassmer aus Bern, der Weltenbummler Louis Moilliet, der Musiker Othmar Schoeck. Alle sind in bester Stimmung. Nur Hesse blickt, wie Hubacher später berichtet, mit »süßsaurer Miene« recht skeptisch in den Rummel. Erst als sich eine als Pierrot verkleidete hübsche junge Frau mit Schwung auf seine Knie setzt, taut Hesse auf. Der Maskenball wird ein rauschendes Fest. Hesses Freunde amüsieren sich großartig. Sorgen macht ihnen nur, dass sie Hesse den ganzen Abend nicht mehr zu Gesicht bekommen. Hubacher fürchtet schon, dass er sich heimlich davongeschlichen hat. Erst als das Fest ausklingt, taucht er wieder auf. In den Erinnerungen Hubachers heißt es: »Es ging schon gegen Morgen, als wir alle müde bei unserem Tisch in die Sessel sanken [...]. Da, siehe, kommt in aufgeräumtester Laune unser Hesse wieder, frischer als wir alle springt er auf den Tisch und tanzt uns einen ›Wonnestepp‹ vor, dass die Gläser klirren.«[2]

Am nächsten Tag liegt Hesse mit schwerem Kopf

im Bett. Er schickt einen kurzen Brief an Hermann Hubacher, den er jetzt »Ubaker« nennt, in dem er in den höchsten Tönen von dem Fest schwärmt und von einem wunderschönen Mädchen, das ihm ganz den Kopf verdreht hat. »Ich war ein richtiger Foxtrottel«, schreibt er, »daß ich mich 30 Jahre mit dem Problem der Menschheit abgemüht habe, ohne zu wissen, was ein Maskenball ist. Ich glaubte, die Leute seien alle ungefähr so wie ich. Hätte ich gewußt, wie einfach, dumm und lieb die Herren Menschen sind, so wäre mir viel erspart geblieben.«[3] Und er bittet Hubacher, ihn ja bald wieder auf einen Ball mitzunehmen.

Hesse geht noch auf viele Maskenbälle. Über seinem Schreibtisch hängen schon bald die Fotografien der Frauen, mit denen er getanzt und geflirtet hat. Auch das Bild des schönen Mädchens vom ersten Ball ist darunter. Hesse hat sie wieder gefunden. Julia heißt sie. Auch andere Andenken wie Strumpfbänder und Haarnadeln liegen verstreut in seinem Zimmer herum.[4]

Wenn Hesse spät in der Nacht oder in den frühen Morgenstunden von einem Ball nach Hause in sein Zimmer zurückkommt, ist er todmüde. Aber Schlafen kann er trotz Schlafmittel nie lange, höchstens stundenweise. Auf dem Nachttisch neben dem Bett liegen ein Bleistift und Blätter, die er mit Zeichnungen und Versen bedeckt, wenn er wieder wach liegt. Er bringt die Gedanken zu Papier, die ihn quälen, wenn die schöne festliche Ausgelassenheit verflogen ist. Und diese Gedanken kreisen alle darum, dass er nicht sein kann, was er gerne sein möchte. Gern möchte er nämlich wie ein Wolf sein, der frisst, säuft, Onestep tanzt und Frauen verführt. Und gleichzeitig weiß er doch genau, dass er nur ein alter, gichtkranker Mann ist, ein menschenscheuer Steppenwolf und Dichter, der sich nie unbefangen dem Leben hingeben kann. Eines der Gedichte fängt an mit den Zeilen:

> »Wär' ich einsam und Asket geblieben,
> Statt in diese bunte Welt zu tauchen,
> Mich noch einmal brennend zu verlieben,
> Mich noch einmal lodernd zu verbrauchen!
> Traurig seh' ich ein, ich alter Knabe:
> Dieses Tun ist lächerlich und nichtig,
> Das ich viel zu spät begonnen habe,
> Nicht einmal den Onestep kann ich richtig!«[5]

Hesse möchte eigentlich nicht einer sein, der die Welt durchschaut, sie erklärt oder verachtet. Er will sie ja nur lieben und im Einklang mit ihr leben. Aber es scheint wie ein Fluch auf ihm zu lasten: Wenn er einmal glücklich ist, melden sich sofort Zweifel. Und je glücklicher er ist, desto schmerzlicher wird ihm bewusst, dass es ihm nicht vergönnt ist, glücklich zu sein. Aus diesem Zwiespalt kommt er nicht heraus.

Und das macht sein Leben manchmal so unerträglich, dass er sich nur noch wünscht, diesem Elend bald ein Ende zu machen.

In dieser Verfassung bekommt Hermann Hesse im März unerwarteten Besuch von einer jungen, dreißigjährigen Frau. Es ist die österreichische Jüdin Ninon Dolbin, die auf der Reise von Genf nach Wien die Gelegenheit nutzt, Hesse in Zürich zu sehen. Mit Ninon Dolbin verbindet Hesse ein jahrelanger Briefwechsel. Das erste Mal schrieb sie ihm als Vierzehnjährige – damals hieß sie noch mit ihrem Mädchennamen Ninon Ausländer –, nachdem sie den *Peter Camenzind* gelesen hatte. Persönlich begegnet sind sie sich erst einmal, vor vier Jahren, im Sommer 1922, als Ninon Dolbin nach Montagnola kam.

Hermann Hesse kennt Ninon Dolbin als verständnisvolle Leserin seiner Bücher und als kluge, feinfühlige Frau. Dass er für sie sehr viel mehr ist, das wird ihm erst allmählich bewusst. Als sie als junges Mädchen seine Bücher las, stand für sie fest, dass sie von diesem Autor nicht mehr loskommen wird. Sie verehrte ihn wie einen »fernen Gott« und sie war überzeugt davon, dass ihr Lebensweg schicksalhaft zu ihm hinführt. Diese Vorstellung blieb auch lebendig, als sie später Kunstgeschichte studierte und als Dreiundzwanzigjährige den Ingenieur und Karikaturisten Fred Dolbin heiratete. Die Ehe ist inzwischen allerdings in der Krise. Ninon Dolbin und ihr Mann leben, ähnlich wie Hermann und Ruth Hesse, getrennt voneinander.

Bei dem Treffen in Zürich fühlt Ninon Dolbin wieder, wie sehr sie Hesse verbunden ist. Sie ist erschüttert über seinen Zustand und sie möchte am liebsten in seiner Nähe bleiben, ihm helfen, sich um ihn kümmern. Hesse ist offensichtlich irritiert von ihren Erwartungen, ihrer Offenheit und dem grenzenlosen Vertrauen, das sie ihm entgegenbringt. Er versucht, ihre Hoffnungen zu dämpfen und ihr seine Lage klarzumachen. Für ihn, den Steppenwolf, der jeden Tag mit dem Gedanken an Selbstmord spielt, wäre es wirklich sinnlos, Zukunftspläne zu schmieden. Und er möchte nicht noch jemand anderen mit in sein Unglück reißen.

Ninon Dolbin bleibt beharrlich. Aus Wien schreibt sie vorsichtige Briefe und wartet auf ein positives Signal. Hesses Antworten sind frostig und für sie verletzend. Er zeichnet ein Bild von sich, das sie abschrecken soll, von seinem Alter, seinen Krankheiten, seinen schwankenden Stimmungen. Ninon Dolbin lässt sich jedoch nicht abschrecken. Sie will ihn davon überzeugen, dass sie sehr wohl um seine Launen und Depressionen weiß und für sie auch diese Seiten zu ihm gehören. »Glaube nicht, dass ich blind bin, dass ich Schweres leicht nehme«, schreibt sie. »Aber ich fürchte mich auch nicht.«[6]

Ninon Dolbins Vorschläge, sich wieder zu sehen,

wehrt Hesse ab. Trotzdem kommt sie im Frühjahr 1926 nach Montagnola. Einige Tage wohnt sie in einem Nebengebäude der Casa Camuzzi. Sie möchte Hesse in seinem Lebensrhythmus möglichst wenig stören, ihm aber das Gefühl geben, für ihn da zu sein, wenn er sie braucht. Nach ihrer Abreise aus Montagnola schreibt sie in einem Brief: »Ich weiß, dass er mich lieb hat und dass er Furcht davor hat, sein Leben an das meine zu binden, das kein Leben, sondern ein Martyrium ist. Vielleicht überwindet er Angst und Zweifel und ruft mich. Vielleicht sehen wir uns niemals wieder.«[7]

Hesse möchte ein Wiedersehen mit Ninon Dolbin vermeiden. Andererseits scheint es ihm sehr gut zu tun, dass jemand so bedingungslos zu ihm steht und nicht nur den romantischen und lebenslustigen Hesse schätzt, sondern auch den leidenden, zerrissenen und verzweifelten.

Von anderen Freunden und Bekannten kann er das nicht behaupten. Er hat über seine ersten Wochen in Zürich einen kurzen Text geschrieben, der in der *Frankfurter Zeitung* veröffentlicht wurde. Daraufhin meldete sich ein ganzer Chor von Bekannten und Freunden, darunter auch seine Frau Ruth, und bedauerte, dass er so pessimistische Gedanken zum Ausdruck bringe und nicht etwas Erfreulicheres schreibe. Auf solche Ratschläge reagiert Hesse sehr gereizt. Er denkt nicht daran, sich an einen »Bejahungsparagraphen« zu halten und nur das zu sagen, was die »Hygieniker und Optimisten« hören wollen.[8] Ein Dichter ist für ihn nur jemand, der aufrichtig sein Lebensgefühl ausspricht, auch wenn dazu Weltekel, Selbstmordgedanken und Gicht gehören und das manche Leser deprimiert. Und was die Aufforderung zu einem glücklichen Leben angeht, so macht sich Hesse den Satz des Theologen Christoph Schrempf zu eigen, der meinte: »Wenn man mich mit der verdammten Pflicht: glücklich zu sein, verschont, kann ich ganz leidlich leben.«

Hesse kann sich jetzt schon vorstellen, wie befremdet man über das Buch sein wird, an dem er gerade »herumknorzt« und das wahrlich keine erbauliche Lektüre sein wird. Es ist sozusagen die romanhafte Fortsetzung der Gedichte, die er in seinen schlaflosen Stunden in Zürich geschrieben hat, und es handelt von einem »Steppenwolf«, der, wie er seinem Freund Georg Reinhart berichtet, »komischerweise darunter leidet, daß er zur Hälfte ein Mensch, zur anderen Hälfte ein Wolf ist«[9].

Hesse weiß, wovon er redet. Es ist die Zerrissenheit, die ihn seit den Zürcher Tagen in die tiefste Krise seines Lebens gestürzt und zu einem lebensmüden Außenseiter gemacht hat. Dass gerade jetzt sein fünfzigster Geburtstag seine Schatten vorauswirft und er als großer Dichter gefeiert werden soll, kommt ihm wie bittere Ironie vor. Die Preußische Akademie der

Künste nimmt ihn als auswärtiges Mitglied auf. Und auch Samuel Fischer hat sich eine besondere Überraschung ausgedacht. In seinem Verlag ist es alte Sitte, einem verdienten Autor eine Biografie zu widmen. Samuel Fischer will da bei Hesse keine Ausnahme machen – und dieser kann ihn nicht davon abbringen. Aber er kann immerhin bewirken, dass seinem Freund Hugo Ball jene Aufgabe übertragen wird. Für Ball ist es ein Vertrauensbeweis und auch eine einträgliche Aufgabe, die ihm wieder für einige Zeit ein finanziell sorgenfreies Leben in Aussicht stellt.

Ball macht sich auch gleich an die Arbeit und sucht Hesses Schwester Adele auf, die als Pfarrfrau in Württemberg lebt und alte Dokumente und Fotos der Familien Hesse und Gundert aufbewahrt. Hesse macht ihm den Vorschlag, auch seine »letzte, erst halb vollzogene Inkarnation« als Steppenwolf noch in die Biographie mit einzubeziehen. Seine zweite Ehe dagegen möchte er ausklammern, sie sei »noch nicht diskutabel«[10].

Was aus seiner Ehe mit Ruth noch werden wird, kann Hesse wirklich nicht sagen. Der Kontakt ist so gut wie abgebrochen. Anfang Dezember, auf einer Lesereise durch Deutschland, bekommt er nach langem Schweigen wieder einen Brief von ihr. Aus ihrem Leben, das offenbar sehr leer und unbefriedigend ist, kann sie ihm allerdings nichts weiter mitteilen, als dass sie sich einen neuen Hund angeschafft hat. Über diesen Brief ist Hesse so enttäuscht, dass er einen geplanten Besuch bei Ruth nun doch lieber bleiben lässt.

Den Winter verbringt er wieder in Zürich, in seinem Zimmer am Schanzengraben. Tag für Tag arbeitet er an der letzten Fassung seines Buches über den Steppenwolf. Unterbrechen lässt er sich nur von seinem Sohn Heiner, der mit seinem Vater seine Zukunft besprechen will. Heiner wird im Sommer mit der Schule fertig und Hesse will nicht, dass er dann bei Mia, seiner Mutter, herumsitzt, die mittlerweile wieder in ihrem Haus in Ascona lebt. Heiner selbst hat alles, was mit Schule zu tun hat, gründlich satt und will am liebsten Schiffsjunge werden. Hesse redet ihm das nicht aus. Er bringt ihn sogar mit einem Freund zusammen, der einmal kurze Zeit als Matrose auf einem Schiff gearbeitet hat.

Noch während Heiner bei ihm ist, bekommt Hesse einen Brief von Ruth. Darin teilt sie ihm mit, dass sie die Scheidung wünscht. Hesse ist nicht überrascht. Er antwortet ihr, dass er ihren Wunsch verstehe und ihr nichts in den Weg legen werde. Ihm bedeutet diese Ehe nichts mehr, sie hat ihm eigentlich nie etwas bedeutet. Wirklich wichtig war und ist ihm immer nur seine literarische Arbeit. Und auch jetzt nimmt sie ihn ganz in Anspruch. Anfang 1927 ist er mit dem *Steppenwolf* fertig. Die Arbeit hat ihn so erschöpft, dass er sich für zwei Wochen nach Baden zur Kur begibt. Rechtzeitig zur Ballsaison ist er aber wieder in Zürich.

Er habe wieder »gewolft und gestept«, schreibt er an Hugo Ball, der trotz heftiger Magenschmerzen an Hesses Lebensgeschichte schreibt.[11]

Hesse macht wieder die Steppenwolf-Erfahrung. Er tanzt mit einem hübschen Mädchen namens Lolo und glaubt zu wissen, dass das Leben trotz allem sehr »hübsch und freudig« sein kann. Als diese Lolo später zu einem anderen Mann in einen schnittigen Wagen steigt, ist er sich seiner Zuversicht nicht mehr so sicher. Und als er dann in seinem Bett liegt und mit Veronal den Schlaf sucht, kommt ihm das Leben wieder »unausdenklich ekelhaft« vor.[12]

Auch für Harry Haller, die Hauptfigur in Hesses Buch *Der Steppenwolf*[13], ist das Leben meistens eine Qual. Das liegt nicht daran, dass er halb Mensch, halb Wolf ist – das trifft schließlich irgendwie auf jeden Menschen zu. Aber für die meisten ist das kein Problem. Sie sind manchmal ein bisschen Mensch, hören Mozart und lesen Gedichte, und manchmal ein bisschen Wolf, lügen und betrügen oder führen Krieg. Sie können beides miteinander vereinbaren, weil sie beides nie ganz ernst nehmen. Sie suchen nicht die Extreme, sondern den Ausgleich, und darum kennt ihr Leben, das bürgerliche Leben, weder große Leidenschaft noch tiefe Verzweiflung, sondern verläuft in angenehmer Temperatur.

Für Harry Haller ist das nicht möglich. In ihm sind die beiden Seiten zu stark ausgeprägt. Er glaubt unbedingt an das Edle, Heilige, Schöne, doch auch das einfache, banale, kreatürliche Leben zieht ihn an und er möchte gern auch »fressen, saufen und morden«. Harry Haller hätte Talent zum Heiligen und zum Wüstling. Aber er kann nicht eines sein ohne das andere. Und beides vereinen, wie der Bürger, kann er auch nicht. Deshalb liegen der Steppenwolf und der Mensch dauernd im Streit, bekämpfen sich.

Wenn Harry Haller beispielsweise eine schöne, edle Empfindung hat, also etwa die *Zauberflöte* von Mozart hört oder einem anderen Menschen ganz uneigennützig hilft, dann bleckt der Wolf die Zähne und zeigt ihm, was das doch für eine lächerliche, eitle und verlogene Gefühlsduselei ist. Und wenn Harry Haller umgekehrt alle Moral und Sitte zum Teufel wünscht und den heuchlerischen Edelmut der Menschen und ihre wichtigtuerischen Gespräche zum Kotzen findet, dann liegt der Mensch in ihm auf der Lauer und mahnt ihn, was für ein Vieh und Schwein er doch ist – und die schöne Freude an seinem einfachen, gesunden Wolfswesen ist wieder futsch.

Dieser Konflikt ist Harry Hallers Problem, er macht sein Leben zur »Dreckhölle der Herzensleere und Verzweiflung«. Insgeheim beneidet er darum den Bürger, den er doch verachtet, um seine Ruhe und Sicherheit. Und er wird nicht gern darauf aufmerksam gemacht, dass er von dieser Bürgerwelt abhängt. Er ist ein »outsider«, der sich über die von »Aktiengesellschaften ausgesogene Erde« empört, aber er hat selbst Wertpapiere auf der Bank, deren Zinsen er ohne große Skrupel einstreicht. Und so bleibt er ein Außenseiter, der abhängig ist von der Welt, der er nicht angehören möchte, die er verneint und bekämpft.

Er weiß, es gibt Menschen, einige wenige »Unsterbliche«, zu denen eine »goldene Spur« führt. Sie haben den großen Sprung geschafft und sich von diesen Abhängigkeiten wirklich befreit. Doch er findet den Schwung zu dieser Freiheit nicht, aus Angst vielleicht oder aus Schwäche. So bleibt er in diesem Konflikt gefangen, in dieser »finsteren Angsthöhle«. Das ist die Situation der meisten Feinfühligen, Idealisten und Künstler, es ist die Situation des Steppenwolfes Harry Haller.

Harry Haller, ein Mann von fast fünfzig Jahren, wohnt zur Miete in der Dachwohnung eines gutbürgerlichen Hauses. Tagsüber streunt er meistens in der Stadt herum. Und nachts verbringt er viele Stunden über seinen Büchern. Harry Haller ist ein sehr gebildeter Mann, obwohl er, wie er sich später sagen lassen muss, »auf eine dumme Art gescheit« ist. Er weiß sehr viel, aber leben hilft ihm dieses Wissen nicht. Immer bejaht er mit der einen Seite seines Wesens das, was er mit der anderen verneint.

So geht es ihm auch mit seiner Einsamkeit. Eigentlich wollte er nur unabhängig und frei sein. Doch dann ließen ihn die Menschen wirklich in Ruhe. Und auch wenn er sich noch so sehr nach Nähe sehnt, er bleibt allein. Aus dem Wunsch nach Freiheit ist der Fluch der Einsamkeit geworden. Harry hat zwar Freunde und eine Geliebte, die er selten sieht, aber niemand will sein Leben mit ihm teilen.

Auf einem seiner einsamen Streifzüge kommt der Steppenwolf Harry Haller eines Abends an einer alten Mauer vorbei. In dieser Mauer entdeckt er eine Pforte, die ihm früher nie aufgefallen war. Über der Pforte laufen Leuchtbuchstaben wie bei einer Reklametafel. Harry Haller muss sie erst mühsam entziffern, sie lauten: »Magisches Theater. Eintritt nicht für jedermann – nicht für jedermann«. Die Pforte lässt sich aber nicht öffnen und im Weggehen sieht er noch, wie sich die letzten Buchstaben auf dem nassen Asphalt spiegeln: »Nur-für-Ver-rückte!«

Noch am gleichen Abend begegnet Harry Haller in einer dunklen Gasse einem Mann, der mit einem Plakat für das »magische Theater« wirbt. Der Mann gibt Harry keine Auskunft, reicht ihm nur ein »kleines Büchlein«. Es ist, wie sich herausstellt, ein »Tractat vom Steppenwolf«, in dem genau Harry Hallers »Krankheit« beschrieben ist: seine zwei Seiten, der Wolf und der Mensch, seine Einsamkeit, sein Hang zum Bürgerlichen, sein Spiel mit dem Selbstmord.

Allerdings ist dieser Traktat eben nur ein wissenschaftlicher Aufsatz, eine »geistreiche Abstraktion«, die für alles ein Wort findet, alles einordnet und voneinander fein säuberlich unterscheidet. Wie dieses Wissen aussieht, wenn es gelebt wird, davon weiß der Traktat nichts.

Seine Lektüre kann Harry Haller nicht aus seiner »Glasglocke« befreien. Schon wenig später ist er wieder der alte Steppenwolf. Es genügt ein kitschiges Bild des Dichters Goethe, um seinen Hass gegen das »zahme, verlogene, artige Leben« wieder auszulösen. Dieses Bild sieht Haller im Haus eines Wissenschaftlers, mit dem er früher viel diskutiert hat, dessen Ansichten er nun unerträglich spießig findet.

Harry Haller flüchtet aus dem Haus seines Gastgebers und landet völlig verzweifelt in einem belebten Tanzlokal. Dort trifft er ein Mädchen, Hermine heißt sie, das nun ganz anders mit ihm umgeht, als er es gewohnt ist. Sie behandelt ihn teils schonend, teils spöttisch, wie einen kleinen, dummen Jungen, der sich viel zu wichtig nimmt und trotzig an seinen Unarten festhält. Sie kann sich auch nicht genug wundern über Harrys Behauptung, er kenne das Leben, wo er doch immer nur mit Büchern und komplizierten Problemen sich beschäftigt hat und nicht einmal die einfachsten Dinge wie Tanzen gelernt hat.

Hermine wird Harrys Lehrerin. Sie bringt ihm Tanzen bei und führt ihn in eine Welt ein, die er bisher nicht gekannt, die er gemieden hat. Von ihr lernt er, sich dem »Spiel der Oberfläche« anzuvertrauen, ohne dabei den bitteren Beigeschmack von Schuld zu haben. Sie besuchen Jazzlokale und Harry lernt Pablo, einen Saxophonspieler, kennen. Er, den er anfangs für eine »hübsche Null« hält, wird sein Freund, zu dem er sich auch körperlich hingezogen fühlt. Hermine verkuppelt Harry auch mit Maria, einer jungen Prostituierten. Sie wird seine Geliebte und weckt in ihm einen Sinn für das Erotische, das ihm bisher so fremd war wie eine »Eskimosprache«.

Das alles ist aber nur ein Vorspiel zu einem großen Ereignis, einem Maskenball, von dem Hermine geheimnisvoll spricht. Auf diesem Maskenball in den »Globussälen« ist Hermine als junger Mann, in Frack und Hosen, verkleidet. Harry Haller tanzt mit ihr bis in die frühen Morgenstunden, zum Schluss einen »Hochzeitstanz«. Als die Kapelle aufgehört hat zu spielen und alle Gäste nach Hause gegangen sind, führt Pablo die beiden in einen Nebenraum. Pablo hält Harry nun für reif genug, jenes »magische Theater« zu betreten, zu dem er bisher vergeblich Zutritt gesucht hat.

Was nun geschieht, ist das, was Hermann Hesse das »magische Denken« genannt hat, das Ineinanderfließen von Bewusstem und Unterbewusstem. Dementsprechend ist die Szenerie halb real, halb phantastisch. Zum magischen Theater gehört ein hufeisenförmiger Korridor, Harry soll in den rechten, Hermine in den linken Flügel gehen. Bevor Harry das Theater betreten darf, muss er aber endgültig seine Steppenwolf-

Persönlichkeit, sein »Gefängnis«, abstreifen und das geschieht, indem er sein Spiegelbild, das den alten »Harrywolf« zeigt, kräftig auslacht. Sein neues Spiegelbild zeigt nicht mehr einen Harry, sondern unzählig viele: junge, alte, lustige, traurige …

Ebenso unzählig sind auch die Türen, die vom Theaterkorridor abgehen. Auf jeder der Türen steht eine Aufschrift. Als Erstes geht Harry durch die Tür mit dem Schild »Auf zum fröhlichen Jagen! Hochjagd auf Automobile!«. Harry befindet sich in einer apokalyptischen Welt. Es herrscht Krieg. Tote und zerfetzte Körper liegen herum, Maschinengewehre rattern. Harry verschanzt sich mit einem Freund auf einem Hochstand an einer Straße und beide schießen mit Pistolen und Flinten wahllos auf vorbeifahrende Autos und töten die Insassen. »Komisch«, meint er, »daß das Schießen so viel Spaß machen kann. Dabei war ich früher Kriegsgegner!«

Hinter einer anderen Tür mit der Aufschrift »Alle Mädchen sind dein« trifft er alle Mädchen und Frauen, an denen er im Laufe seines Lebens aus dummer Anständigkeit vorbeigegangen war, obwohl er sie begehrte. Jetzt darf Harry diese Begegnungen noch einmal machen, dieses Mal aber ungestört vom Denker, ungequält vom Steppenwolf und vom Moralisten.

Harry geht noch durch viele Türen, er durchlebt noch viele Situationen seines Lebens, lebt noch viele Facetten seines Ichs aus. Nur im letzten Raum versagt er. Dort wartet Hermine auf ihn. Mit ihr sich zu vereinigen wäre eine letzte Selbstbegegnung, bei der Mensch und Wolf sich endgültig versöhnen könnten. Harry besteht diese Aufgabe nicht und ersticht Hermine, wie er sich selber immer umbringen wollte.

Woran es Harry Haller noch fehlt, das macht ihm nun ein »Unsterblicher« klar, der den Wolf im Namen trägt, Wolfgang Amadeus Mozart. Mozart tritt auf als Witze reißender Luftikus, der sich über Harrys Hang zum Pathos und zur Selbstkasteiung nicht genug lustig machen kann. Mozart hat ein Radiogerät bei sich, aus dem ein Konzert von Händel tönt. Für Harry ist es eine Entweihung, wenn diese klassische Musik zwischen Nachrichten und Börsenmeldungen durch diesen geistlosen Apparat in irgendwelche Zimmer gesendet wird. Mozart kann darüber nur lachen. »Das ganze Leben ist so, mein Kleiner«, meint er, »und wir müssen es so sein lassen, und wenn wir keine Esel sind, lachen wir dazu. Leuten von Ihrer Art steht es durchaus nicht zu, am Radio oder am Leben Kritik zu üben. Lernen Sie erst zuhören! Lernen Sie ernstnehmen, was des Ernstnehmens wert ist, und lachen über das andere! [...]. Aber mit der Pathetik und den Totschlägen soll es jetzt ein Ende haben. Nehmen Sie endlich Vernunft an! Sie sollen leben, und Sie sollen das Lachen lernen. Sie sollen die verfluchte Radiomusik des Lebens anhören lernen, sollen den Geist hinter ihr verehren, sollen über den Klim-

bim in ihr lachen lernen. Fertig, mehr wird nicht von
Ihnen verlangt.«

Für Hermann Hesse ist es ziemlich viel verlangt, Mozarts Ratschlag zu folgen. Sein bevorstehender fünfzigster Geburtstag ist ihm völlig egal und den ganzen
»Klimbim«, der darum gemacht wird, findet er nicht
zum Lachen, sondern »zum Speien«[14]: Maler wollen
ihn malen, Komponisten seine Gedichte vertonen,
Studenten Doktorarbeiten über ihn schreiben, Redak-
teure wollen Daten zu seinem Lebenslauf und der
Bürgermeister von Konstanz will ein Hermann-
Hesse-Fest veranstalten und eine Straße nach ihm be-
nennen. Alles, was Hesse selbst sich zum fünfzigsten
Geburtstag wünscht, ist, so schreibt er einem Lektor,
der einen Jubiläumsband herausbringen will, »daß ich
meinen 51. nicht mehr erlebe«[15].

Zum Lachen findet Hesse höchstens, dass seine
Frau Ruth in der Scheidungsklage aus seinen Werken
zitiert, um zu beweisen, dass er ein Sonderling, Neurotiker und Psychopath ist. Hesse ist ihr trotzdem
nicht böse und will sich im Guten von ihr trennen. Im
April 1927 findet der Scheidungsprozess statt und daraufhin wird die Ehe aufgelöst.

Zu dieser Zeit ist auch Ninon Dolbin wieder bei
Hesse in Zürich. Ihr Mann, Fred Dolbin, hat sie nicht
davon abhalten können. Er hat Hesse vor Jahren bei
einer Lesung kennen gelernt und kann es nicht fassen,

dass seine Frau sich zu diesem griesgrämigen Dichter hingezogen fühlt. Für ihn kommt ihr ganzes Verhalten einem »Götzendienst« nahe und er hält es für einen »verderblichen und irrsinnigen Irrtum«, dass Ninon ihr Leben diesem Mann opfern will. Für Ninon hat das nichts mit Opfer zu tun. Auch Hesse will sie ausreden, dass sie sich für ihn opfern will oder Dankbarkeit erwartet. »Ich bin nicht ›edel‹«, schreibt sie in einem Brief, »und ich bringe Dir keine Opfer. Und wie Du aufschreist vor Entsetzen, dass Dir Opfer gebracht werden, so schreie ich auf bei dem Gedanken: *Dankbarkeit*, die Du mir schulden solltest. Es ist alles Liebe. Und sobald es anders wäre, wäre es zu Ende.«[16]

Zwischen Ninon Dolbin und Hermann Hesse ist es nicht zu Ende. Im Juni 1927 kommt Ninon wieder nach Montagnola. Es soll ein Versuch sein, längere Zeit in seiner Nähe zu leben. Hesse hält sie nicht davon ab. Er hat Ninon gern, er weiß jedoch nicht, wie er mit dieser Situation umgehen soll. Ninon bezieht wieder das möblierte Zimmer in der Casa Camuzzi, wo sie wie ein Gast lebt. Tagsüber sitzt sie meistens in ihrem Zimmer, bei geschlossenen Fensterläden, weil sie die Hitze nicht verträgt. Zum Essen geht sie in ein Restaurant, nur abends ist sie bei Hesse, um ihm vorzulesen.

Am 2. Juli 1927 wird Hermann Hesse fünfzig Jahre alt. Da er sich nun doch nicht umgebracht hat, kommt er um eine kleine Feier nicht herum. Er lädt seine engsten Freunde in einen Landgasthof bei Montagnola ein. Max und Tilly Wassmer kommen von ihrem Schloss Bremgarten, Louis Moilliet, Josef Lang und seine Tochter sind eingeladen und auch Ninon ist dabei. Nachmittags sitzen dann alle auf der Terrasse der Casa Camuzzi, tanzen einen Foxtrott und die Mädchen müssen Hesse einen Kuss geben, was, wie er später einer Freundin berichtet, Ninon sehr »verstimmte«.

Bei der Feier wird einer schmerzlich vermisst, der ein »Hauptehrengast« sein sollte, Hugo Ball. Er wurde wenige Tage vorher in ein Züricher Krankenhaus eingeliefert und soll an Hesses Geburtstag am Magen operiert werden. Balls Hesse-Biographie ist im Juni gleichzeitig mit dem *Steppenwolf* erschienen und wird sehr gelobt.

Hugo Ball wird Ende Juni aus dem Krankenhaus entlassen. Sein vermeintliches Magengeschwür hat sich als bösartiger Krebs erwiesen. Die Ärzte haben ihn erst gar nicht operiert. Ball zieht mit seiner Frau Emmy und deren Tochter in ein kleines Haus nach Gentilino bei Montagnola. Sein Zustand wird zunehmend schlechter. Hesse besucht ihn fast jeden Tag.

Am 14. September stirbt Hugo Ball. An einem verregneten Freitag wird er auf dem Friedhof San Abbondio begraben. Es ist nur eine kleine Trauergemeinde versammelt. Bei strömendem Regen tragen seine Freunde lange, brennende Kerzen vor dem Sarg her. Emmy, seine Frau, und ihre Tochter Annemarie verbringen den Abend bei Hesse, um nicht in ihrem Haus allein zu sein. Hesse liest ihnen aus einem Manuskript vor, an dem er gerade schreibt und das von einem sehr ungleichen Freundespaar handelt, von Narziß und Goldmund. Am nächsten Tag schreibt Emmy an Hesse: »Lieber, guter Freund Hesse, es war so schön, am Freitagabend zu Ihnen zu gehen, obwohl der Weg so dunkel war wie noch nie zuvor. Es stürmte, regnete und blitzte und unser Hugo lag ja die erste Nacht allein in der Erde und nicht mehr in meinem Arm wie in der letzten Nacht seines Lebens. Wir gingen am Friedhof vorüber und die Tür war geschlossen. Man konnte nur durch die Gitter die hellen Steine ein wenig schimmern sehen und die sind so kalt und unbeweglich. Ich musste recht sinnen und sehnen, wo Hugo wohl eigentlich ist. Wir haben Worte und sagen Himmel und sagen vom Geist, der weiterlebt, und das kann der Trost sein, manchmal. Mir aber fehlte und fehlt etwas, das ich nicht nennen kann und ist anderes Heimweh als sonst [...].«[17]

Der Tod seines Freundes trifft Hesse schwer. Er sei der Mensch gewesen, der ihn am besten verstanden habe, schreibt er in einem Brief, und mit dem er die tiefsten Gespräche habe führen können.

Nach Hugo Balls Tod wird Ninon Dolbin für

Hesse immer wichtiger. Sie bleibt jetzt in Montagnola. Im Herbst 1927 löst sie ihre Wohnung in Wien auf und verkauft auch das Haus ihrer Eltern in Czernowitz.

Das Zusammenleben von Hesse und Ninon Dolbin ist in der folgenden Zeit ein ständiger Wechsel zwischen Gemeinsamkeit und Trennung. Gemeinsam verbringen sie einige Wochen in Arosa, beim Skifahren; Ninon begleitet Hesse auf einer Lesereise oder in sein Winterquartier nach Zürich. Dann reist Ninon wieder allein in ihre alte Heimat, nach Wien und Krakau, oder sie verbringt im Frühjahr 1928 zwei Monate in Paris, um kunstwissenschaftliche Studien zu treiben. Hesse vermisst sie immer sehr. Schon allein deswegen, weil sie, wie er sagt, seine Augen mitnimmt. Er ist nämlich daran gewöhnt, dass Ninon ihm zur Schonung seiner Augen vorliest.

Ninon braucht ab und zu Erholung vom Steppenwolf Hesse. Selbst sie kann seine Launen und gereizten Stimmungen nicht immer ertragen. Und sie hat auch ihre eigene Vorstellung von ihrer dienenden Liebe. Das richtige Dienen, meint sie einmal, bestehe nicht nur darin, »da zu sein, wenn einer den anderen braucht, sondern vor allem darin: nicht da zu sein, wenn einen der andere nicht braucht«.[18]

XIII. Täter und Opfer
»Ich gestehe mir das Recht zu Revolution und Tot-schlag nicht zu.«

Im Frühjahr 1930 machen Hermann Hesse und Ni-non Dolbin einen Besuch in Zürich, der ihr weiteres Leben verändern wird. Sie sind zu Gast bei Hans und Elsy Bodmer. Die Bodmers sind alte Freunde von Hesse, die ihn schon oft auch finanziell unterstützt haben. Sie wohnen in einem schönen, alten Haus, das den Namen »Zur Arch« trägt. Eines Abends sitzt man bei einem Glas Wein zusammen und plaudert. Die Re-de kommt auch auf Hesses Krankheiten und die nach-teiligen Wohnverhältnisse in der Casa Camuzzi, der »Schimmelburg«, wie Ninon sie nennt. Hesse liebt seinen Palazzo und seine kleine Wohnung darin, aber er gibt zu, dass er sich manchmal wünscht, ein eigenes Haus zu haben, mit Annehmlichkeiten wie einer Hei-zung, einem Bad und einem Garten, den er selbst an-legen kann. Da lacht ihn Hans Bodmer an und ruft: »Das Haus sollen Sie haben!«[1]

Hesse denkt zuerst, sein Freund mache Spaß. Doch Bodmer meint es ernst. Er ist ein reicher Mann, Ver-waltungsrat der Zürcher Papierfabrik und Besitzer ei-ner wertvollen Beethoven-Sammlung. Er kann sich so ein Geschenk leisten. Doch jetzt, da sein Wunsch wirklich in Erfüllung gehen soll, wird Hesse zögerlich. Er fürchtet, dass er sein relativ unabhängiges Künstlerleben aufgeben muss und, wie in Gaienhofen, mit den Pflichten und Sorgen eines Hausbesitzers belastet wird.

Andererseits weiß er, dass er mit zunehmendem Alter auf Pflege und einen gewissen Lebensstandard angewiesen ist. Bodmers Angebot würde diese Probleme lösen und eine solche Chance kann er sich nicht entgehen lassen. Man einigt sich auf einen Kompromiss: Bodmer wird Eigentümer des neuen Hauses. Hermann Hesse und Ninon können darin wohnen, so lange sie wollen. Spätestens mit Hesses Tod fällt der Besitz an Bodmer zurück.

Wo das Haus stehen und wie es aussehen soll, das ist ganz Hermann und Ninon überlassen. Allerdings will Hesse mit der »Haussache« möglichst wenig zu tun haben. Er steckt schon wieder mitten in einer neuen Arbeit, einer Geschichte von einer Reise durch Raum und Zeit, die er *Die Morgenlandfahrt* nennen wird. Die Verwaltung der von Bodmer zur Verfügung gestellten Geldmittel übernimmt Fritz Leuthold, genannt »Freddy«, und um die Planung des Hauses kümmert sich Ninon.

Sie ist es auch, die die Verhandlungen um das Bauland führt. Es ist ein außerhalb Montagnolas gelegenes, 11000 Quadratmeter großes, windgeschütztes Gelände, das steil nach Süden abfällt und von dem aus man einen wunderbaren freien Blick hat auf den Luganer See in Richtung Porlezza. Zusammen mit dem Architekten entwirft Ninon auch den Bauplan. »Es war wie in einem Märchen –«, schreibt sie im Rückblick, »ich brauchte nur zu wünschen, und schon stand alles auf dem Papier [...].«[2]

Ninons Wünsche sind freilich ganz auf Hesses Bedürfnisse abgestimmt. Wie der Bauplan zeigt, besteht das Gebäude eigentlich aus zwei Häusern mit separaten Eingängen und nur zwei Verbindungstüren. Der kleinere Teil ist Hermann Hesses Reich, in dem er ganz ungestört leben und arbeiten kann. Im anderen, größeren Flügel des Hauses befinden sich die Zimmer für Ninon, für Gäste und das Personal sowie die Wirtschaftsräume.

Hermann Hesse beobachtet Ninons Eifer, mit dem sie den Hausbau betreibt, mit gemischten Gefühlen. Einerseits ist er ihr dankbar, dass sie ihm alle Aufgaben abnimmt. Andererseits wird er das Gefühl nicht los, dass es doch ein Fehler war, das Angebot seines Freundes Bodmer anzunehmen, und dass mit dem Haus die Bindung an Ninon vielleicht enger wird, als ihm lieb sein kann. Immer wieder lässt er durchblicken, wie schwer es ihm fällt, bald aus seinem »Zaubergarten in Montagnola« und – aus finanziellen Gründen – aus seiner Züricher Steppenwolf-Wohnung, seinem »Schlupfwinkel in Zürich«, herauszumüssen. Und in einem Märchen wird er sich noch nach dem Einzug als den sonderbaren und geheimnisumwitterten »Vogel vom Montagsdorf« beschreiben, der von einer gewissen Ninon, der »Ausländerin«, gezähmt und jahrelang gefangen gehalten wurde – bevor er wieder in die Freiheit entkam.[3]

Hesse tut sich schwer, sein Verhältnis zu Ninon Dolbin zu klären. Als Vorleserin und »Managerin« seines Alltags ist ihm Ninon inzwischen unentbehrlich geworden. Vor einer größeren Nähe scheut er jedoch noch immer zurück. Einmal warnt er sie sogar, das »Tempo« seines Lebens nicht zu stören. »Ich brauche da in mir immer einen Raum«, schreibt er, »wo ich völlig allein bin und nichts und niemand hineindarf.«[4]

Schon zu Anfang ihrer Beziehung sind Hesse und Ninon Dolbin übereingekommen, nicht zu heiraten. Auf die Dauer ist es aber für Ninon sehr unbefriedigend, wenn Hesse sie auf Lesereisen als »Sekretärin« vorstellt oder von seinem »Lebenskameraden« spricht. Sie will gern wenigstens nach außen klare Verhältnisse, auch wenn sich zwischen ihr und Hesse persönlich nichts ändert. Doch für Hesse scheint das Thema Ehe weiterhin ein rotes Tuch zu sein. Jedenfalls berichtet Ninon an Fred Dolbin, mit dem sie immer noch Kontakt hält, ihr seien nach einem diesbezüglichen Gespräch mit Hesse alle Heiratsgedanken gründlich vergangen.[5]

Ende Januar 1931 fahren Hermann Hesse und Ninon in die Chanterella bei St. Moritz, zum Wandern und Skifahren. Dort treffen sie auch Hesses Verleger Samuel Fischer, dessen Schwiegersohn Gottfried Bermann Fischer sowie Thomas Mann und dessen Frau Katia. Thomas Mann ist ein Jahr zuvor der Nobelpreis für Literatur verliehen worden. Mit dem weltberühmten Schriftsteller kann Ninon aber nichts anfangen. Dafür ist sie umso begeisterter von Katia Mann, mit der sie lange Spaziergänge unternimmt.

Katia Mann hat Verständnis für Ninon Dolbins Lage. Sie kann selbst ein Lied davon singen, was es heißt, mit einem Dichter verheiratet zu sein. »Ich habe«, wird Katia Mann im Rückblick auf ihre Ehe schreiben, »in meinem Leben nie tun können, was ich hätte tun wollen.«[6] Ninon rät sie dringend, ihre eigenen Interessen nie aufzugeben und auch in ihrem Heiratswunsch weiterhin stur zu bleiben.

Thomas Mann und Hermann Hesse haben anderes zu bereden. Die beiden kennen sich bisher nur flüchtig. Hesse hat Mann schon öfter besucht, wenn er in München war. Anfangs war er noch befremdet von der überaus gepflegten und eleganten Erscheinung und der steifen Unnahbarkeit des Kollegen, der nur zwei Jahre älter ist als er. Erst allmählich entdeckte er, wie viel Humor, Herzlichkeit und Selbstdisziplin sich dahinter verbirgt. Gern erzählt Hesse seinen Freunden, wie er einmal in der herrschaftlichen Münchner Villa der Manns zum Essen eingeladen war und der Hausherr bei Tisch mit spitzem Mund zu ihm sagte:

»Ich mache Sie darauf aufmerksam, in dieser Suppe sind entzückende Klößchen.«[7]

Trotz ihrer unterschiedlichen Herkunft und Lebensweise schätzen sich Mann, der hanseatische Patriziersohn, und Hesse, der schwäbische Missionarssohn, sehr. Thomas Mann war vom *Demian* begeistert, ohne den wahren Autor zu kennen. Vom *Steppenwolf* sagte er, dieses Buch habe ihn »wieder gelehrt, was Lesen heißt«[8]. Und *Narziß und Goldmund*, das jüngste Werk Hesses, wählte er auf Anfrage einer Zeitschrift zu den besten Büchern des Jahres 1930. Umgekehrt hat Hermann Hesse zu Büchern Manns Besprechungen geschrieben und dabei keinen Zweifel daran gelassen, dass er ihn zu den bedeutendsten zeitgenössischen Autoren zählt.

Die Gespräche in der Chanterella drehen sich aber weniger um literarische Dinge. Hermann Hesse ist im November des vergangenen Jahres aus der Preußischen Akademie der Künste ausgetreten. Thomas Mann, dem die Akademie sehr am Herzen liegt, möchte ihn dazu bewegen, diese Entscheidung noch einmal zu überdenken.

Doch für Hesse gibt es da nichts zu überdenken. Abgesehen von seinem grundsätzlichen Widerwillen, einer Vereinigung anzugehören, ist er der Meinung, dass hier die Literatur für politische Zwecke eingespannt wird. Es stört ihn, dass einige Mitglieder der Akademie wie Erwin Guido Kolbenheyer, Emil

Strauß oder Wilhelm Schäfer die Aufnahme jüdischer Autoren verhindern wollen und von einer gesamtdeutschen »Volksverantwortlichkeit« der Akademie reden.

Diese nationalistischen Töne kommen Hesse nur allzu bekannt vor und er schätzt sie ganz anders ein als Thomas Mann. Für den liberalen Mann, einen Verfechter der Weimarer Republik, sind die Nationalsozialisten unter Adolf Hitler, die in der Reichstagswahl vom September 1930 zur zweitstärksten politischen Kraft geworden sind, nur ein vorübergehender Spuk, der bald verschwunden sein wird. Für Hesse dagegen sind das »Rindvieh Hitler«[9] und seine Anhänger die Folge einer fatalen Entwicklung, die bereits 1914 begonnen hat und die zu einer weiteren Katastrophe führen wird. »Ich habe das Gefühl«, so begründet er seinen Austritt, »beim nächsten Krieg wird diese Akademie viel zu der Schar jener 90 oder 100 Prominenten beitragen, welche das Volk wieder wie 1914 im Staatsauftrag über alle lebenswichtigen Fragen belügen werden.«[10]

Im Frühjahr 1931 ist der Hausbau schon weit fortgeschritten. Der Einzug ist für Ende Juli geplant. Im Mai sind Hermann Hesse und »Frau Ninon«, wie Thomas Mann Ninon Dolbin diplomatisch nennt, in Zürich. Hesse schreibt sein Buch *Die Morgenlandfahrt* zu Ende. Ninon ist damit beschäftigt, »Vorhänge, Lampen, Tapeten und Kochhäfen« für das neue Haus einzukaufen. Das alles, so klagt Hesse, kostet viel Geld. Dabei hat er, trotz Weltwirtschaftskrise, erfolgreiche Jahre hinter sich.

Der *Steppenwolf* war ein »Sensations- und Modebuch«, obgleich es seiner Meinung nach kaum verstanden wurde. Und *Narziß und Goldmund* verkaufte sich noch besser. Hesse hat einen Teil der Einkünfte als Altersvorsorge angelegt, in »hochempfohlenen, mündelsicheren deutschen Papieren«[11].

Doch die Zeiten scheinen sich, auch was den literarischen Geschmack angeht, zu ändern. Hesse-Bücher werden nun immer weniger gelesen. Seine Einkünfte schrumpfen. Und er will gar nicht daran denken, wovon er die Möbel für das neue Haus und die notwendigen Haushaltshilfen bezahlen soll.

Im Juli findet, nach einer Einweihungsfeier, der Umzug statt. Hesse muss wochenlang seine paar tausend Bücher ausklopfen und verpacken. Anfang August ist das neue Haus noch immer voller Handwerker und Hesse haust notdürftig in seiner alten, leer geräumten Wohnung in der Casa Camuzzi. Er fühlt sich krank und elend. Und ihm ist wehmütig zumute bei dem Gedanken, dass er diese Zimmer, mit denen er seit zwölf Jahren so verwachsen ist, verlassen muss und nun wie ein »Kommerzienrat« leben wird. Wie schon oft in solchen Situationen reizt es ihn, einfach »davonzulaufen«[12].

Es ist der alte Steppenwolf-Konflikt: Der Wunsch nach Freiheit und Unabhängigkeit verträgt sich nicht mit dem Bedürfnis nach bürgerlicher Sicherheit. Auch in *Narziß und Goldmund* steht dieser Konflikt im Mittelpunkt.

Dort ist es der junge Goldmund, der immer »nahe am Davonlaufen« ist, der die Heimatlosen bewundert und die »Seßhaften und Besitzenden« verachtet. Goldmund sollte nach dem Willen seines Vaters eigentlich sein Leben im Kloster verbringen. Dort lernte er auch den jungen »überklugen, gelehrten, scharfgeistigen« Narziß kennen, der sein Leben ganz dem Kloster und der Wissenschaft geweiht hat. Goldmund erkannte bald, dass dies nicht sein Weg ist. Er will herausfinden, ob man Gott nicht auch nahe kommt, wenn man sich in die Welt begibt und als Mensch unter Menschen lebt.

Goldmund verlässt das Kloster. Er wird ein Vagabund, der mit zerrissenen Schuhen durch die Wälder und auf den Landstraßen wandert, der Sonne und Regen ausgesetzt ist, Hunger und Not leidet. Er liebt viele Frauen und wird sogar zum Mörder, als er zweimal in Notwehr einen Menschen tötet. Nur einmal hält es Goldmund länger an einem Ort, als er beim Meister Niklaus die Bildhauerei lernt. In manchen Augenblicken beneidet er sogar den Meister um seine Arbeit, seine Werkstatt und seine Familie. Hinter dieser Sehnsucht Goldmunds steckt noch etwas anderes.

Er, der sich am liebsten nie festlegen, immer im Grenzenlosen schweifen möchte, hat auch gleichzeitig das Bedürfnis, über den Augenblick hinaus das Erlebte festzuhalten und künstlerisch zu gestalten. Dazu muss er aber seinen Lebenshunger bändigen, sich einschränken und sich Disziplin auferlegen. Beides scheint ihm aber unvereinbar: »Es schien alles Dasein auf der Zweiheit, auf den Gegensätzen zu beruhen; man war entweder Frau oder Mann, entweder Landfahrer oder Spießbürger, entweder verständig oder gefühlig – nirgends war Einatmen und Ausatmen, Mannsein und Weibsein, Freiheit und Ordnung, Trieb und Geist gleichzeitig zu erleben, immer mußte man das eine mit dem Verlust des anderen bezahlen, und immer war das eine so wichtig und begehrenswert wie das andere!«[13]

Gegen Ende des Romans sitzt Goldmund im Kerker. Er ist zum Tode verurteilt, weil er mit der Frau eines Grafen eine Liebesaffäre angefangen hat. Vor der Hinrichtung betritt ein Mönch seine Zelle, es ist Narziß. Er bekommt Goldmund frei und nimmt ihn mit ins Kloster, dessen Abt er inzwischen ist.

Der Kreis schließt sich, Narziß und Goldmund sind wieder vereint. Goldmund arbeitet als Bildhauer für das Kloster und gewöhnt sich an eine gewisse Regelmäßigkeit in seinem Leben. Er schafft ein kunstvolles Lesepult und, als sein Hauptwerk, eine Marienstatue. Es zeigt sich, dass Narziß und Goldmund keine Gegensätze sind. Sie bedürfen einander. Goldmund braucht etwas von Narziß' Strenge und Selbstzucht, um nicht im Erlebnisrausch zu ertrinken, um Künstler zu sein. Hermann Hesse schreibt in einem Brief: »Wir beide, Goldmund und ich, sind das Gegenteil von vorbildlichen Menschen, darum sind wir beide auch nur Hälften. Goldmund ist erst mit Narziß (oder doch mit seiner Beziehung zu Narziß) zusammen ein Ganzes. Ebenso bin ich, der Künstler Hesse, der Ergänzung bedürftig durch einen Hesse, der den Geist, das Denken, die Zucht, sogar die Moral verehrt [...].«[14]

Auch in seinem Verhältnis zu Ninon gibt bei Hesse schließlich nicht das Gefühl, sondern die moralische Verpflichtung den Ausschlag. Am 14. November 1931 gehen beide zum Standesamt in Montagnola, um, wie es Hesse nüchtern ausdrückt, »Ninon als Ehefrau eintragen zu lassen«. Seinen Bekannten und Freunden gegenüber macht er keinen Hehl daraus, dass er diesen Schritt keineswegs nur aus Liebe macht. »Da Ninons erste Ehe diesen Sommer endlich geschieden wurde«, schreibt er an Hans und Elsy Bodmer, »und ich ihr nach dem Hausbau etc. doppelt verpflichtet bin, konnte ich trotz der Abneigung gegen die Ceremonie nicht anders.«[15]

Die Hochzeitsreise macht Ninon alleine. Sie fährt nach Rom. Ihren Ehemann zieht es mehr in sein geliebtes Kurhotel nach Baden, wo er sich von den Strapazen des Umzugs erholen will.

Den Aufenthalt in Baden nutzt Hermann Hesse meistens auch dazu, seinen Bruder Hans zu sehen. Hans Hesse hat nach einer schweren Schulzeit, der Kaufmannslehre und einigen beruflichen Misserfolgen eine Stelle bei der Firma Brown, Boveri und Cie. in Baden gefunden. Dort arbeitet er als kleiner Angestellter in der Abteilung für technische Korrespondenz.

Von seinen Geschwistern ist Hermann Hesse der Bruder Hans am fremdesten geblieben. Man sah sich ab und zu und Hermann schickte ihm seine Bücher, ohne je eine Reaktion darauf zu erhalten. Trotzdem will Hermann den Kontakt nicht abreißen lassen. Manchmal stellt er sich vor das Pförtnerhaus am Eingang zum Fabrikgelände und wartet, bis die Menschenmassen aus den Büros und Hallen kommen, um Hans abzufangen. Dann lädt er ihn in sein Hotel ein oder sie gehen zu Hans nach Hause. Hans Hesse ist verheiratet und hat zwei Söhne.

Das Leben seines Bruders kommt Hermann Hesse sehr eintönig und freudlos vor. Er will ihn mit seinen Künstlerfreunden bekannt machen oder ihn in ein Konzert mitnehmen. Aber Hans wehrt immer ab. Er ist seinem berühmten Bruder gegenüber »schwer gehemmt«[16] und ihr Umgang leidet darunter. Hermann ist schon froh, wenn Hans ihm von seinen Problemen im Büro erzählt. Vor Jahren hat ihm sein Vorgesetzter eine bessere Stelle angeboten. Hans hat abgelehnt. Seitdem fühlt er sich beobachtet und hat Angst, seine Arbeit zu verlieren.

Hermann Hesse kann seinem Bruder helfen. Er kennt ein Mitglied der Familie Brown-Boveri und setzt sich für Hans ein.

Seine Beziehungen nutzt Hesse auch für seinen schwierigen Sohn Heiner. Über seinen Freund Fritz Leuthold hat er ihm eine Lehrstelle im »Kaufhaus Jemoli« verschafft.

Heiner, der mit seiner Freundin Hellen zusammenlebt und mit ihr bereits ein Kind hat, ist jedoch nicht besonders dankbar. Das hängt damit zusammen, dass er ein »Sozialist« ist oder zumindest einer zu sein glaubt. Er hält seinem Vater vor, dass er mit einem Kapitalisten wie Leuthold Freundschaft pflegt, und prangert die Ungerechtigkeiten an, die er an seiner Arbeitsstelle erlebt.

Sein Vater verteidigt sich: Auch er findet die beruflichen Ideale seines Freundes Leuthold manchmal fragwürdig, aber ausschlaggebend ist für ihn die »Person«, der »Charakter«. Den Charakter Leutholds schätzt Hesse sehr, während er manchen Leuten, die die gleiche »Gesinnung« haben wie er selbst, zum Beispiel Kriegsgegner sind, persönlich nicht über den Weg traut.

Und was die Sache mit dem Sozialismus betrifft, so will Hesse seinem Sohn nichts vorschreiben, er gibt ihm sogar linksradikale Schriften zu lesen. Wichtig ist ihm nur, dass Heiner bewusst ist, mit welchen Konsequenzen diese politische Entscheidung verbunden ist. Als Sozialist muss er sich nämlich auch fragen, ob er eine Revolution gutheißt und ob er Ja dazu sagen kann, dass Menschen totgeschlagen werden, damit es andere Menschen dann vielleicht besser haben.

Das ist genau der Punkt, an dem Hermann Hesses eigene Sympathie mit sozialistischen Ideen ihre Grenze hat. Ihm ist es unmöglich, eine Idee gewaltsam durchzusetzen. Er will den Schritt von der Idee zur Tat nicht machen. »Ich gestehe mir das Recht zur Revolution und zum Totschlag nicht zu«, schreibt er an Heiner.[17] Er würde, so meint er, gegen seine heiligsten Grundsätze verstoßen. Diese Grundsätze sind für Hesse nicht von anderen übernommen. Er hat sie nach langen inneren Kämpfen für sich gewonnen. Es sind seine und er müsste sie, so sagt er einmal, auch leben, wenn sie falsch wären.

Nicht nur durch seinen Sohn Heiner wird Hesse angeregt, sein Verständnis von Politik zu verdeutlichen. Er bekommt viele Briefe aus Deutschland, in denen er aufgefordert wird, Partei zu ergreifen, gegen Hitler oder für die Kommunisten. Hesse fühlt sich den Idealen des Kommunismus sehr nahe. Der marxistischen Beschreibung der Gesellschaft kann er nur zustimmen und mit seinem Herzen ist er selbstverständlich immer auf der Seite der Unterdrückten. Was die

Forderung nach Gerechtigkeit angeht, so hält er sich gar für »linker als der linkeste Bolschewik«.

Dennoch kann und will er keiner Partei angehören. Denn als Dichter, so meint er in seinem *Brief an einen Kommunisten*[18], muss er immer auf Seiten des »Lebendigen« stehen. Dieses »Lebendige« ist für ihn unendlich vielfältig und äußert sich bei jedem Menschen anders. Jeder Mensch muss daher auch nach einem eigenen Maßstab gemessen werden. Politik und Parteien dagegen haben für Hesse nie den Einzelnen im Blick. Sie verfolgen allgemeine Ziele, und um diese Ziele oder Ideale zu verwirklichen, ist man dazu bereit, Menschen zu opfern. Hesse aber hält von Weltverbesserung, Aktion und Kampf »nicht das mindeste« und es ist für ihn kein großer Unterschied, ob die Welt im Namen des Faschismus oder des Kommunismus verbessert werden soll. Beide Ideologien sind für ihn zwar »feindliche Brüder, aber doch Brüder«. Er ist überzeugt, »daß jeder Wille zur Änderung der Welt zu Krieg und Gewalt führt«[19]. Darum ist er lieber Opfer als Täter. Sein Gedicht *Absage* beginnt mit den Zeilen:

>»Lieber von den Faschisten erschlagen werden
>Als selbst Faschist sein!
>Lieber von den Kommunisten erschlagen werden
>Als selbst Kommunist sein!«[20]

Weihnachten 1932 feiert Hesse zum ersten Mal nach vielen Jahren wieder in seinem eigenen Heim, im neuen Haus, das wegen seines roten Anstrichs auch »Casa Rossa« genannt wird. Im Wohnzimmer steht ein Baum mit Kerzen. Der Geschenktisch ist überladen mit Pralinenschachteln, Cognacflaschen und Zigarren. Hesse fühlt sich nicht wohl. Ihm ist alles »viel zu hübsch« und zu »bequem«.

Auch jede Menge Briefe sind wieder gekommen. Für Hesse bedeutet es eine große Last, alle Briefe zu lesen und teilweise zu beantworten. Dennoch sind diese Briefe für ihn der einzige Kontakt zu seinen Lesern – und der ist ihm alle Mühe wert. In den letzten Wochen und Monaten sind allerdings sehr viele unangenehme darunter. Er wird darin als »Schwein« und »Abtrünniger« beschimpft, der in seinen Büchern nur »Dirnen und Sinneslust« zeige. Einige Briefschreiber nennen seine Bücher auch »jüdisch«.[21]

Hesse kann sich denken, woher dieser Wind weht. Es sind die Töne, die man jetzt aus Hitler-Deutschland hört. Schon Anfang 1932 hat er in einem Brief an seine Schwester Adele die Befürchtung geäußert, dass Deutschland nicht nur militärisch, sondern auch geistig und moralisch untergehen wird, wenn dieser »Hanswurst«, dieser »Theaterteutone ohne Hirn«[22] an die Macht kommt.

Am 30. Januar 1933 wird Adolf Hitler zum Reichskanzler ernannt und er beginnt sofort, die politische

Macht völlig an sich zu reißen. Den Brand des Reichstags am 27. Februar nimmt er zum Vorwand, um Notverordnungen zu erlassen. Grundrechte werden abgeschafft, willkürliche Verhaftungen sind nun möglich. Es beginnt der staatlich legale Terror gegen die politischen Gegner, zuerst gegen kommunistische Politiker und linke Intellektuelle.

Viele verlassen fluchtartig das Land. Einer von ihnen ist Heinrich Wiegand, Journalist und Herausgeber der sozialistischen Zeitschrift *Kulturwille*. Er flüchtet in die Schweiz und findet ein vorläufiges Unterkommen bei Hermann Hesse. Die beiden kennen sich schon lange. Wiegand hat Bücher von Hesse rezensiert und ihn schon in Montagnola besucht. Ninon und Hermann Hesse holen Wiegand an der Post in Montagnola ab und Hesse transportiert mit einem Schubkarren das Gepäck den Berg hinauf, zur Casa Rossa. Wiegand will so lange bleiben, bis er in Italien einen Ort gefunden hat, wo er sich mit seiner Frau Lore treffen kann.

Schon vier Tage nach Wiegands Ankunft erwarten die Hesses die nächsten Gäste. Es sind Katia und Thomas Mann.

Die Manns waren während der Machtergreifung der Nazis zufällig im Ausland, in Arosa, und sind nun völlig unschlüssig, ob sie nach Deutschland zurückkehren oder ins Exil gehen sollen. Sie machen sich große Sorgen wegen ihrer jüngsten Kinder, die noch in München sind. Und was aus ihrem Haus, ihrem Vermögen und den zurückgelassenen Manuskripten werden soll, wissen sie auch nicht. Thomas Mann ist inzwischen ebenfalls aus der Preußischen Akademie der Künste ausgetreten. Er lehnte es ab, eine Erklärung zu unterzeichnen, mit der er sich verpflichten sollte, die »veränderte geschichtliche Lage« anzuerkennen und sich nicht mehr politisch gegen die Regierung zu betätigen. Mann ist von den Ereignissen wie geschockt. Es liegt ihm viel daran, mit seinem Freund Hermann Hesse zu reden. Dafür nimmt er es auch auf sich, mit dem Bus in das Tessiner Bergdorf zu fahren und in dem mehr als kümmerlichen Hotel zu übernachten.

Bei Freunden in Carona, dem Nachbarort Montagnolas, hat ein anderer berühmter Flüchtling aus Deutschland Unterschlupf gefunden. Es ist der Dichter und Dramatiker Bertolt Brecht, der mit seiner *Dreigroschenoper* in Berlin große Erfolge gefeiert hat. Mit seinem Freund Bernard von Brentano macht Brecht einen Ausflug zu Hermann Hesse nach Montagnola. Hesse spielt mit Brecht Boccia im Garten und sie reden über die Bücherverbrennungen in Deutschland.

Der Kommunist Bertolt Brecht steht in Deutschland auf einer schwarzen Liste von Autoren, deren Bücher bei einer »Säuberung« der öffentlichen Büchereien »auszumerzen sind«. Hermann Hesses Name steht noch auf keiner solchen Liste. Seine Bücher werden allerdings auch nicht empfohlen.

Diese Gleichgültigkeit ist Hesse recht. Ihm ist wichtig, dass er in Deutschland weiterhin gelesen werden kann. Enttäuscht ist er aber darüber, dass gerade sein alter Freund Ludwig »Ugel« Finckh in einem Aufruf an die Hitlerjugend einen Überblick über lesenswerte und weniger lesenswerte deutsche Autoren gibt und den Namen Hesse dabei unter den Tisch fallen lässt. Hesse will Finckh trotzdem die Treue halten, er sieht in ihm aber ein besonders klares Beispiel dafür, wie Denken und Geschmack durch »Massenpsychose« verbogen werden können. »Ugel« Finckh hat Hitler in einem Festzelt in Reutlingen reden hören und ist seitdem ein glühender Verehrer des Führers und seiner »göttlichen Sendung«. Nach sehr erfolglosen Jahren ist Finckh literarisch wieder im Aufwind. Seine alten Bücher wie der *Rosendoktor* werden neu aufgelegt und er schreibt mehrere Werke über Ahnenkunde.

Mit Hermann Hesse geht es dagegen abwärts. In Konstanz wird sogar eine Straße, die man zu seinem fünfzigsten Geburtstag nach ihm benannt hat, auf Finckhs Namen umgetauft. Die Nachfrage nach Hesse-Büchern ist stark rückläufig. Die Halbjahresrechnung vom August 1933 beträgt gerade einmal 500 Mark. Zudem wird er von den deutschen Behörden schikaniert. Er soll, als Schweizer Staatsbürger, in

Deutschland Steuern zahlen und hat Schwierigkeiten, seine Honorare in die Schweiz transferieren zu lassen. Auch die »hochempfohlenen« deutschen Wertpapiere scheinen kein guter Tipp gewesen zu sein. Sie sind jetzt schon nur mehr die Hälfte wert.

Obwohl Hermann Hesse Schweizer Staatsbürger ist, war und ist Deutschland doch sein »Wirkungsfeld«. Und dieses Wirkungsfeld wird jetzt durch die nationalsozialistischen Machthaber zerstört. Seine Bücher finden keine Leser mehr und seine wirtschaftliche Existenz ist gefährdet. Ihm geht es in dieser Hinsicht nicht anders als den Künstlern, die aus Deutschland flüchten müssen.

Anders aber als viele Emigranten will Hesse nicht mit Zeitschriften oder Büchern gegen Hitler kämpfen. Er hält nichts davon, einen Feind, der skrupellos Gewalt anwendet, seinerseits wieder anzugreifen – und sei es auch nur mit Worten. Es sei, so meint er, der Anfang jeder Kultur und Religion, wenn man sich selbst Mittel nicht erlaubt, die man bei anderen verurteilt. Tut man es dennoch, so macht man sich mit seinem Feind gleich. Und »Kämpfen«, so schreibt er einer deutschen Leserin, sei gerade das, was mit den Nazis verbinde.[23]

Hesse zieht sich aber auch nicht in den Elfenbeinturm seines Tessiner Hauses zurück. Seine Opposition besteht darin, das zu tun, wozu er Talent hat, und daran festzuhalten, woran er glaubt und was in Nazi-

Deutschland mit Stiefeln getreten wird. Er will bewahren, was er liebt, und nicht bekämpfen, was er hasst. Er möchte sich einen Raum schaffen, in dem er weiter atmen kann, selbst wenn die Luft um ihn verpestet ist. Es sei, so meint er, »auch in der Hölle Leben möglich«.[24]

Um zu einem Leben in freierer Luft beizutragen, will Hermann Hesse auch seine Buchbesprechungen weiterführen. In Deutschland kann er seine Rezensionen nur noch in der *Neuen Rundschau* veröffentlichen. Die *Münchener Zeitung*, für die er dreißig Jahre lang Rezensionen geschrieben hat, will nun auf seine Beiträge verzichten. Dafür nimmt Hesse das Angebot der schwedischen Zeitschrift *Bonniers Litterära Magasin* an, über Neuerscheinungen in der deutschen Literatur zu berichten.

Selbstverständlich will er dabei auch weiterhin Bücher mit berücksichtigen, die in Deutschland niemand mehr zu besprechen wagt, also Bücher von Juden, Katholiken, von deutschsprachigen Ausländern oder Emigranten. Hesse versteht sich auch bei dieser Aufgabe mehr als Bewahrer denn als Kritiker. Sein Grundsatz ist: »Das Gute anerkennen und propagieren, das Geringe gar nicht diskutieren!«[25]

Wichtiger freilich als seine Buchbesprechungen ist ihm ein neues Buch, das er schreiben will. Die Idee dazu spukt ihm schon seit Jahren im Kopf herum. Bisher hat er aber nur einige Vorarbeiten und Entwürfe gemacht. Was ihm vorschwebt, ist eine »wunderliche, sehr komplizierte Dichtung«, mit der er eine Art Gegenwelt zu einem totalitären politischen System, wie es in Deutschland errichtet worden ist, entwerfen will.

Schon in seinem *Brief an einen Kommunisten* hat Hesse versucht, seine Position des Künstlers gegen die Ziele des Faschismus und Kommunismus abzugrenzen. Beide haben für ihn gemeinsam, dass sie ein ideales Bild von der Welt und vom Menschen entwerfen, das sie mit Gewalt und Terror verwirklichen wollen. Er dagegen fühlt sich einer Einstellung verpflichtet, die keine Zwecke verfolgt, kein Ziel kennt, sondern einfach nur zweckloses Spiel ist.

Hesse bekennt sich als »Anhänger des Schönen und Liebhaber des Spiels«. Er glaubt, dass das Spielen ein Grundbedürfnis des Menschen und ein Ausdruck des Lebens ist, während er das zweckgerichtete Handeln nur als »Ersatz-Leben« betrachtet. Dem Bedürfnis nach »Unsinn, nach Zwecklosem« könne auch der vernünftigste Mensch nicht entkommen. Spätestens in seinen Träumen, im magischen Theater, geht die Seele wieder eigene Wege und »tobt sich in Spielen aus«.[26]

Das geplante Buch soll von einem besonderen Spiel handeln, vom Spiel der Spiele sozusagen, in das alle Wissensgebiete, allen voran Musik und Mathematik, einbezogen werden können. Hesse nennt es das »Glasperlenspiel« und die Geschichte soll von Josef

Knecht erzählen, der vom Schüler bis zum Meister des Glasperlenspiels aufsteigt.

Hesse hat schon Anfang 1932 eine *Einführung in die Geschichte des Glasperlenspiels* verfasst, die er bis 1934 viermal umgearbeitet hat, weil die ersten Fassungen ihm zu nahe am Zeitgeschehen waren. Das Glasperlenspiel bedeutet für ihn die höchste Entwicklung der Kunst und Kultur und es soll im größten Kontrast zum gegenwärtigen Zeitgeist stehen. Das Glasperlenspiel ist eine Gegenwelt, eine Utopie, aber eine datierte Utopie. Die Einführung ist geschrieben aus der Perspektive des Jahres 2400. Im Rückblick aus dieser Zukunft erscheinen das 19. und 20. Jahrhundert als »feuilletonistisches Zeitalter«, in dem Kunst und Kultur auf einem Tiefstand sind und die Menschen sich in der Vielfalt von Themen und Informationen verlieren und Kreuzworträtsel ausfüllen.[27]

Die *Einführung in die Geschichte des Glasperlenspiels* erscheint im Dezember 1934 in der zum Fischer-Verlag gehörenden *Neuen Rundschau*, deren neuer Redakteur Peter Suhrkamp ist. Samuel Fischer, der Verlagsgründer, ist im Oktober 1934 gestorben, sein Schwiegersohn Gottfried Bermann Fischer hat die Nachfolge übernommen. Der Verlag kämpft im Nazi-Deutschland ums Überleben. Ihm droht, wie allen Firmen in jüdischem Besitz, der Zwangsverkauf an Arier. Bisher ist es dem Verlag gelungen, seine Bücher noch unbehelligt zu verlegen, weswegen er sogar von Emigranten der Komplizenschaft mit den Nazis verdächtigt wird.

Mitte November 1935 sind Ninon und Hermann Hesse auf Kur in Baden. Hesse geht wieder zur Fabrik, in der sein Bruder arbeitet, um ihn in der Mittagspause zu treffen. Im ersten Schwall von Menschen, der aus dem Fabriktor kommt, sieht er Hans und nickt ihm zu. Sie gehen ein paar Schritte gemeinsam und verabreden sich für den Abend in Hermanns Hotel.

Bei dem Treffen ist Hans gesprächiger als sonst. Doch was und wie er es erzählt, ist für seinen Bruder Hermann Besorgnis erregend. Mit Hans' Ängsten scheint es schlimmer geworden zu sein. Vor Wochen hat er gegenüber einem Kollegen eine zornige Bemerkung gemacht. Seitdem glaubt er, dass sich alle hinter seinem Rücken gegen ihn verschworen haben und es eine abgemachte Sache ist, dass er entlassen werden soll. Hans spielt sogar mit dem Gedanken, seine Stelle zu kündigen und sich eine neue zu suchen, und er bittet Hermann, ihm dabei zu helfen.

Hermann Hesse verspricht es ihm. Doch zunächst scheint es ihm wichtiger, Hans Mut zu machen und ihn zu überzeugen, dass er alles zu schwarz sieht. Hans Hesse lässt sich auch beruhigen. Die beiden essen im Hotel gemeinsam zu Abend und anschließend machen sie noch ein Brettspiel. Das Spiel erinnert sie an ihre Kinderzeit in Basel und Calw. Hans' Gesicht leuchtet. Aber seine Ängste lassen sich nicht restlos vertreiben.

Einige Tage später besucht Hermann Hesse seinen Bruder Hans gemeinsam mit seinen Söhnen Heiner und Martin. Hans wirkt ruhiger, aber auch sehr abwesend. Kurz darauf sucht ein Pfarrer Hesse in seinem Hotel auf. Er teilt ihm mit, dass Hans Hesse verschwunden ist. Früher als sonst sei er morgens zur Arbeit gegangen, trotz Kälte ohne Mantel, seither habe man ihn nicht mehr gesehen.

Man informiert die Polizei. Zwei Tage verbringen Hermann Hesse und die Familie seines Bruders in Bangen und Warten. Dann findet die Polizei Hans Hesse auf einem Feld. Er hat sich mit einem Messer die Pulsadern aufgeschnitten.

Die Beerdigung ist am letzten Novembertag. Von Hans' Geschwistern ist Hermann der Einzige, der daran teilnehmen kann. Später schreibt er Erinnerungen an seinen Bruder und die Beerdigung. Sie schließen mit den Worten: »Ich war einverstanden, ich wußte mein Brüderchen geborgen, und wußte auch mich nicht am falschen Ort: Ich hätte viel versäumt, wenn ich nicht diese bangen Tage mitgelebt und mit an diesem Grab gestanden hätte.«[28]

Wenige Tage nach Hans Hesses Beerdigung fordert das Propagandaministerium die Familie Fischer auf, sich von ihrem Verlag zu trennen und aus der Leitung auszuscheiden. Gottfried Bermann Fischer überlegt daraufhin, den Verlag ins Ausland, in die Schweiz, zu verlegen. Die deutschen Behörden wollen ihm erlauben, die Rechte an einigen Autoren wie Thomas Mann, Annette Kolb oder Hugo von Hofmannsthal mit ins Ausland zu nehmen, allerdings nicht die an Hermann Hesse. Ihn will man in Deutschland behalten.

XIV. Vom Spielen in finsteren Zeiten

*»Ich verabscheue die Tendenz, die Persönlichkeit
zu Gunsten der Masse auszurotten.«*

»Du bist nichts, dein Volk ist alles!«, »Führer befiehl,
wir folgen dir!« – diese und ähnliche Parolen sind in
Deutschland nach der Machtergreifung der Nationalsozialisten in Umlauf. Die Krise der Massenarbeitslo-
sigkeit ist, vor allem durch Rüstungsanstrengungen,
überwunden und nach der Demütigung des Versailler
Vertrages tritt Deutschland mit neuem Selbstbewusst-
sein auf. 1935 wird die allgemeine Wehrpflicht wieder
eingeführt und die Regierung kündigt offen an, dass
man ein »Friedensheer« von sechsunddreißig Divisionen aufbauen will. Die Siegermächte des Weltkriegs
nehmen diesen Vertragsbruch hin. Das nationalsozia-
listische Deutschland fühlt sich wieder als eine starke
Nation, die geschlossen hinter ihrem Führer, Adolf
Hitler, steht.

Hermann Hesse verfolgt diese Entwicklung von
Montagnola aus eher gelassen. Er wird nicht mehr,
wie 1914, hin- und hergerissen zwischen seiner Vaterlandsliebe und dem Abscheu gegen blinden Patriotismus. Mit dem »sentimentalen Teil« seiner »Deutsch-
landliebe« hat er, wie er meint, schon im letzten
Weltkrieg gründlich aufgeräumt. Jetzt sieht er mit un-
getrübtem Blick, wie die Fehler von damals wieder

gemacht werden und wie man in Deutschland jede eigene Schuld am letzten Krieg weglügt und vergisst.

Vergessen scheint man auch zu haben, dass es nicht zuletzt ein in Europa verbreiteter übersteigerter Nationalismus war, der die Menschen geradewegs in den Krieg getrieben hat. Zwanzig Jahre nach den verheerenden Schlachten bei Verdun und an der Somme geht in Deutschland das »Volk« wieder über alles. »Die Welt und Jugend strebt heute unbeirrbar und unaufhaltsam zum Kollektiven«, schreibt Hesse in einem Brief. Er denkt dabei an die Massen, die sich um die Fahnen des Faschismus oder, im Osten, des Kommunismus sammeln. Diesen »Bewegungen« kann er sich nicht anschließen, er hält sie für eine »sehr rohe und geistfeindliche Art von Gemeinschaft«.[1]

Hesse, der Einzelgänger, der seine Aufgabe darin sieht, »das Individuelle gegen das ›Normale‹ und Normierte zu verteidigen und zu stärken«[2], ist nicht grundsätzlich gegen jede Gemeinschaft. Er glaubt sogar, selbst einer Gemeinschaft anzugehören. Welcher Art diese Gemeinschaft ist, das hat er in seinem Buch *Die Morgenlandfahrt* literarisch darzustellen versucht.

Rudolf Jakob Humm, ein Schweizer Schriftsteller und Freund Hermann Hesses, meinte nach der Lektüre der *Morgenlandfahrt*, dies sei »das politischste Buch«, das er je gelesen habe. Ein Hitlerjunge, so Humm, könnte es lesen und ohne weiteres alles darin finden, woran er glaubt: Gemeinschaft, Treue, Ideale, Opfer. Gleichzeitig aber würde das Buch einen Keim in ihm pflanzen, der, wenn er aufgeht, ihn völlig untauglich macht, sich weiterhin dem Kadavergehorsam einer Gruppe zu unterwerfen.[3]

In der Tat ist es eine seltsame Gemeinschaft, von der der »Violinspieler und Märchenleser H. H.«, selbst ein Morgenlandfahrer, berichtet. Ungewöhnlich ist schon, dass jeder, der in den Bund aufgenommen werden will, auch ein persönliches Ziel, einen »törichten Kindertraum« verfolgen muss. Einer zum Beispiel will einen Schatz finden, den er »Tao« nennt, ein anderer eine Schlange mit Zauberkräften. H. H. selbst hat sich vorgenommen, die schöne Prinzessin Fatme zu finden und womöglich ihre Liebe zu gewinnen.

So, mit seinem eigenen Traum, ist jeder Morgenlandfahrer unterwegs, manchmal alleine, manchmal in einer Gruppe. Ihre Pilgerfahrt wird geschildert wie eine lange Reise, eine Reise freilich, bei der die Grenzen von Raum, Zeit und Wirklichkeit aufgehoben sind. Es kann sein, dass sie im 20. Jahrhundert ein Fest im Schloss Bremgarten feiern und im nächsten Moment im Mittelalter Bundesbrüder aus maurischer Gefangenschaft befreien oder zu Gast sind bei einem Patriarchen. Für H. H., den Musiker, ist es keine Unmöglichkeit, mit Jugendfreunden in Tübingen zu zechen oder wieder ein kleiner Junge zu sein, der mit dem Schmetterlingsnetz auf Jagd geht. Es ist auch nichts Verwunderliches, wenn ihm auf solchen Reisen Freunde und Bundesbrüder begegnen wie Novalis oder Mozart, Sancho Pansa, der Gefährte des Don Quichotte, oder der Dichter Lauscher und der Maler Klingsor. Er lernt auch Ninon, die »Ausländerin« kennen und verliebt sich in sie. Die ist freilich eifersüchtig auf Fatme, die Prinzessin seines Traumes, ohne zu wissen, dass sie, wie H. H. meint, »ja doch wahrscheinlich selber Fatme« ist.

Immer wenn H. H. nach seinen Exkursionen zu seinen Bundesbrüdern zurückkehrt, wird ihm klar, dass seine persönlichen Ausflüge auch mit zu der großen Reise gehören. Denn, so meint er, »unser Ziel war ja nicht nur das Morgenland, oder vielmehr: unser Morgenland war ja nicht nur ein Land und etwas Geographisches, sondern es war die Heimat und Jugend der Seele, es war das Überall und Nirgends, es war das Einswerden aller Zeiten«.[4]

H. H. ist vom Sinn seiner Reise überzeugt – bis es zu einem Zwischenfall in der Schlucht von Morbio Inferiore kommt. Der Diener Leo ist verschwunden und offenbar mit ihm wichtige Bundesbriefe. Zweifel tauchen auf, der Sinn der weiteren Reise wird in Frage gestellt. Es kommt zum Streit und schließlich trennt man sich und erklärt die Morgenlandfahrt für gescheitert.

Nach dem Ende des Bundes verkauft H. H. seine Geige und lebt als normaler Bürger in einer Stadt. Sein größter Wunsch ist es, die Geschichte der Morgenlandfahrt aufzuschreiben. Doch das gelingt ihm nicht. Er kann sich zwar noch an einzelne Ereignisse erinnern, aber welches besondere Erlebnis diese Reise für ihn war, das lässt sich nicht in Worte fassen.

Eines Tages findet er den Namen des Dieners Leo im Telefonbuch. Und unter der angegebenen Adresse wohnt tatsächlich der alte Bundesbruder. Leo ist freundlich, aber reserviert und scheint nichts von den Morgenlandfahrern zu wissen. H. H. ist der Verzweiflung nahe, da holt ihn Leo eines Morgens ab und führt ihn auf Umwegen zu einem großen Gebäude in der Vorstadtgegend. Die Räume und langen Korridore des Hauses verwandeln sich auf ein Zeichen hin in einen riesigen Raum, in dem ein Gericht zusammentritt. Es sind die »Oberen« des Bundes, zu ihnen gehören auch Klingsor, Albertus Magnus, der Fährmann Vasudeva und der Diener Leo, der sich als der »Oberste« der Morgenlandfahrer entpuppt.

Es stellt sich heraus, dass der Bund der Morgenlandfahrer nie aufgehört hat zu existieren und dass der Zwischenfall in der Schlucht von Morbio Inferiore nur eine Prüfung war. H. H. wird nun auch klar, dass die Morgenlandfahrt nicht eigentlich eine Reise ist, sondern ein Zustand, eine bestimmte seelische Einstellung. Wer sich in diesem Zustand befindet, für den sind die Ideale der Morgenlandfahrer, ihre Frömmigkeit, ihre Gewaltlosigkeit, ihr Glaube an den unbedingten Wert des Einzelnen und an die spielerische Phantasie, das Allerselbstverständlichste. Wer aber aus diesem Zustand herausfällt, der hält all diese Werte für weltfremd, unvernünftig, lächerlich, verrückt. Darum auch ist die innere Wirklichkeit der Morgenlandfahrt nicht von außen darstellbar. Sie lässt sich nicht beschreiben und lehren, sondern nur leben.

H. H. wird für schuldig erklärt. Er hat die Werte der Morgenlandfahrer nicht gepflegt und nicht durch tägliche Übung praktiziert und sich durch äußere Zweifel anstecken lassen. Er wird zur selben Strafe verurteilt wie schon der Steppenwolf Harry Haller von den Unsterblichen: Er wird ausgelacht. Darüber hinaus muss er im umfangreichen Archiv des Bundes den Bescheid über sich selbst einsehen. Die Angaben führen ihn zu einer verdeckten Nische, in der eine Doppelfigur steht. Es ist H. H.'s eigenes Ebenbild, das wie verwachsen ist mit der Figur des Obersten Leo. Im Inneren beider Figuren bewegt sich eine Masse. Und bei genauerem Hinsehen kann man erkennen, dass diese Substanz aus H. H.'s Abbild immer mehr in Leos Figur hinüberfließt. H. H. muss dabei daran denken, was der Diener Leo einst, auf der gemeinsamen Morgenlandfahrt, über das »Gesetz vom Dienen« gesagt hat: »Was lange leben will, muß dienen. Was aber herrschen will, das lebt nicht lange [...]. Es gibt wenige, die zum Herrschen geboren sind, sie bleiben dabei fröhlich und gesund. Die anderen aber, die sich bloß durch Streberei zu Herren gemacht haben, die enden alle im Nichts.«[5]

Auch der Morgenlandfahrer Hermann Hesse möchte ein Diener sein. Das Herrschen und Kämpfen überlässt er anderen. Er hält es für sinnvoller, mit all seinen Kräften seiner Sache, der Kunst und Literatur, zu dienen, als sich im Streit mit seinen Widersachern aufzureiben. Darum verhält er sich gegenüber den neuen Machthabern in Deutschland passiv. Wichtiger, als gegen Nazi-Deutschland politisch Stellung zu beziehen, ist es ihm, mit seinen Lesern in Deutschland verbunden zu bleiben. Dafür nimmt er es auch in Kauf, dass man ihn verdächtigt, gegenüber den Gefahren des Hitler-Regimes blind zu sein und sich von den Nazis missbrauchen zu lassen. »Ich fühle mich (vielleicht irrtümlich!) verpflichtet«, schrieb er schon 1934 an seinen Freund Emil Molt, »dieses versaute und brutalisierte Deutschland nicht zu verlassen, sondern in meiner Sphäre die Tradition der Anständigkeit und Gerechtigkeit zu wahren.«[6]

Auch wenn Hesse von sich aus keinen Konflikt mit den Nazis provozieren will, weiß er doch, dass sich dieser Konflikt auf Dauer nicht vermeiden lässt. Schon seit Ende 1935 nimmt der nationalistische Autor Will Vesper Anstoß an seinen Literaturbesprechungen in der schwedischen Zeitschrift *Bonniers Litterära Magasin*. Vesper wirft Hesse vor, dass er jüdische Autoren wie Franz Kafka oder Ernst Bloch empfiehlt, aber die gegenwärtige Literatur in Deutschland als literarisch wertlos abtut. Für Vesper verrät Hesse damit »die deutsche Dichtung der Gegenwart an die Feinde Deutschlands und an das Judentum«. Schuld an Hesses mangelnder Vaterlandsliebe ist für Vesper seine Beschäftigung mit Sigmund Freud. »Denn wäre er [...] nicht dem Juden Freud in die Klauen geraten«, meint er, »so wäre er der deutsche Dichter geblieben, den wir alle so liebten.«[7]

Unbeliebt macht sich Hermann Hesse aber auch bei den Gegnern des Nazi-Regimes. Emigrierte deutsche Künstler in Paris verdächtigen den Fischer-Verlag der heimlichen Zusammenarbeit mit dem Propagandaministerium von Joseph Goebbels. Sie können es auch nicht verstehen, wieso Schriftstellerkollegen wie Carl Zuckmayer, Thomas Mann und Hermann Hesse überhaupt noch in Deutschland publizieren. Der emigrierte Journalist Georg Bernhard behauptet sogar, die Fischer-Autoren Thomas Mann, Annette Kolb und Hermann Hesse würden dem Dritten Reich als Aushängeschilder dienen.[8]

Die drei Angegriffenen veröffentlichen daraufhin in der *Neuen Zürcher Zeitung* einen »Protest«, in dem sie den Fischer-Verlag vor diesen Anschuldigungen in Schutz nehmen. Thomas Mann geht noch weiter. Er, der Nobelpreisträger, dessen Bücher bisher in Deutschland noch zu kaufen sind und der nicht ausgebürgert ist, sieht die Zeit gekommen, alle Zweifel an seiner Gesinnung auszuräumen und klar Position zu beziehen. In einem offenen Brief in der *Neuen Zürcher Zeitung* bekennt er sich vorbehaltlos zu den Emigranten und gegen Nazi-Deutschland.

Hermann Hesse bedauert diesen Schritt seines »Weggefährten«. Seiner Meinung nach hatte es Mann nicht nötig, sich in einen Lagerkampf hineinziehen zu lassen. Er befürchtet, dass Thomas Mann in Deutschland endgültig gebrandmarkt wird und er, Hesse, nun dort als Autor alleine steht.

Wie lange Hesses Bücher in Deutschland noch erscheinen dürfen, das ist allerdings eine offene Frage. Der Fischer-Verlag ist inzwischen geteilt. Nachdem die Familie Fischer das Unternehmen verlassen musste, gründet Gottfried Bermann Fischer mit den freigegebenen Autoren am 1. April 1936 in Wien einen neuen Verlag, den Bermann Fischer-Verlag.

Den alten, nun merklich geschrumpften S. Fischer-Verlag in Berlin konnte man durch einen geschickten Schachzug davor bewahren, in die Hände der Nazis zu fallen. Die Familie Fischer, Autoren und Mitarbeiter überredeten den »Arier« Peter Suhrkamp dazu, den Verlag zu erwerben und weiterzuführen. Und tatsächlich gelang es ihm, mit Hilfe von Geldgebern wie dem Zigarettenfabrikanten Philipp F. Reemtsma die Kaufsumme aufzubringen. Peter Suhrkamp leitet nun den Verlag als »haftender Gesellschafter«. Allerdings ist der einstmals reiche Verlag auf seine Anfänge zurückgeworfen und dauernden Schikanen der Nazi-Behörden ausgesetzt.

Für den neuen alten Verlag ist es überlebenswichtig, einen Autor wie Hermann Hesse zu halten. Suhrkamp trifft sich das erste Mal persönlich mit ihm im September 1936 in Bad Eilsen, wo Hesse sich seine dauernd schmerzenden Augen von einem berühmten Arzt, dem Grafen Wiser, behandeln lässt. Die beiden Männer sind sich auf Anhieb sympathisch. Hesse verspricht seinem neuen Verleger, ihm die Treue zu halten. Von Suhrkamp erfährt er auch, dass schon mehrmals ein amtliches Verbot seiner Bücher erlassen werden sollte, was aber durch Suhrkamps Eintreten immer wieder verhindert werden konnte.

Die Behörden in Deutschland tun sich anscheinend schwer, Hermann Hesse einzuordnen. Mit seinem Namen verbinden sie immer noch die Klischee-Vorstellung vom Autor einfühlsamer Naturgedichte und unterhaltsamer Dorfgeschichten. Dass er zum Kriegsgegner geworden ist und ziemlich unverdauliche Bücher geschrieben hat, findet man bedauerlich, aber noch verzeihlich. Hesse-Bücher wurden nicht bei den öffentlichen Bücherverbrennungen, wie es hieß, »den Flammen übergeben« wie etwa die Werke von Heinrich Mann, Alfred Kerr, Kurt Tucholsky oder Karl von Ossietzky. Aber man will sie doch langsam vom Markt verschwinden lassen, indem man für Titel wie

Unterm Rad oder den *Steppenwolf* keine Nachdruckerlaubnis erteilt, wenn sie vergriffen sind.

Hesse ist in Deutschland ein unerwünschter Autor. Das bekommt er auch an seinem sechzigsten Geburtstag, am 2. Juli 1937, zu spüren. Kaum eine deutsche Zeitung weist auf das Ereignis hin oder bringt gar eine Würdigung. In einer Ausgabe der Zeitschrift *Der Buchhändler* kann man nachlesen, wie ein deutscher Buchhändler mit Hesse umgehen soll. Jenen Kunden, die immer noch Hesse verehren, werde man die »nötigen Hinweise« geben, »wie der Dichter selbst sich außerhalb der Schicksalsgemeinschaft seines Volkes gestellt hat«.[9]

In der Schweiz dagegen wird Hesse gefeiert. 1935 hat man ihm schon den Gottfried-Keller-Preis zuerkannt. Zum Geburtstag nun schreibt Thomas Mann für die *Neue Zürcher Zeitung* eine große Hommage an seinen »Bruder im Geiste«. Es gebe nichts Deutscheres als diesen Dichter und sein Werk, heißt es darin und Mann gibt seinem Wunsch Ausdruck, dass Hesses weltweite Wirkung bald mit der »Krönung« gewürdigt werde, nämlich mit »dem Schwedischen Weltpreis für Literatur«.[10]

Für viele repräsentiert Hermann Hesse wirklich so etwas wie ein anderes, besseres Deutschland. Das Postauto hat zum Geburtstag über tausend Briefe gebracht, die meisten aus Deutschland. Und der Strom von Besuchern will gar nicht mehr abreißen. Junge

Leute kommen mit dem Fahrrad oder zu Fuß, um mit Hesse zu sprechen, und ständig wohnen ein oder mehrere Gäste im Haus: Emigranten, Freunde, Verwandte oder Schriftstellerkollegen wie der junge Peter Weiss, Ernst Wiechert oder Hans Carossa. Hesse kann diese Beanspruchung manchmal nur mit größter Höflichkeit ertragen, die ihm, wie er meint, mehr und mehr zur »Waffe des Alters« wird, um sich der Welt zu erwehren.

Er findet kaum noch Zeit, um am *Glasperlenspiel*, seinem »Alterswerk«, weiterzuschreiben. Aus seiner Idee, ein Gegenbild zum totalitären Staat zu schaffen, hat sich wieder die Geschichte einer Gemeinschaft entwickelt. Nur geht es nicht mehr um die Morgenlandfahrer, sondern um die fiktive Ordensprovinz Kastalien, in der das Glasperlenspiel gepflegt wird.

Seine früheren Bücher hat Hesse immer in einem Schwung und in kurzer Zeit geschrieben. Am *Glasperlenspiel* sitzt er nun schon über fünf Jahre und hat kaum erst ein Drittel dessen geschafft, was er sich vorgenommen hat. Oft muss er über eine Formfrage monatelang brüten und meditieren, bis er dann einige wenige Zeilen aufs Papier bringt.

Die besten Gedanken kommen ihm bei der Gartenarbeit. Nicht bei anstrengenden Arbeiten wie der Pflege seiner Weinstöcke. Eher bei leichten, mehr oder weniger nutzlosen Beschäftigungen wie dem Rupfen des Unkrauts, das, wie er resigniert feststellen muss, fast genauso schnell wieder nachwächst, wie er es aus-reißt. Oder beim Verbrennen von altem Laub und Bruchholz, was Hesse wie einen Kult zelebriert.

Wenn er sich einmal in ein Problem verbissen hat, so sagt er, dann »schert alles andere mich nicht«[11]. Offenbar leidet auch Ninon darunter, zeitweise von »Vogel«, wie sie ihren Mann nennt, nicht wahrgenommen zu werden. Hesse wiederum klagt einem Freund, dass Ninon, die er wegen ihrer Erdverbundenheit »Keuper« nennt, kein Verständnis dafür aufbringt, dass ihn oft auch außerhalb seines Arbeitszimmers ein literarisches Problem verfolgt und ihn nicht mehr loslässt.

Die gegensätzlichen Erwartungen von »Vogel« und »Keuper« sorgen für Spannungen in der »Casa Hesse«. Und es kommt mehr als einmal vor, dass ein Besucher, der den weisen und ausgeglichenen Dichter erwartet, völlig schockiert ist, wenn Hesse wegen einer falsch hingestellten Blumenvase oder einer liegen gebliebenen verschimmelten Banane einen Wutanfall bekommt und Ninon scharf zurechtweist.

Solche Zwischenfälle können zu langen Verstimmungen führen, während derer sich die Ehepartner nur noch mit Hausbriefen Mitteilungen machen. In einem dieser hausinternen Briefe fragt dann Ninon vorsichtig: »Darf Ninon den Geburtstagsbrief an Adele lesen? Keine Antwort bedeutet: nein.« Oder Hesse lässt seine Frau nach einem zu schweren Essen und einer schlaflosen Nacht wissen: »Keuper muß besser auf Vogels Diät achten.« In Ninons Tagebuch, das sie akribisch führt, stehen Bemerkungen wie: »H. übel gelaunt« oder »H. unausstehlich«. Dann vermerkt sie aber auch wieder, dass sie sich mit »Vogel« versöhnt hat und beide einen wundervollen Abend mit Schallplattenhören und Vorlesen verbracht haben.[12]

Ninon hat sich an den Rat von Katia Mann gehalten, ihre eigenen Interessen niemals aufzugeben. Neben der Führung des Haushalts mit mehreren Bediensteten beschäftigt sie sich weiterhin mit Archäologie, besonders mit griechischer Kunst und Architektur. Sie nimmt an Seminaren teil und reist für ihre Studien nach London, Paris und Rom. 1937 macht sie ihre erste große Griechenlandreise, die für sie zu einem »Erweckungserlebnis« wird.

Hesse fällt es immer schwer, »Keuper« längere Zeit zu entbehren. Trotzdem unterstützt er ihren Bildungsdrang. »Ja, man hielte gern die Frauen vom Geistigen ab«, schreibt er einmal gönnerhaft an die Schriftstellerin Luise Rinser, »aber ich mache das nicht mit.«[13]

Wenn Ninon auf Reisen ist, kümmern sich die alte Natalina und zwei Hausmädchen um Hesse. Und die Aufgabe, abends vorzulesen, muss sein Freund Gunter Böhmer übernehmen, der seit 1933 Hesses alte Räume in der Casa Camuzzi bewohnt. Böhmer, 1911 geboren, ist Maler und Zeichner und hat schon einige Bücher Hesses illustriert. Hesse geht gern auf einen

Sprung zu Böhmer in die alte Casa Camuzzi, um sich mit einem Glas Whisky in Böhmers altes Sofa zu fläzen und seine neuesten Skizzen anzuschauen. Und Böhmer lässt sich gern überreden, gemeinsam mit dem Aquarellkasten loszuziehen oder eine Partie Schach oder Boccia zu spielen.

Gunter Böhmer ist auch Hesses getreuer Gehilfe im Garten. Beide haben sich von einer Schneiderin aus Montagnola ziemlich hässliche – wie Böhmer findet –, senfgrünfarbene Gärtnermonturen nähen lassen. Mit der über den Knöcheln zusammengebundenen Hose und den klobigen, altmodischen Schnürstiefeln sieht der Gärtner Hesse aus wie eine Zirkusreiterin, deren Röckchen zu tief gerutscht ist, und Böhmer kann sich nicht genug amüsieren über diesen Anblick. Einmal werden sie im Garten von einem heftigen Gewitter überrascht und müssen ins Haus fliehen. Als die Wolkendecke wieder aufreißt und die Sonne hervorkommt, beginnt Hesse, trotz Gicht, einen Regentanz aufzuführen, indem er mit der Zunge schnalzt, seine Arme schwingt und seine Beine in die Luft wirft.

Gunter Böhmer schätzt die Kontraste in Hermann Hesses Wesen, den, wie er sagt, »Reichtum seiner Polaritäten«. Noch mehr bewundert er Hesses Lachen. Darüber schreibt er später: »[...] er konnte schalkhaft glucksend, jugendlich hell, knabenhaft verlegen, harmlos fröhlich, spontan befreit, ironisch kichernd,

charmierend weich oder mit herzlicher Tonfülle lachen, und nicht allein die Augen, selbst seine Hände,
Arme und Beine ließ er mitlachen. Nur eines konnte
er nicht: auslachen, und nie lachte er unecht, gezwungen oder ohne Überzeugung.«[14]

Am 12. März 1938 marschieren deutsche Truppen in
Österreich ein. Mit diesem so genannten »Anschluss«
des Nachbarlandes an das Deutsche Reich werden Ninon und Hermann Hesse noch stärker mit der Weltpolitik konfrontiert. In Österreich und Wien leben
viele Freunde und Bekannte, die vor den Nazis fliehen
müssen. Der Bermann Fischer-Verlag wird von der
Gestapo geschlossen. Gottfried Bermann Fischer und
seiner Familie gelingt es, nach Italien zu entkommen.
   Ninon und Hermann Hesse nehmen Flüchtlinge in
ihr Haus auf und verbringen ihre Tage damit, an der
Schreibmaschine zu sitzen und Einreisegesuche, Visa-
anträge und Bittgesuche an die Schweizer Fremden-
polizei zu schreiben. Hesse setzt sich auch für österreichische Schriftsteller ein, etwa für Robert Musil,
der in die Schweiz emigriert ist und nun um die Ver-
längerung seiner Aufenthaltsgenehmigung fürchten
muss. Hesse fühlt sich an den letzten Krieg erinnert,
als er sich Tag und Nacht um Kriegsgefangene küm-
merte, nur betreibt er jetzt keine Gefangenen-, sondern Flüchtlingsfürsorge.
   Die Sorgen der Hesses werden noch größer, als

nach dem »Münchner Abkommen« deutsche Soldaten im März 1939 auch die Tschechoslowakei besetzen. Ninons einzige Schwester, Lilly Kehlmann, muss aus Prag fliehen und viele ihrer jüdischen Verwandten befinden sich jetzt in Gefahr. Ninon versucht verzweifelt, über die Schweizer Nachrichtenbüros etwas über deren Schicksal zu erfahren.

Am 1. September 1939 fallen deutsche Truppen in Polen ein. Zwei Tage später erklären England und Frankreich Deutschland den Krieg. Das ist der Auftakt zum Zweiten Weltkrieg. Hesse ist von dieser Entwicklung nicht überrascht. Er hat schon vor Jahren vorausgesagt, dass Hitler auf einen neuen Krieg zusteuert und dass dieser unvermeidlich in einer katastrophalen Niederlage enden wird. Er ist aber auch überzeugt, dass nach dieser Katastrophe wieder ein Neuanfang möglich ist. Er glaube, so meint er einmal, an den Menschen »als wunderbare Möglichkeit, die auch im größten Dreck nicht erlischt«.[15]

In der Schweiz hat man Angst, dass der Krieg auch auf das eigene Land übergreift. Es wird die Mobilmachung ausgerufen. Hesses Söhne Bruno, Heiner und Martin, die inzwischen alle Familienväter sind, werden als Soldaten eingezogen. Auch Hesses Lieblingsneffe, Carlo Isenberg, muss damit rechnen, als »Lazarettsoldat« in den Krieg geschickt zu werden. Carlo hat seinem Onkel noch bei den Vorarbeiten zu seinem neuen Buch geholfen. Hesse mietete eigens ein Klavier, um sich von Carlo alte Musikstücke vorspielen zu lassen.

Musik spielt eine große Rolle in der Provinz Kastalien. Obwohl im Buch nirgendwo genauer beschrieben wird, wie das Glasperlenspiel eigentlich funktioniert, wird es doch »eine Art Musizieren« genannt. Die Glasperlenspieler beherrschen die Kunst, alles Wissen und alle Bereiche des Lebens miteinander zu verbinden, ganz so, wie man in der Musik Töne zu einer Melodie komponiert.

Wenn Hesse mit einem neuen Kapitel fertig ist, schickt er es an die Zeitschriften *Corona* oder die *Neue Rundschau*, wo es veröffentlicht wird. Peter Suhrkamp ist immer noch entschlossen, das Buch in Deutschland herauszubringen. Allerdings läuft Hesses Vertrag mit dem Verlag Ende 1939 aus. Suhrkamp kommt persönlich nach Montagnola, um mit Hesse über einen neuen Vertrag zu verhandeln.

Eigentlich wäre es für Hermann Hesse nur vernünftig, wenn er zu einem im Ausland ansässigen Verlag wechseln würde, um dem drohenden Verbot in Deutschland zu entgehen und wieder regelmäßig Tantiemen zu beziehen. Aber gegen alle Vernunft schließt er mit Suhrkamp einen neuen Vertrag ab, »lediglich der Person meines Verlegers zuliebe«, wie er seinen Entschluss begründet.[16]

Hesses Hoffnung, dass Hitler möglichst schnell in sein Verderben rennt, scheint sich nicht zu erfüllen.

Die deutschen Truppen eilen von Sieg zu Sieg. Nach der Kapitulation Dänemarks, Norwegens und der Niederlande wird im Sommer 1940 der Norden Frankreichs besetzt. Viele deutsche Flüchtlinge fliehen nun in den Süden, nach Marseille, um vielleicht mit einem Schiff aus Europa zu entkommen. Die französische Vichy-Regierung, die mit den Deutschen zusammenarbeitet, richtet im unbesetzten Teil des Landes Lager ein, in denen die Flüchtlinge interniert werden. Hesse erfährt von vielen Gefangenen, die er kennt. Er schickt ihnen Pakete mit Lebensmitteln und Büchern und es gelingt ihm sogar, zusammen mit anderen Schriftstellern die Freilassung des Lyrikers Alfred Mombert aus dem Lager Gurs an der spanischen Grenze zu erwirken.

Für viele Flüchtlinge gibt es in Europa keinen Ort mehr, wohin sie noch fliehen können. Der Machtbereich Hitlers weitet sich immer mehr aus. Diese »Tendenz zur Totalität« ist für Hesse ein Kennzeichen dieses Krieges. Hitler wird von dem Wahn getrieben, immer noch mehr Länder zu unterwerfen, und an diesem Größenwahn muss er, davon ist Hesse überzeugt, scheitern.

Dieser Krieg ist aber auch insofern totalitär, als er jeden unter seine Gesetze zwingt. »Wenn Krieg ist«, schreibt Hesse an einen Leser, »so schießen nicht nur die Soldaten, die Schullehrer tragen Helme und die Bäcker wetzen Bajonette, sondern jeder kleine Bub strebt danach, eine Binde um den Arm zu kriegen und kein Bub mehr zu sein, sondern ein Funktionär des Krieges.«[17] Hesse verabscheut nichts mehr als diese »Tendenz« der neueren Geschichte, »die Persönlichkeit zu Gunsten der konformen Masse auszurotten«. Dabei verbergen sich für Hesse hinter den hochgehaltenen Idealen nur die primitivsten Triebe. Was die Nazis als »Weltanschauung« und »Religion« verkaufen, ihre Rassenlehre oder die Idee eines tausendjährigen Reiches, hält er für »fratzenhafte Gebilde eines wilden Unmenschentums«.[18]

Hesse glaubt nicht an diesen »Scheinhimmel«. Für ihn gibt es keinen »Weltsinn« und kein Ziel der Geschichte, sondern nur einen »Eigensinn«. Und diesen Eigensinn kann nur entdecken, wer sich selbst verstehen will und darauf vertraut, dass jeder Mensch herausfinden kann, worin das richtige Leben besteht. »Euer Leben«, so schreibt er an einen jungen Mann, »hat genau soviel Sinn, als ihr selbst ihm zu geben vermögt.«

Damit meint Hesse jedoch nicht, dass man nur willkürlich seinen Vorstellungen folgt und sie der Welt aufdrängt. Gerade der Eigensinnige, der sich wirklich ernst nimmt, erfährt, dass die Maßstäbe, die er für sich findet, auch etwas Allgemeingültiges haben. Sie sind nicht willkürlich, sondern man fühlt sich ihnen verpflichtet. Und wer sie sich zu eigen macht, der muss so leben, »als gebe es einen Gott«[19].

Wo dieser Eigensinn fehlt, herrscht nur noch blinder Gehorsam. Und die eigene Überzeugung wird dann ersetzt durch einen gewissen Heroismus, mit dem man sich für eine Gemeinschaft und ihre fragwürdigen Ideale opfert. Diesen Heroismus hält Hesse für gefährlich, vor allem, wenn er »verbissen« wird. Und letztlich bleibe er doch aufgesetzt, ohne Grundlage, und er ende spätestens »bei vierzig Grad Kälte im Schützengraben«.[20]

Hesses Ideal bleibt der Eigensinn, der immer zugleich auch ein Gemeinsinn ist. An Josef Knecht, der Hauptfigur im *Glasperlenspiel*, verwirklicht er dieses Ideal. Knecht unterwirft sich ganz den Regeln und Hierarchien der Ordensprovinz Kastalien. Aber seine Einordnung in eine Gemeinschaft sei nicht Zeichen eines Mangels an Persönlichkeit, sondern eines »Plus an Individualität«[21].

An den letzten zwanzig Seiten des *Glasperlenspiels* schreibt Hesse fast ein Jahr. Ende April 1942 ist er, nach elf Jahren Arbeit, mit dem Roman fertig und schickt das Manuskript zu seinem Verlag nach Berlin. Fast sieben Monate liegt es dort und schließlich muss Suhrkamp Hesse mitteilen, dass das Propagandaministerium die Druckerlaubnis für das Buch nicht erteilt. Der Grund ist angeblich ein Kapitel, »das in einem Kloster spielt«.

Peter Suhrkamp reist selbst in die Schweiz, um Hesse das Manuskript wieder zurückzubringen.

Hesse erkennt ihn fast nicht wieder. Suhrkamp ist sichtlich gezeichnet von dem dauernden Kampf, den er gegen die Nazi-Behörden führen muss. Er hat vierundzwanzig Kilo abgenommen und mit seiner Gesundheit steht es nicht zum Besten. Das Propagandaministerium hat ihn angewiesen, Autoren wie Otto Flake, Manfred Hausmann, Hermann Hesse und Oskar Loerke nicht mehr zu verlegen. Suhrkamp hält sich nicht an diese Aufforderung und liefert die Restbestände dieser Autoren weiter aus.

Mit allen Mitteln wehrt er sich auch gegen die Anordnung, den jüdischen Namen Samuel Fischer aus dem offiziellen Verlagsnamen zu entfernen. Er schlägt die gekürzte Bezeichnung »Fischer-Verlag« vor, und als auch das abgelehnt wird, reizt er die Geduld der Behörden mit dem skurrilen Vorschlag, den ursprünglichen Namen einfach unkenntlich zu machen und »Fische-Verlag« ohne »r« zu sagen. Schließlich wird dem dickköpfigen Verleger vorläufig die Benennung »Suhrkamp Verlag, vormals S. Fischer« erlaubt.[22]

Peter Suhrkamp ist einverstanden damit, dass Hesse sein *Glasperlenspiel* in der Schweiz drucken lassen will, beim Züricher Verlag Fretz & Wasmuth, wo bereits eine Sammlung von Hesses Gedichten – sie umfassen etwa 11000 Verszeilen – herauskommen soll.

Das *Glasperlenspiel* erscheint im Dezember 1943, in zwei Bänden. So froh Hesse darüber ist, dass das Buch nun gedruckt vorliegt und nicht mehr verloren gehen oder vernichtet werden kann, so bedauert er doch sehr, dass das Buch vorläufig nur in der Schweiz erhältlich ist und er von seinem Wirkungsfeld abgeschnitten ist. In Deutschland sind viele seiner Bücher nun vergriffen und dürfen nicht mehr nachgedruckt werden. Und der Luftkrieg der alliierten Gegner Deutschlands tut nun ein Übriges. Im Mai 1944 werden bei einem Fliegerangriff auf Leipzig auch Buchlager des Fischer-Verlags zerstört. Kurz darauf fällt eine amerikanische Bombe auf das Berliner Lager und vernichtet die restlichen Bestände von Hesse-Büchern.

Für den Verlag kommt es noch schlimmer. Die Gestapo hat einen Spitzel eingeschleust, der belastendes Material gegen Suhrkamp sammelt. Er kann seinen Auftraggebern melden, dass Suhrkamp nicht nur weiterhin Autoren wie Hesse, Flake und Loerke verlegt, sondern auch verdächtige Auslandsreisen macht und Kontakt zu subversiven Widerstandskreisen hat. Das sind Gründe genug, um ihn verhaften zu lassen, wegen »dringenden Verdachts der Vorbereitung zum Hochverrat«. Man bringt ihn in das Gestapo-Gefängnis in der Lehrter Straße und später in das Konzentrationslager Sachsenhausen.

Hesse macht sich große Sorgen um seinen Freund und Verleger, zumal er keine Nachricht mehr erhält über dessen weiteres Schicksal. Er weiß nicht einmal mehr, ob Suhrkamp noch am Leben ist.

Zu anderen Freunden im Ausland hält Hesse weiter

Kontakt und schickt ihnen ein Exemplar des *Glasper-lenspiels*. Eines erhält auch Thomas Mann, der nach Amerika emigriert ist und in Kalifornien lebt. Mann nennt das *Glasperlenspiel* ein »kugelrundes Meister-werk«[23] und er ist verblüfft darüber, wie viele Ge-meinsamkeiten es mit dem Buch hat, an dem er selbst gerade schreibt. *Doktor Faustus*, so der Titel, hat ebenfalls die Form einer Biographie und Musik spielt darin ebenfalls eine wichtige Rolle.

Thomas Mann ist es nicht entgangen, dass Hesse eine Gestalt im *Glasperlenspiel* nach ihm gezeichnet hat. Es ist der Vorgänger des Josef Knecht im Amt des Glasperlenspielmeisters mit Namen Thomas von der Trave – in Anspielung auf Thomas Manns Geburtsort, Lübeck an der Trave.

Auch einen anderen Freund hat Hesse im *Glasper-lenspiel* verewigt, seinen Lieblingsneffen Carlo Isen-berg, der als Musiker Carlo Ferromonte auftritt. Hesse schickt dem Soldaten Isenberg ein Exemplar, obwohl mehr als unsicher ist, ob es in den Kriegswir-ren auch bei ihm ankommt.

Carlo Isenberg ist seit Mai 1941 in einem alten Kriegslazarett in dem winzigen polnischen Dorf Ko-morowo stationiert. Der Sanitätsgefreite Isenberg ist nicht gerade zum Soldaten geboren. Sein Gefährte Walter Haußmann erzählt, dass er mehr als einmal bei Übungen sein Gewehr, die »Braut des Soldaten«, hat fallen lassen. Aber Carlo wurde zum Star der Kaserne, als man im Offizierskasino ein richtiges Konzertcembalo entdeckte und sich herausstellte, dass der Gefreite Isenberg ein Meister auf diesem Instrument ist. Es fanden nun jeden Sonntagvormittag Konzertmatineen statt, bei denen Isenberg Werke alter Meister spielte, Schütz, Buxtehude, Rameau und Couperin.

Eines Tages, Ende Januar 1944, bekommt Isenberg ein Paket von seinem Onkel Hermann Hesse aus der Schweiz. Es sind die zwei Bände des *Glasperlenspiels*. Darin nennt Josef Knecht Carlo Ferromonte einen »Spezialisten und Kenner in der Musik der reichen Ornamentik, der Verzierungen, Triller etc.« Durch ihn lernt Knecht, dass Musik in erster Linie »Freude an der Sinnlichkeit« ist, und nichts, so bekennt er, habe ihm so wohlgetan, ihn so gestärkt und beglückt wie Ferromontes unersättliches Cembalospiel.

Carlo Isenberg alias Carlo Ferromonte wird nicht mehr aus dem Krieg heimkehren. Sein Freund Walter Haußmann berichtet: »Isenberg blieb bis zum bitteren Ende in Komorowo; als die Russen kamen, ist er in Polen verschollen, vermisst, gefallen; niemand kennt sein Grab. Wenn er im Kampf eingesetzt worden ist, kann es wohl sein, dass er wieder sein Gewehr lieber hat fallen lassen, als dass er getötet hätte, wie einst beim Exerzieren – ich weiß es nicht.«[24]

XV. Bazillus germanicus
»Kinder, tut eure blauen Augen endlich einmal auf!«

Anfang Februar 1945 treffen sich auf Jalta die Vertreter der Siegermächte, Theodor Roosevelt, Winston Churchill und Josef Stalin, um über die Zukunft des besiegten Deutschland zu beraten. Radio Basel sendet eine Waffenstillstandsfeier, zu der Hermann Hesse das Gedicht *Dem Frieden entgegen* beiträgt. Darin beschwört er die Chance auf einen Neuanfang und zugleich die Notwendigkeit, die eigene Schuld am Geschehenen anzuerkennen. Eine Strophe lautet:

> »Arme Menschen wir,
> So des Guten wie des Bösen fähig,
> Tiere und Götter! Wie drückt das Weh,
> Drückt die Scham uns heute zu Boden!«[1]

Ninon und Hermann Hesse haben von der massenhaften Vernichtung von Juden in Ungarn gehört und müssen nun befürchten, dass auch viele Verwandte Ninons unter den Opfern sind. Dass die Nazis gegen Ende des Krieges, angesichts der sicheren Niederlage noch zu solchen Gräueln fähig waren, genügt für Hesse, das Wort »deutsch« auf lange Zeit zu einem Schimpfwort zu machen.

Nach Deutschland haben die Hesses keine Verbindung. Es gibt keinen Postverkehr und Hermann Hesse weiß nicht, ob und wie seine Schwestern, Freunde und Bekannten den Krieg überlebt haben. Immerhin erfährt er von dem Verleger Henry Goverts, dass Peter Suhrkamp wie durch ein Wunder noch am Leben ist.

Suhrkamp war im Konzentrationslager Sachsenhausen schon zum Tod durch den Strang verurteilt worden, als er an einer doppelseitigen Lungenentzündung erkrankte und überraschend in ein Potsdamer Krankenhaus gebracht wurde. Als die Klinik durch einen Bombenangriff zerstört wurde, überließ man den Todkranken sich selbst. Suhrkamp konnte sich mit letzter Kraft zu Freunden in Potsdam schleppen, wo er dann zusammenbrach. Der ehemalige Leichtathlet ist nur noch ein Wrack. Von den Misshandlungen in der Haft ist ihm eine Rückgratverletzung geblieben, die zeitweise zur Lähmung beider Beine führt.

Suhrkamp ist für Hesse einer der wenigen, die sich im zwölf Jahre währenden Alptraum der Nazi-Herrschaft ein Gewissen bewahrt und danach gehandelt haben. Im Hinblick auf diese Ausnahmen, die er das »Salz der Erde« nennt, fällt es Hesse schwer, wie C. G. Jung von einer »Kollektivschuld« der Deutschen zu reden. Natürlich ist auch für ihn das deutsche Volk für das Geschehene verantwortlich. Nur glaubt er, dass solche von oben herab gehaltenen »Predigten« die meisten Deutschen überhaupt nicht erreichen, sondern nur bei jenen auf fruchtbaren Boden fallen, deren Gewissen ohnehin »längst überwach ist«.[2]

Der halbwegs genesene Peter Suhrkamp erhält im Oktober 1945 von der Militärbehörde die erste Verlagslizenz im britischen Sektor Berlins. Endlich kann er auch Hesse einen Brief zukommen lassen, in dem er ihm die erfreuliche Nachricht mitteilt und ihm verspricht, dass eine der ersten Veröffentlichungen das *Glasperlenspiel* sein wird.

Hesse kann nicht mehr so recht glauben, dass er seine Werke zu Lebzeiten noch einmal gedruckt sehen wird. Außer den Lizenzausgaben in der Schweiz, die nicht ins Ausland verkauft werden dürfen, gibt es keine Bücher mehr von ihm. Und er hat sich fast schon damit abgefunden, dass er als »Schweizer Lokaldichter« im Gedächtnis bleiben wird.

Der achtundsechzigjährige Hermann Hesse fühlt sich um sein Lebenswerk betrogen, in dem Sinn, dass man ihn vom Großteil seiner Leserschaft abgeschnitten hat.

Besonders ärgert es ihn, dass man in Deutschland recht willkürlich Texte von ihm druckt und seine Urheberrechte daran missachtet. Immer wieder muss er erfahren, dass in Zeitschriften Gedichte von ihm erscheinen, ohne dass man es für nötig hält, den Autor vorher zu fragen und ihm ein Honorar zu bezahlen.

Als eine Stuttgarter Zeitschrift sein Gedicht *Dem Frieden entgegen* verkürzt und ohne Rückfrage abdruckt, schickt Hesse einen wütenden Brief an die von der amerikanischen Besatzung geleitete Redaktion. Als Antwort erhält er einen nicht weniger gereizten Brief des »chief editors« und Schriftstellers Hans Habe. Dieser nutzt die Gelegenheit, ihm vorzuwerfen, dass er, Hermann Hesse, »in einer vornehmen Zurückgezogenheit« im Tessin gesessen habe, während andere Autoren ihr Leben riskiert und das NS-Regime in Wort und Tat bekämpft hätten. Und er bestreitet, dass Hesse das Recht hat, »noch jemals in Deutschland zu sprechen«.[3]

Hesse reagiert wie immer in solchen Fällen. Obwohl der Briefwechsel mit Habe in der Öffentlichkeit hohe Wellen schlägt, verteidigt er sich nicht und will auch nicht, dass andere ihn verteidigen. Vorwürfe wie die des amerikanischen Offiziers kennt er schon aus der Zeit des Ersten Weltkriegs und muss sich jetzt, nach dem Zweiten, wieder daran gewöhnen.

Täglich erreicht ihn eine Flut von Briefen aus Deutschland oder von kriegsgefangenen Soldaten. Viele Absender legen die Tatsache, dass er während des Kriegs in der sicheren Schweiz lebte, als mangelnde Liebe zum Vaterland aus und nennen ihn einen »Leckerlifresser« oder einen »Schweizer Schlaraffe«.[4]

Nichts aber liegt Hesse ferner, als die Menschen in Deutschland mit besserwisserischen Ratschlägen belehren zu wollen. Er weiß selbst, dass er, der in Kriegszeiten behütet in einem schönen Haus wohnte und täglich zu essen hatte, jenen Menschen nichts zu sagen hat, die ausgebombt wurden, Hunger litten und ständig vom Tod bedroht waren.

In einem Punkt aber glaubt Hesse doch mitreden zu können und ein Stück voraus zu sein und das ist die Erfahrung mit dem »Nationalgefühl«. Nationalismus sei kein Problem eines Volkes, sondern jedes Einzelnen. Nationalismus bedeute, sich in überpersönliche Zusammenhänge zu flüchten, anstatt persönliche Verantwortung zu übernehmen. Nationalistisch denkt, wer die Menschen nicht mehr als Brüder und Schwestern betrachtet, sondern als Franzosen, Deutsche, Engländer oder Russen. Und wer im Nationalismus verhaftet bleibt, der ist für Hesse auch unfähig zu wirklicher Selbstkritik. Der reagiert auf jede leise Infragestellung mit beleidigter Gekränktheit oder entrüsteter Empörung. Jeder Deutsche, so empfiehlt Hesse in einem Privatdruck, sollte zunächst »in sich selbst aufräumen und sich nicht bei jeder Kritik an Deutschland persönlich mitgekränkt fühlen«.[5]

Diese Unfähigkeit, aus Fehlern zu lernen, nennt Hesse einen »bazillus germanicus«[6], eine deutsche Krankheit, mit der auch die meisten Briefe, die ihn erreichen, infiziert sind. Er ist entsetzt darüber, wie viele Absender über erlittenes Unrecht jammern, ihre Unschuld am deutschen Elend beteuern und von allem Schlimmen nichts gewusst haben wollen. Hesse lässt sich nicht abbringen von der Meinung, dass jeder, der sich nicht absichtlich blind stellte, schon längst vor der Machtergreifung Hitlers hätte sehen können, wohin der Weg führt.

In seiner »unartigen Leidenschaft für Aufrichtigkeit« scheut er nicht davor zurück, auch alten Freunden deutliche Worte zu sagen. Dem Schriftsteller Wilhelm Schussen, den er schon seit Gaienhofener Zeiten kennt, schreibt er: »Daß ein Mann wie Sie blind und ahnungslos bleiben konnte, ist von hier draußen einfach unfaßlich. […] Die Mehrzahl meiner Freunde in Deutschland wußte Bescheid, und manche sind gleich 1933 emigriert, andere in den Folterkammern der Gestapo verschwunden, so wie die Angehörigen und Freunde meiner Frau fast ohne Ausnahme in Himmlers Gasöfen in Auschwitz etc. verschwanden. Und Ihr habt von alledem nichts gewußt! Man glaubt es Euch natürlich nicht, denn in diese Kunst des Nichtwissens und Unschuldigseins, während man gleichzeitig bis an die Knie im Blut watet, kann kein anderes Volk sich je hineindenken.«[7]

Ebenso grotesk kommt es Hesse vor, dass nahezu alle, die ihm nun aus Deutschland schreiben, bestreiten, je Nazis gewesen zu sein. Man könnte, so meint er, fast den Eindruck haben, als hätte es keine Nazis gegeben oder als wären nach der deutschen Kapitulation auf einen Schlag alle Nazis verschwunden. Einen unverbesserlichen Nazi, der zu seiner Sache steht, findet er noch ehrlicher als jemanden, der seine frühere

Gesinnung leugnet, weil diese Sache schief gelaufen ist.

Auch das häufige Argument, dass ein Widerstand gegen Hitler schierer Wahnsinn gewesen wäre, den man unweigerlich mit dem Verlust der Freiheit oder des Lebens bezahlt hätte, lässt Hesse nicht gelten. Schließlich, so entgegnet er, sei es nicht weniger wahnsinnig und gefährlich gewesen, Polen und Russland zu verwüsten und Stalingrad zu halten, und das hätten die deutschen Soldaten auch noch »mit Hingabe getan«.[8]

Von den hunderten von Briefseiten, die er täglich liest, ist Hesse teilweise so angewidert, dass er manchmal Deutschland »für zehn Minuten unter Wasser« wünscht. Und bevor er stirbt, möchte er den Deutschen doch noch einmal sagen: »Kinder, tut doch eure blauen Augen endlich einmal auf!«[9]

Dieser Wunsch scheint sich nicht zu erfüllen. Auf seine politischen Äußerungen in Schweizer Zeitungen bekommt Hesse eine wahre »Sintflut« von Schmähbriefen und in einer deutschen Zeitung wird sein Rat, sich vom Nationalismus zu befreien, als »hässliche Aufforderung« bezeichnet, die das deutsche Volk »beleidigt«. Ohnehin möchte man an die Vergangenheit nicht mehr erinnert werden. Mehr Sorgen macht man sich darum, wie es mit dem besiegten und besetzten Deutschland weitergehen soll.

Auch diese Zukunftssorgen kann Hesse nicht teilen. Er hält es für wichtiger, die momentanen Nöte und Anforderungen »einigermaßen menschlich« zu bestehen; dann, so glaubt er, werde auch die Zukunft menschlich sein.

Nach diesem Motto handelt Hermann Hesse auch selbst. Er unterstützt fast zwei Dutzend Menschen in Deutschland regelmäßig mit Lebensmittelpaketen, darunter auch seine Schwestern Adele und Marulla, seinen Verleger Peter Suhrkamp und seinen schwierigen Freund »Ugel« Finckh. Darüber hinaus versorgt er kriegsgefangene Soldaten mit Büchern. Um das nötige Geld dafür zusammenzubekommen, verschickt er Handschriften und Privatdrucke wie das *Rigitagebuch* an Freunde und Bekannte, die er als Gegenleistung um eine freiwillige Spende bittet.

An seinen verlegten Büchern verdient Hesse so gut wie nichts mehr. Für sein *Glasperlenspiel* hat er nur ein »Taschengeld« erhalten. Und aus Deutschland hat er praktisch seit 1938 keine Zahlungen mehr bekommen. Sein dort verdientes Geld, das sich inzwischen zu einem kleinen Vermögen angesammelt hat, ist auf Sperrkonten eingefroren. Damit wenigstens andere etwas davon haben, will er es innerhalb Deutschlands verschenken, zum Beispiel an die Opfer einer Überschwemmung in seiner Heimatstadt Calw.

Trotz der vielen Anfeindungen steigt Hesses literarisches Ansehen. Bisher ist er für seine literarische Leistung erst zweimal ausgezeichnet worden, 1905 mit dem österreichischen Bauernfeld-Preis und 1936 mit dem schweizerischen Gottfried-Keller-Preis.

Im August 1946 wird Hermann Hesse das erste Mal in seinem Leben in Deutschland geehrt. Er soll den Goethe-Preis der Stadt Frankfurt bekommen. Zunächst will er die Auszeichnung ablehnen. Erst als man ihm versichert, dass das Preiskomitee im Dritten Reich nicht nach der Pfeife des Propagandaministers Goebbels getanzt hat, nimmt er den Preis an. Außer der Ehre hat er nicht viel davon. Die 16000 Mark Preisgeld dürfen nicht in die Schweiz transferiert werden. Hesse verschenkt es. 3000 Mark gehen nach Calw, für die »Armen der Stadt«, so seine Bedingung.[10]

An der Preisverleihung im Kleinen Komödienhaus in Frankfurt nimmt er nicht persönlich teil. Zum einen, weil er zum Literaturbetrieb keine Beziehung mehr hat. Und zum anderen, weil ihm weite Reisen mittlerweile viel zu anstrengend sind. Außer zur Kur nach Baden verlässt Hesse das Haus in Montagnola nur noch selten. Schon eine Fahrt nach Locarno ist für ihn ein Strapaze. Und eine Stadt wie Genf, so meint er, sei für ihn so weit weg »wie Shanghai«.

Hesses Gesundheit ist mit den Jahren stetig schlechter geworden. Sein Gelenkrheumatismus ist zeitweise so schlimm, dass er mit seiner Hand keinen Stift oder Pinsel mehr festhalten kann und mühsam mit zwei geschwollenen Fingern auf seiner Smith-Premier-Schreibmaschine tippen muss. Seit vier Jahren verzichtet er nach ärztlichem Rat auf seine geliebten Brissago-Zigarren und auch das Weintrinken soll er sich abgewöhnen.

Am meisten machen ihm seine Augen zu schaffen. Schon seit Jahren vergeht kaum ein Tag ohne Augenschmerzen. Und mit zunehmendem Alter fällt es ihm schwerer, seinen Blick »auf nah umzustellen«. Seine Sehkraft wird schon erschöpft von seinem täglichen Pensum an Briefen, die er liest und selbst schreibt. An größere literarische Arbeiten ist nicht mehr zu denken. Dieses Kapitel hat er schon nach Beendigung des *Glasperlenspiels* abgeschlossen. Damals hatte er für sich entschieden, dass damit nun »Feierabend« sein soll.

Im Herbst 1946 entschließen sich Ninon und Hermann Hesse, Montagnola noch einmal für längere Zeit zu verlassen. Diesen Entschluss fassen sie notgedrungen, denn sie haben das Gefühl, mit den täglichen Pflichten, dem Haushalt, den Briefen und der Sorge um Freunde und Angehörige, nicht mehr fertig zu werden. Dankbar nehmen sie das Angebot ihres Freundes Otto Riggenbach an, in sein Sanatorium nach Préfargier am Neuenburger See zu kommen und sich dort gründlich zu erholen.

Kaum sind die Hesses Anfang November in Préfargier, erreicht sie die Nachricht, dass Hermann Hesse der diesjährige Nobelpreis für Literatur zuerkannt worden ist. Das, so meint Hesse am nächsten Morgen zu Ninon, habe ihm »grade noch gefehlt«[11].

Natürlich hat er gewusst, dass er für diese Ehrung im Gespräch ist und Thomas Mann sich vehement für ihn eingesetzt hat. Doch ernstlich gerechnet hat er damit nicht. Der Preis kommt ihm auch zu spät. Als jüngerer Mann hätte ihm diese Ehrung noch Spaß gemacht, meint er, jetzt sei sie für ihn nur noch eine Belastung.

Die Verpflichtungen, denen er mit seiner Flucht aus Montagnola entkommen wollte, holen ihn im Übermaß wieder ein. Hunderte von Briefen aus allen Ländern erreichen ihn in seinem Versteck am Neuenburger See, obwohl er nur wenigen vertrauten Personen seine Adresse gegeben hat. Und ständig muss er telefonieren. Hesse hat den Eindruck, dass man sich in den Kopf gesetzt hat, ihn nun »vollends zu Tode zu steinigen«.

Unter dem Berg von Briefen ist auch eine Nachricht von Peter Suhrkamp. Er hat es endlich geschafft, das *Glasperlenspiel* drucken zu lassen. Und er hat nun auch genug Papier organisiert, um daranzugehen, auch *Narziß und Goldmund*, den *Steppenwolf* und die *Morgenlandfahrt* herauszubringen.

Zur Verleihung des Nobelpreises am 10. Dezember 1946 reist Hermann Hesse nicht nach Stockholm. Für dieses »Klimbim«, wie er die feierliche Veranstaltung nennt, verfasst er aber eine Dankesrede, die beim Bankett verlesen wird. Sein Freund Rudolf Jakob Humm könnte es sich auch gar nicht vorstellen, dass Hesse im Frack den Nobelpreis entgegennimmt und an einem Tisch mit dem schwedischen König speist. Schriftsteller wie Rainer Maria Rilke oder Hugo von Hofmannsthal würden in einen solchen Rahmen passen. Das sind für Humm »Dichter mit Frack-Komponente«. Hesse aber, so meint er, fehle diese »Frack-Komponente« vollkommen.[12]

Die Hesses haben es nicht eilig, nach Montagnola zurückzukehren. Vom Neuenburger See reisen sie nach Baden zur Kur. Und erst Mitte März 1947 beziehen sie wieder ihr Haus auf der Collina d'oro, obwohl Hesse, wie er Suhrkamp schreibt, der Friedhof lieber wäre.

In Montagnola herrscht alles andere als Friedhofsruhe. Das kleine Dorf wird in den Sommermonaten geradezu belagert von Hesse-Touristen, die ehrfürchtig die Bäume im Klingsor-Garten berühren oder das »Hessebalkönchen« an der Casa Camuzzi fotografieren. Hermann Hesse empfängt viele Besucher. Darunter sind berühmte Leute wie der französische Schriftsteller André Gide oder der von Hesse sehr verehrte jüdische Religionsphilosoph Martin Buber. Aber auch Studenten, junge Künstler oder einfache Leser, die um ein Gespräch bitten, werden in die Casa Rossa zum Nachmittagstee eingeladen.

Es gibt allerdings auch viele ungebetene Gäste, deren sich Ninon und Hermann Hesse erwehren müssen. Mancher, der von Ninon höflich, aber bestimmt abgewimmelt worden ist, schleicht sich durch den Garten und steht dann plötzlich auf der Terrasse vor Hesses Arbeitszimmer. Hesse kann in solchen Fällen ziemlich wütend werden. Gunter Böhmer erlebt einmal, wie er einen Studienrat, der mit seiner wilden, blödelnden Klasse eingefallen ist, »anfaucht, wie eben nur Steppenwölfe fauchen«. Böhmer muss Hesse manchmal auch den Rücken freihalten. Wenn Hesse ein Paket zur Post bringen oder spazieren gehen will, geht Böhmer voraus und gibt sich für Hermann Hesse aus. Hesse machen solche Ablenkungsmanöver Spaß, Böhmer tut seinem Freund nur ungern diesen Gefallen.[13]

Neben der täglichen Brieflast stapeln sich nun auch Manuskripte von Nachwuchsschriftstellern auf Hesses Schreibtisch, die er lesen und für die er einen Verleger finden soll. Auch die Zahl der Bittbriefe wächst von Tag zu Tag. Er hat den Eindruck, dass ihn viele Leute für einen Zauberer halten, von dem ein Wort genügt, damit sich Behördentüren öffnen und Lebensschicksale entscheiden. Einer dieser Briefe kommt von seinem alten Freund »Ugel« Finckh.

Für Finckh ist nach dem Ende des Tausendjährigen Reichs eine Welt zusammengebrochen. Er gilt als Mitläufer und seine Bücher werden von den französischen Besatzungstruppen sogar eingestampft. Finckh muss sich für sein Verhalten während der Nazizeit verantworten und er bittet seinen alten Freund Hesse, sich für ihn bei der Spruchkammer einzusetzen. Hesse lehnt das ab, aber er erlaubt Finckh, seinen Brief an ihn bei den Behörden zu verwenden. Darin schreibt er: »Mir ist Deine Art von Patriotismus stets zuwider gewesen, und Du hast mit Deinem Namen, Deiner Begabung und Deiner Autorität als Autor stets auf der anderen Seite gestanden wie ich. [...] Daß Du auch an Hitler selbst und seine Partei als eine reine, patriotisch-idealistische Sache geglaubt hast, ist traurig und ist nicht zu verzeihen, es ist die Sünde von 90% der deutschen Intellektuellen [...]. Wichtig ist jetzt nicht, daß Du an Hitler und seinen Schwindel geglaubt hast, sondern daß Du es nicht aus Egoismus, sondern aus reinem Herzen getan hast. [...] Das ist moralisch das Entscheidende. Du warst verblendet, aber Du warst nicht feige und nicht eigennützig.«[14]

Finckh wird von der Spruchkammer freigesprochen. Hesse muss aber bald feststellen, dass sein alter Freund sich nicht geändert hat. Finckh schreibt an einem Buch, in dem er nachweisen will, dass er und Hesse gemeinsame schwäbische Ahnen haben und dass dies der Grund dafür ist, warum sie sich in der Tübinger Zeit so gut verstanden haben. Über dieses »törichte Schriftchen« kann Hesse nur den Kopf schütteln.

Seinen siebzigsten Geburtstag feiert er auf Schloss

Bremgarten, bei Max Wassmer. Seine Söhne und seine Schwester Adele sind da, ebenso die Leutholds, Othmar Schoeck und Louis Moilliet. Am Nachmittag kommt eine Abordnung der Universität Bern und verleiht dem Jubilar die Ehrendoktorwürde. Und aus Calw erhält er eine Urkunde, mit der er zum Ehrenbürger seiner Heimatstadt erklärt wird. Hesse erfährt auch, dass die Straße in Konstanz, die ursprünglich nach ihm benannt worden war und dann, nach dem Ersten Weltkrieg, auf Ludwig Finckh umgetauft wurde, nun wieder seinen Namen trägt. Die wechselvolle Geschichte dieser Konstanzer Straße lehrt ihn einmal mehr, wie schnell sich die Zeiten ändern können. Auch der gegenwärtigen »Hessemode« traut er nicht und bei der Flut von Ehrungen kommt er sich manchmal vor »wie ein Affe, den man als General kostümiert hat«[15].

Wirklich geehrt fühlt er sich durch einen Geburtstagsgruß Thomas Manns in der *Zürcher Zeitung*. Hesse sieht es als einen weiteren Beleg ihrer Freundschaft, dass auch Mann ein sehr skeptisches Verhältnis zum Nachkriegsdeutschland hat. Bei seinen Besuchen in Europa hat er seine Heimat nicht wieder betreten, was ihm dort sehr verübelt wird. Auf einen öffentlichen Aufruf, nach Deutschland zurückzukehren, hat er geantwortet: »[...] ich habe Euch, die Ihr dort drinnen saßet, nie beneidet, auch in Euren größten Tagen nicht [...]. Beneidet habe ich Hermann Hesse, in dessen Umgang ich während der ersten Wochen und Monate Trost und Stärkung fand – ihn beneidet, weil er längst frei war, sich beizeiten abgelöst hatte mit der nur zutreffenden Begründung: ›Ein großes, bedeutendes Volk, die Deutschen, wer leugnet es. Das Salz der Erde vielleicht. Aber als politische Nation – unmöglich!‹«[16]

Thomas Mann und Hermann Hesse treffen sich in Luzern. Mann, ein alter Verehrer Richard Wagners, will auch das Wagner-Museum in Tribschen besuchen. Hesse begleitet ihn, obwohl er Wagner nicht ausstehen kann und die Räume im Museum »schrecklich geschmacklos« findet. Manns Wagnerliebe ist ihm seit jeher nur »halb verständlich« und er hat ihm im Krieg mit einer gewissen Schadenfreude Zeitungsartikel mit Hitlers Lobeshymnen auf Wagner zugeschickt.

Mann dagegen macht sich in seiner spitzbübischen Art gern lustig über Hesses schwäbischen Hang zu sprachlichen Verkleinerungsformen. Er bedankt sich für Hesses »Brieflein« und erkundigt sich über den Erfolg seines »Büchleins«, des *Glasperlenspiels*.

Die erste Auflage des *Glasperlenspiels* ist Ende 1947 schon vergriffen. Die Reaktionen darauf findet Hesse nicht der Rede wert. Die meisten Kritiken, so meint er, würden »mit billigsten Mitteln« arbeiten und das Leben sei zu kurz, um das alles zu lesen. Im Gedächtnis bleiben ihm nur Bemerkungen wie die eines jungen Mädchens, das einmal meinte: »Das ist so fein bei

Hesse, dass immer gerade da, wo man schnaufen muss, ein Komma oder ein Punkt kommt.«[17]

Enttäuscht ist Hermann Hesse darüber, dass der Ausdruck »Glasperlenspiel« langsam zum Inbegriff wird für ein Leben im Elfenbeinturm, wohin man flüchtet, um mit der rauen Wirklichkeit nicht in Kontakt zu kommen und sich nicht die Hände schmutzig zu machen. Das ist für ihn ein grobes Missverständnis. Wollte er doch gerade zeigen, dass die Welt der Glasperlenspieler Gesetzen folgt, die vielleicht weniger auf der Hand liegen als die Pflichten und Anforderungen des normalen Lebens, die aber nicht weniger wirklich und sinnvoll sind als diese.

Auch Josef Knecht, der Glasperlenspieler, wird mit solchen Vorurteilen über Kastalien konfrontiert. Vor allem durch seinen Freund und Gegenspieler Plinio Designiori. Dieser Plinio ist ein Gastschüler aus einer Patrizierfamilie, der nur zeitweise die kastalischen Schulen besucht und sich mit Knecht Streitgespräche liefert. Dabei nennt Plinio die Kastalianer »künstlich gezüchtete Singvögel«, Nichtstuer, Schmarotzer, die auf Kosten der Gesellschaft leben, ihr Brot nicht selbst verdienen und von der Not und dem Kampf des Lebens nichts wissen.[18]

Josef Knecht stellt sich diesen Vorwürfen, aber er weiß, dass Plinios Welt nicht die seine ist. Für Plinio ist Wissen wertlos, wenn es zwecklos ist, wenn man damit nichts anfangen, nichts verändern kann. Die

Glasperlenspieler dagegen pflegen und bewahren eine Lebensform, in der es keine Zwecke und kein Bedürfnis nach Veränderung gibt. Sie würden sich nie mit Mathematik beschäftigen, um eine Maschine zu konstruieren. Sie zelebrieren sozusagen die Schönheit mathematischer Gesetze und logischer Beziehungen. Ihre feierlichen Spiele sind schön und harmonisch wie Eiskristalle – und so wunderbar zwecklos wie sie.

Hermann Hesse sieht sich ähnlichen Vorwürfen ausgesetzt wie seine Figur Josef Knecht. Seine Haltung gilt als weltfremd, als bloße Spielerei mit Formen und Wörtern, bei der die wirklichen Probleme des Lebens ausgeklammert werden. Gerade vom Nobelpreisträger Hermann Hesse erwartet man, dass er sich mit seinem Namen für wohltätige Zwecke einsetzt oder gegen Missstände engagiert. Und man ist enttäuscht und reagiert verständnislos, wenn er dafür nicht zu haben ist. Hesse hält nichts von Künstlern, die, nur weil sie berühmt sind, zu »Radio-Ethikern« werden, sich zu allen möglichen Themen äußern und Einfluss ausüben wollen. Er erwartet von einem Künstler in erster Linie »Schönheit, Freude, Spiel, kindlichen Dank an Gott und die Welt«.[19]

Im Mai 1948 wendet sich Max Brod, der Freund und Förderer Franz Kafkas, mit einer Bitte an Hermann Hesse. Israel hat sich vor kurzem als eigener Staat proklamiert und wird nun von seinen arabischen

Nachbarn angegriffen. Brod möchte, dass Hesse zusammen mit anderen »Autoren von Weltruf« gegen die Zerstörung unersetzlicher Bibliotheken protestiert.

Hesse lehnt diese Bitte ab. Für ihn ist der jüdische Nationalismus so gefährlich wie jeder andere Nationalismus und er verurteilt auch die Aktionen der jüdischen Terrorgruppen. Außerdem glaubt er nicht, dass sich Politiker wie Truman, Stalin oder der jordanische König von den Protesten einiger Künstler beeinflussen lassen. Solche Proteste machen für Hesse nur die Ohnmacht von Künstlern offenbar und entwerten ihre Anliegen und Ziele. An Max Brod schreibt er: »Nein, so schön und edel Ihre Absicht ist, ich kann Ihre Auffassung nicht teilen. Ich halte im Gegenteil jede ›geistige‹ Scheinaktion, jedes Mahnen, Bitten, Predigen oder gar Drohen der Intellektuellen den Herren der Welt gegenüber für falsch. [...] ich habe versucht, als Dichter und Literat meinen Lesern immer wieder die Mahnung an die heiligen Grundgebote der Menschlichkeit zuzurufen, niemals aber habe ich selbst versucht, die Politik zu beeinflussen, wie es in den Hunderten von Aufrufen, Protesten und Mahnungen der Intellektuellen immer und immer wieder feierlich, aber nutzlos und zum Schaden des Ansehens der Humanität geschah und geschieht. Und dabei will ich bleiben.«[20]

Es bleibt auch dabei, dass Hesse zu jeder Hilfe bereit ist, wenn es um Einzelne geht. Weiterhin schickt er Lebensmittelpakete nach Deutschland, er unterstützt andere Schriftstellerkollegen wie den Dichter Robert Walser, der seit 1933 in der Nervenheilanstalt Herisau lebt, oder seine alte Freundin Emmy Ball-Hennings.

Emmy liegt Hesse besonders am Herzen. Er hält sie für »ein Kind aus einem Kindermärchen«, das im realen Leben immer ein armer Tropf bleibt. Auch nach dem Tod ihres Mannes Hugo Ball hat sie nicht aufgehört, ein besitzloses, sehr ungebundenes Leben zu führen. Mal war sie Haushälterin in Neapel, mal arbeitete sie in einer Fabrik, aber immer schrieb sie nebenbei Gedichte und Prosa. Hesse hat nie versucht, Emmy zu einem geregelten Leben zu überreden, sondern hielt es immer für das Beste, einfach nur ab und zu für sie da zu sein. Zu ihrem fünfzigsten Geburtstag hat er sie mit einem Fest überrascht und Emmy konnte immer in der Casa Hesse wohnen, wenn sie wieder einmal kein Dach über dem Kopf hatte. Hesse ist überzeugt, dass die Deutschen Emmy einmal als Genie entdecken werden, sicher ist er aber auch, dass sie ebenso arm sterben wird, wie sie gelebt hat. Mit der letzteren Voraussage behält Hesse Recht. Emmy Ball-Hennings stirbt am 10. August 1948. Ihr Begräbnis ist nach Monaten immer noch nicht bezahlt und Hesse übernimmt die Kosten.

Die Casa Rossa in Montagnola bleibt weiter eine

Zuflucht für Vertriebene und Heimatlose. Schon seit Anfang 1948 wohnen Ninons Schwester Lilly und ihr Mann Heinz Kehlmann bei den Hesses. Die beiden haben eine abenteuerliche Flucht aus Rumänien hinter sich und wissen nun nicht, wie ihr Leben weitergehen soll. Erst im Frühjahr 1949 können sie weiterreisen, nach Frankreich, wo Lilly sich mit einem Empfehlungsschreiben Hesses um eine Stelle bei einem Verlag bewirbt und ihr Mann, ein Rechtsanwalt, als Landarbeiter auf einem Gestüt bei Paris eine Anstellung findet.

Nachdem die Kehlmanns abgereist sind, kommt Hesses Schwester Adele Gundert mit ihrem Mann Hermann zu Besuch nach Montagnola. Hesse vergisst alle Augen- und Gelenkschmerzen, wenn er mit Adele zusammen ist. Mit ihr kann er wieder richtig Schwäbisch schwätzen und stundenlang Erinnerungen über Menschen und Orte aus der Kinderzeit austauschen. Über dem Zusammensein hängt aber ein Schatten. Adele ist schon seit Jahren schwer krank und beim Abschied ist es sehr ungewiss, ob sie sich noch einmal sehen werden.

Gleich nach Adele kommt Hesses jüngere Schwester Marulla nach Montagnola. Sie will einige Wochen bleiben. An einem Abend spät im September sitzen Hermann Hesse und seine Schwester in der Bibliothek des Hauses und Marulla liest ihrem Bruder vor, als Ninon in den Raum kommt und die Nachricht bringt, dass Adele gestorben ist, an den Folgen eines Schlaganfalls. Marulla reist am nächsten Morgen ab. Aus dem Garten gibt ihr Hesse noch Blumen mit, für Adeles Grab. Hesse ist seit der Todesnachricht »wie lahm und halbtot«. Adele sei ihm, so meint er, seit der Kindheit »der näheste und vertrauteste Mensch« gewesen.[21] Und zu der Stunde, als sie in Korntal beerdigt wird, geht er in seinen Garten, um an Adele zu denken.

Seine Erinnerungen an Adele schreibt Hesse nieder. Es ist nicht das erste Mal, dass er sich einen verstorbenen Verwandten oder Freund noch einmal schriftlich vergegenwärtigt. Bei seinem Bruder Hans hat er das getan oder bei Hugo Ball. Diese kurzen Erinnerungen sind in den so genannten *Gedenkblättern* gesammelt. Suhrkamp will sie neu auflegen und auch das *Gedenkblatt für Adele* darin aufnehmen.

Suhrkamp hat es nun auch geschafft, dass Hesse das Entgelt für seine Bücher tatsächlich bekommt. Er hat die deutschen Behörden und die Dienststellen der Besatzungsmächte so lange bedrängt, bis Auszahlungen von Honoraren in die Schweiz genehmigt wurden. Es besteht sogar Aussicht, dass die seit 1945 angesammelten Gelder ausgezahlt werden – das jedenfalls, was nach der Währungsreform noch davon übrig ist.

Was Peter Suhrkamp in seinen Briefen an Hesse eher verschweigt, ist, dass er sich große Sorgen um den Verlag macht. Es haben sich zwischen ihm und dem nach Deutschland zurückgekehrten Gottfried Bermann Fischer Differenzen ergeben wegen der Wiedervereinigung des Fischer-Verlags. Im November reist Suhrkamp kurz entschlossen nach Baden bei Zürich, wo sich Hermann Hesse zur Kur aufhält. Er will sich mit Hesse beraten, denn es ist fraglich, ob er noch lange sein Verleger sein wird.

Seit der Spaltung des Verlages fühlt sich Suhrkamp als Verwalter der deutschen Niederlassung und für ihn war es klar, dass er den Verlag nach dem Krieg wieder der Familie Fischer zurückgeben wird. Nun aber stellt Bermann Fischer Forderungen, mit denen er nicht gerechnet hat. Unter anderem soll er aus der Verlagsleitung ausscheiden und nur noch als kündbarer Verlagsberater fungieren.

Suhrkamp ist geneigt, in Bermann Fischers Forderungen einzuwilligen, denn er möchte auf keinen Fall, dass es zwischen zwei Verfolgten des Nazi-Regimes zu einem Prozess kommt. Hesse dagegen hält es nicht für richtig, wenn Suhrkamp so leicht nachgibt. Er erinnert ihn daran, dass er auch gegenüber seinen Autoren und den Mitarbeitern im Verlag Verpflichtungen hat.

Nicht zuletzt durch das Gespräch mit Hermann Hesse ändert Suhrkamp seine Einstellung. Nach wie vor ist er bereit, den Verlag zurückzugeben. Aber er will nun darauf beharren, auch im wieder vereinigten Verlag eine verantwortliche Stellung einzunehmen.

Über diese Frage kommt es zum Bruch mit Gottfried Bermann Fischer. Der kündigt im Februar 1950 Suhrkamp das Treuhandverhältnis, das seiner Meinung nach zwischen ihnen bestanden hat, verbietet ihm das Betreten der Verlagsräume und reicht eine Klage bei der Wiedergutmachungskammer ein.

Nun lässt sich ein Prozess doch nicht mehr vermeiden. Er findet Ende April 1950 vor dem Landgericht Frankfurt statt. Der Rechtsstreit endet mit einem Vergleich: Die von Peter Suhrkamp geleiteten Verlage in Berlin und Frankfurt gehen an Bermann Fischer zurück und Suhrkamp wird einen eigenen Verlag gründen. Wichtigster Punkt der weiteren Vereinbarungen ist, dass alle achtundvierzig Autoren des Fischer-Verlages wählen können, bei welchem Verlag sie in Zukunft bleiben wollen. Ausgenommen sind jene Autoren wie Thomas Mann, die Bermann Fischer im Ausland verlegt hat.[22]

Anfang Mai kommt Gottfried Bermann Fischer mit seiner Frau nach Montagnola. Er will Hermann Hesse seinen Streitfall mit Suhrkamp auch aus seiner Sicht schildern. Schon am nächsten Morgen teilt ihm Hesse in einem Brief seine Entscheidung mit: Er sei bei seinem Entschluss geblieben, Suhrkamp die Treue zu halten. »Er ist«, so Hesse weiter, »nachdem er Unsägliches im Widerstand gegen die Nazis und im Dienst an Eurer Sache geleistet und erduldet hat, nur durch Eure ›freundschaftliche‹ Vereinbarung in eine für einen Mann seines Alters und seiner Gesundheit grausame oder mindestens heikle Lage gekommen, und ihn darin im Stich zu lassen, ist mir nicht möglich.«[23]

Von den achtundvierzig Autoren entscheiden sich dreiunddreißig für Suhrkamp, darunter auch Bertolt Brecht, Reinhold Schneider, Ernst Penzoldt und Max Frisch. Für Hesse ist Suhrkamp nun »Petrus, der Fels, auf den wir bauen«.

XVI. Der Tod des Glasperlenspielers

*»Wer sich einem Autor blind hingibt, der wird nie
ein Eigner und Eigensinniger werden.«*

Anders als der Musiker H. H. in der *Morgenlandfahrt*
wird Josef Knecht im *Glasperlenspiel* nicht durch innere Zweifel aus seiner Bahn geworfen. Knecht bleibt
in Kastalien und wird schließlich der Magister Ludi,
der Glasperlenspielmeister. Er entwickelt sich sogar
über den geistigen Horizont des Ordens hinaus. Er
lernt verstehen, dass auch der unpolitische Orden der
Glasperlenspieler der Weltgeschichte angehört und
von politischen Änderungen beeinträchtigt werden
kann. So sieht er die Gefahr, dass in Zeiten wirtschaft-
licher Not oder militärischer Aufrüstung der Orden
als »teurer Luxus« empfunden wird und Sparmaßnah-
men zum Opfer fällt.[1]

Solche Einsichten sind es, die Josef Knecht zum
Entschluss führen, Kastalien zu verlassen. Er ist kein
Abtrünniger, kein Verräter oder Enttäuschter. Er
bleibt Glasperlenspieler und er geht nicht in die Welt
als Prediger oder Weltverbesserer, sondern »als Ler-
nender und als Erzieher«.

Josef Knecht wird der Lehrer des jungen Tito, des
Sohnes seines alten Freundes und Rivalen Plinio De-
signiori. Mit seinem Schüler trifft er sich in einer
Hütte in den Bergen. Am nächsten Morgen nimmt Ti-

to ein Bad im eiskalten Bergsee und fordert Knecht zu einem Wettschwimmen auf. Knecht springt seinem Schüler ins Wasser nach, weil er sein Vertrauen nicht enttäuschen will, und ertrinkt.

Titos Erziehung durch Josef Knecht ist zu Ende, bevor sie richtig begonnen hat. Und doch haben das kurze Zusammensein mit seinem Lehrer und dessen Tod eine größere Wirkung auf Titos Leben, als es vielleicht ein langjähriger Unterricht gehabt hätte. Knecht hat etwas in Tito angestoßen, das sich auch ohne Lehrer weiterentwickelt, was sich vielleicht nur ohne Lehrer entfalten kann. Das *Glasperlenspiel* endet, wo für Tito ein neues Leben beginnt: »Und indem er sich«, so lautet der letzte Satz, »trotz allen Einwänden, an des Meisters Tode mitschuldig fühlte, überkam ihn mit heiligem Schauer die Ahnung, daß diese Schuld ihn selbst und sein Leben umgestalten und viel Größeres von ihm fordern werde, als er bisher je von sich verlangt hatte.«

Hermann Hesse berichtet, wie er im Garten wieder einmal ein Feuer gemacht hat und eine etwa achtzigjährige Frau an der Hecke vorbeikam und ihm zusah. Er habe ganz Recht mit seinem Feuerchen, meinte sie lachend, denn in ihrem Alter müsse man sich allmählich mit der Hölle anfreunden. Es entwickelt sich ein scherzhaftes Gespräch und am Ende sind sich Hesse und die Frau einig, dass sie ja noch gar nicht so

»furchtbar alt« seien, solange im Dorf noch die Älteste, die Hundertjährige, lebe.[2]

Der Gedanke an den Tod ist für den über siebzigjährigen Hermann Hesse etwas Alltägliches. Den Tod hasst er nicht und fürchtet er nicht. Und die vielen geliebten Menschen, die er schon verloren hat – seine Eltern, Geschwister oder Jugendfreunde –, sind ihm oft so gegenwärtig, als ob sie noch lebten. »Sie gehören zu mir«, meint er, »[...] ich denke an sie, träume von ihnen und rechne sie mit zu meinem täglichen Leben.« Dass jedes Leben vergänglich ist, darüber empfindet er Trauer, aber es ist eine »Trauer ohne Verzweiflung«[3].

Hesse hält es für an der Zeit, dass er und Ninon sich nach einem Platz auf dem Friedhof von San Abbondio umsehen, wo schon Hugo Ball begraben liegt. Ninon, erst sechsundfünfzig Jahre alt, fühlt sich allerdings noch ziemlich lebendig. Sie plant, wie fast jedes Jahr, eine Reise nach Griechenland. Hesse weiß, dass Ninon oft darunter leidet, so sehr an ihn gebunden zu sein. Und er bedauert es, dass er, wie er an Suhrkamp schreibt, »nichts mehr zu bieten hat«. In der Tat fühlt sich Ninon Hesse in Montagnola manchmal wie eingesperrt. Und sie nutzt jede Gelegenheit, nach Zürich in die Bibliothek zu fahren oder sich in Locarno einen neuen Charlie-Chaplin-Film anzusehen.

Kurz nach der Verleihung des Nobelpreises an Hermann Hesse hat sich Ninon einen großen Traum erfüllt und sich ein Auto angeschafft, einen »Standard Fourteen, hellgrau, Limousine mit Schiebedach«. Vor der gefürchteten Fahrprüfung riet ihr Hesse, sie solle »wie drei Teufel« fahren und dem Prüfer drohen, erst vom Gas zu gehen, wenn er ihre Fahrkunst anerkenne. Ob Ninon sich an diesen Rat gehalten hat, ist nicht bekannt. Den Führerschein hat sie jedenfalls bekommen. Eine Fahrkünstlerin ist sie trotzdem noch nicht. Das Auto ist bald verbeult und hat viele Kratzer. Einige Mitfahrer beschreiben ihren Fahrstil als sehr »holprig und ruckartig«, was auch daran liegen mag, dass sie sich vor jedem Bremsen und Schalten erst die auswendig gelernten Fahrregeln leise vorsprechen muss.[4]

Hermann Hesse lässt sich gern von seiner Frau chauffieren. Auch an seinem fünfundsiebzigsten Geburtstag, am 2. Juli 1952, nutzen sie Ninons Auto, um dem befürchteten Rummel zu entkommen. Beim Anblick der von Briefen und Paketen voll gestopften Zimmer und Gänge lassen sie alles liegen und stehen und steigen ins Auto. Sie fahren über Lugano und Bellinzona bis nach Mesocco, wo das Auto überhitzt seinen Geist aufgibt und sie in einem Gasthaus privat Geburtstag feiern.

Während Ninon und Hermann Hesse mit kaputtem Auto in dem Schweizer Bergdorf sitzen, findet in Stuttgart eine große Hesse-Feier statt, bei der auch Hesses alter Weggefährte Theodor Heuss, der jetzt

Bundespräsident ist, eine Rede hält. Zur Feier des Tages wird in den schwäbischen Schulen eine »Gedenkstunde« abgehalten. Hesse stellt sich das für die Schüler ziemlich langweilig vor. Besser fände er es, wenn man schulfrei gäbe, dann wäre er für die Schüler wirklich ein Wohltäter und nicht ein »Unterrichtsgegenstand«.[5]

Überhaupt hat Hesse den Eindruck, dass man ihn zu einem Denkmal auf einem hohen Sockel machen will. Suhrkamp hat zum Jubiläum auch eine sechsbändige Ausgabe seiner Dichtungen herausgebracht, und »Gesammelte Werke« sind für Hesse seit jeher ein Zeichen dafür, dass ein Autor zum Kulturgut geworden ist, den man ehrt und feiert, von dem man sich aber nicht mehr aufrütteln lässt.

So weit ist es aber mit Hermann Hesse noch nicht gekommen. Mit seiner Haltung zum »Kalten Krieg« zwischen den Machtblöcken USA und Sowjetunion und der Frage nach einer Wiederbewaffnung der Bundesrepublik Deutschland sorgt er für Aufregung. In einem offenen Brief hat er davor gewarnt, sich in Deutschland wieder, wie schon im Zweiten Weltkrieg, in eine »Todesangst vor den Bolschewiken« hineintreiben zu lassen. Diese Panik wird für Hesse von jenen »Angstmachern und Kriegshetzern« geschürt, die Interesse an einem neuen Konflikt zwischen Ost und West haben. Und er hält es für eine wichtige politische Tugend, sich nicht dem »Druck der Hysterie« zu beugen und sich nicht »wie Behexte« durch eine selbstquälerische Untergangsstimmung blenden zu lassen.[6]

Diese Mahnung vor der »Kriegsangst« löst ganz unterschiedliche Reaktionen aus. In Westdeutschland hält man nun Hesse für einen verkappten Kommunisten, der in seinem »in sich selbst versponnenen Humanismus« nicht mehr fähig ist, die Gefahren zu erkennen, die vom kommunistischen Osten ausgehen. In Ostdeutschland und der Sowjetunion dagegen feiert man ihn als Held des Friedens und legt seine Worte als Bekenntnis zum Stalinismus aus.

Hesse fühlt sich weder als Kommunist noch als Verteidiger der westlichen Freiheit gegen den Kommunismus. Und das einzige Bekenntnis, das er abzulegen bereit ist, ist das Bekenntnis zum Individuum, zur Verteidigung der einzelnen Persönlichkeit. Der große Unterschied zwischen Marx und ihm, so meint er, bestehe darin, dass Marx die Welt habe verändern wollen, während es ihm selbst immer nur um den einzelnen Menschen gehe. Und dabei komme er fast zwangsläufig immer in Konflikt mit Gruppen und Organisationen, seien es Kommunisten oder Faschisten, sei es Kirche, Schule oder Staat.

Hesse lehnt es ab, als man ihn zum Ehrenmitglied der ostdeutschen Akademie der Künste machen will. Ebenso verzichtet er darauf, in eine internationale Union für kulturelle Zusammenarbeit aufgenommen zu werden. Bei diesen Versuchen, ihn für eine Seite zu gewinnen, kommt er sich vor wie ein »alter Hecht im trüben Wasser des Aktuellen, umgaukelt von westlichen und östlichen Ködern«. Anbeißen, so stellt er zufrieden fest, wird er nicht.[7]

Die heißen Juli- und Augusttage verbringen die Hesses nun fast jedes Jahr im »Hotel Waldhaus« im Kurort Sils-Maria im Oberengadin. Dort gehen oder – wie Hesse meint – »kriechen« er und Ninon oft den Weg am Silser See entlang, der von einigen Hotelgästen auch »Chemin des Invalides«, Invalidenweg, genannt wird, weil er so bequem und wenig anstrengend ist. Dennoch geht schon dieser Spaziergang oft über Hesses Kräfte. Dann muss er daran denken, wie er vor fünfzig Jahren zusammen mit »Ugel« Finckh und seiner ersten Frau Mia in dieser Gegend auf den Bergen herumgeklettert ist. Mit Finckh marschierte er damals sogar weiter über den Maloja-Pass bis nach Lugano.

Solche Erinnerungen werden bei Hesse nun öfter geweckt. Verwandte aus Schwaben haben ihm ein altes Heft zugeschickt, das einmal seiner Mutter gehört hat und in das sie eigene Gedichte eingetragen hat. Die vergilbten Blätter beschwören wieder das Bild seiner Mutter herauf: wie sehr sie fromme Lyrik liebte und wie wichtig es ihr war, dass die Verse ihres schwierigen Sohnes nicht nur schöne Spielerei sind, sondern einen höheren Inhalt haben.

Auch ein Blatt Papier mit einem eigenen Gedicht,

das er als Sechzehnjähriger verfasst hat, fällt ihm wieder in die Hände. Er hat es einmal seiner Schwester Adele geschenkt und jetzt ist es in ihrem Nachlass wieder aufgetaucht. Die alten Verse sind schlecht, misslungene Versuche, seine damaligen Vorbilder, die romantischen Dichter, in Form und Inhalt zu imitieren. Und dennoch ist die ganze Not seiner Jugend darin eingefangen. Die Flucht aus dem Klosterseminar Maulbronn, die Aufenthalte in Bad Boll und Stetten, die Selbstmordversuche. Das alles wird für Hesse wieder lebendig, gerade weil er damals die Probleme, die ihn quälten, nicht aussprechen konnte, ja weil er den Versen anmerkt, dass er es ängstlich vermied, diese Probleme ins Auge zu fassen.[8]

Je älter Hermann Hesse wird, desto wertvoller sind ihm die Bilder aus Kindheit und Jugend. Gern verzichtet er auf den Besuch eines berühmten Schriftstellers, wenn er dafür mit alten Freunden und Bekannten zusammensitzen und Erinnerungen austauschen kann. Solche Freunde und Bekannte aber werden immer weniger. Otto Hartmann, den er schon aus der gemeinsamen Maulbronner Schulzeit kennt, ist kurz nach seinem letzten Besuch in Montagnola im September 1952 gestorben. Und auch Hesses jüngere Schwester Marulla lebt nicht mehr. Sie ist im März 1953 einer schweren Krankheit erlegen und neben ihrem Vater auf dem Korntaler Friedhof beerdigt worden.

Unter den guten Freunden, die Hesse erhalten geblieben sind, ist ihm Thomas Mann einer der liebsten. Mann ist mit seiner Familie in die Schweiz übergesiedelt und sie bewohnen seit dem Frühjahr 1954 ein feudales Haus in Kilchberg bei Zürich. Auch Katia und Thomas Mann kommen oft in das »Hotel Waldhaus« ins Engadin und es ist zur Gewohnheit geworden, dass Ninon und Hermann Hesse mit ihnen die Abende verbringen.

Während Thomas Mann dann die Asche seiner Zigarre hegt und Hermann Hesse seinen Landwein trinkt, erzählen sie sich bevorzugt »Witze« und Anekdoten. Eine Lieblingsgeschichte Manns handelt von einem Wiener Jesuitenpater und seinem atheistischen Bekannten namens Jodl. »Schaun's, der Jodl«, so soll der Jesuitenpater gesagt haben, »der glaubt *wirklich*, dass es keinen Gott gibt. Ich, ich glaub net amal das.«[9] Und Hesse kann seinen älteren »Bruder« richtig glücklich machen mit Geschichten wie der von dem Landpfarrer, der ein langes Lobgedicht auf die Natur reimte, das mit den Versen beginnt: »Dies schöne Tal / An Form oval / Voll Mineral«.[10]

»Mit Thomas Mann«, so berichtet Hesse später, »konnte man auch so schön lachen, er reagierte auf irgendeine Drolligkeit, die man ihm mitteilte, mit einem Vergnügen und Behagen, das ihn um Jahrzehnte verjüngte.«[11] Und Erika Mann, das älteste der Mann-Kinder, die ihre Eltern oft ins Engadin begleitet, berichtet, wie sehr offenbar auch Hermann Hesse diese Abende genoss. »Urgemütlich und plauderhaft, gesellig, ja galant, so kennen wir den ›Steppenwolf‹, dessen Weltscheu und Einsamkeitsbedürfnis verfliegen, sobald er mit Freunden um den Tisch sitzt.«[12]

Thomas Mann wirkt mit seinen siebenundsiebzig Jahren neben dem zwei Jahre jüngeren Hesse noch rüstig und unternehmungslustig. Ihm ist es auch unmöglich, so gibt er zu, sich wie Hesse literarisch zur Ruhe zu setzen. Er hat noch viel vor und befürchtet, dass er Hesse, seinen »jüngeren Bruder«, überleben wird. »Und sterben Sie ja nicht vor mir!«, hat er ihm scherzhaft geschrieben. »Erstens wäre es naseweis, denn ich bin ›der nächste dazu‹. Und dann: Sie würden mir furchtbar fehlen in all dem Wirrsal. Denn Sie sind mir darin ein guter Gesell, Trost, Beistand, Beispiel, Bekräftigung, und sehr allein würd' ich mich ohne Sie fühlen.«

Dieser Verlust bleibt Thomas Mann erspart. Im Juli 1955 wird er wegen eines geschwollenen Beins in das Zürcher Kantonsspital eingeliefert. Was er nicht weiß: Seine Beinarterien sind völlig verkalkt. Thomas Mann stirbt am 12. August an einer Thrombose. Und nun ist es Hesse, der sich sehr verlassen und allein fühlt. Er vermisst Manns »edle Ironie« und seinen virtuosen »Sinn für das Spiel«, hinter denen, so schreibt er in einem »Abschiedsgruß«, so viel »an Herz, an Treue, Verantwortlichkeit und Liebesfähigkeit stand«.[13]

Thomas Mann lebte bis zuletzt im Licht der Öffentlichkeit. Seine Tage waren gefüllt mit Reisen ins Ausland, mit feierlichen Empfängen und Vorträgen. Hesse dagegen verlässt selten sein Montagnola und meidet die Öffentlichkeit. Dafür allerdings kommt die Welt zu ihm. Hauptsächlich in Form von Briefen und Besuchen. Der Strom von Hesse-Touristen nimmt jedes Jahr noch zu, so dass er sich in seinem Haus vorkommt »wie ein Tier in einem zoologischen Garten«.

Er hat Gunter Böhmer gebeten, auf eine weiße Fläche seiner Gartenpforte die Aufschrift »Bitte, keine Besuche« anzubringen. Viele, die angesichts dieser Bitte wieder umkehren, wollen doch wenigstens mit einem Stift oder Taschenmesser eine Nachricht auf dem Schild hinterlassen. »Thomas Mann grüßt!« steht darauf oder »Na dann nicht«. Oder etwas derber: »Du kannst mich!« Ein Spaßvogel hat sogar versucht, das Wort »keine« wegzukratzen.

Hesse, der Angst hatte, als Schweizer Lokaldichter zu enden, ist bekannter denn je. Seine Bücher erreichen hohe Auflagen und werden in andere Sprachen übersetzt, der *Siddhartha* sogar in mehrere indische Dialekte. Nur in den USA scheint man mit dem deutschen Nobelpreisträger nichts anfangen zu können. Die wenigen schlechten Übersetzungen finden fast keine Leser, was Hesse nur in seiner Meinung bestärkt, dass ihn die Amerikaner einfach nicht verstehen.

Seine Berühmtheit nimmt er als »Alterskrankheit«, gegen die er machtlos ist wie gegen sein »leichtes Vertrotteln«. Auch die Auszeichnungen, die er erhält, zählt er zu dieser Krankheit. Er ist in die Friedensklasse des Ordens »Pour le mérite« aufgenommen worden und im Herbst 1955 wird ihm der Friedenspreis des Deutschen Buchhandels zuerkannt. Diese Ehrungen nimmt er in erster Linie an, weil es auch seinem Freund Peter Suhrkamp und dessen jungem Verlag zugute kommt. Er selbst möchte damit keine Verbindlichkeiten eingehen. Grundsätzlich nimmt er die Preise auch nicht persönlich entgegen. In Frankfurt, wo in der Paulskirche die Verleihung des deutschen Buchhandelspreises stattfindet, vertritt ihn Ninon. Schon Wochen vorher ist sie aufgeregt und übt mit ihrer Freundin Elsy Bodmer »Preis-in-Empfangnehmen«. Immer wenn sie sich im Haus begegnen, verneigt sich Ninon und sagt: »›Herr Bundespräsident! Verehrte Anwesende!‹«[14]

Während Ninon in Frankfurt das Festprogramm absolviert und wegen ihrer »Ruhe und Routine« bewundert wird, geht Hesse mit seiner Gartenschere, dem Aschensieb und der Holzkraxe, der Gerla, auf dem Rücken in den Garten. Er sammelt Nüsse und macht aus Kastanienschalen ein Feuer. Abends hört er sich den Bericht von der Preisverleihung im Radio an.

Ninon hat eine Dankesrede von ihm verlesen, in der er auch an sein lebenslanges Verhältnis zum Buchhandel erinnert: an den Verlag seiner Familie in der Calwer Bischofsstraße, an seine Arbeit als Buchhändler in Tübingen und Basel und an seinen Bücherversand an Kriegsgefangene im Ersten Weltkrieg.

Hermann Hesse fühlt sich immer noch als Buchhändler. Seine liebste Beschäftigung ist es, handgeschriebene Gedichte zu verfassen, mit Bildern zu illustrieren und an Freunde zu verschicken. Was er dafür an Geld bekommt, verwendet er wieder, um andere zu unterstützen. Auf seiner Liste stehen auch einige Studenten, denen er mit monatlichen Zahlungen das Studium ermöglicht.

Hesse hat viel Kontakt zu jungen Leuten. Täglich erreichen ihn Briefe von Schülern, Studenten und jungen Lesern aus allen Schichten. Viele von ihnen sehen ihn als großes Vorbild, von dem sie Antworten auf alle Lebensfragen erwarten. Diese Rolle aber weist Hesse von sich. Die persönliche Hilfe, die er geben kann, sieht er allein darin, dass er jedes Bescheidwissen verweigert und stattdessen dazu ermutigt, eigene Antworten zu finden. Einem jungen Mann, der das Leid in der Welt beklagt und nach dem Sinn des Lebens sucht, schreibt er zurück: »Ich kann Ihnen keine Frage beantworten, ich kann meine eigenen Fragen nicht beantworten. Ich stehe ebenso ratlos und bedrückt vor der Grausamkeit des Lebens wie Sie […]. Ich glaube, daß ich für die Sinnhaftigkeit oder Sinnlosigkeit des Lebens nicht verantwortlich bin, daß ich aber dafür verantwortlich bin, was ich mit meinem eigenen, einmaligen Leben anfange.«

Was man mit seinem Leben anfangen soll, diese Entscheidung kann einem nach Hesses Meinung kein anderer Mensch abnehmen, kein Lehrer, kein Autor. Auch seine eigenen Bücher enthalten für ihn keine Lehre, die man einfach übernehmen kann. Sie sollen nur dazu anregen, sich selber besser zu verstehen und so einen eigenen Weg zu finden.

Darum ist Hesse auch skeptisch gegenüber jedem Hesse-Kult. Er hält es grundsätzlich für falsch, einen Autor allen anderen vorzuziehen. »Wer sich einem Autor, einem Lehrer, einer Lehre blind und gern hingibt, statt sich von ihm auf dem eigenen Weg bestärken zu lassen«, so meint er in einem Brief, »der wäre auch ohne Bücher und Autor kein Eigner und Eigensinniger geworden.«[15]

Hesse wünscht sich darum Leser, die durch seine Bücher »Eigensinnige« werden. Sie brauchen kein Vorbild, dem sie nur nachsprechen, sondern haben einen eigenen Kopf und eine eigene Sprache. Und gerade weil sie Hesse verstanden haben, haben sie Hesse nicht mehr nötig.

Auch an seinem achtzigsten Geburtstag flieht Hermann Hesse wieder mit seiner Frau Ninon aus Montagnola. Dieses Mal steigen sie nicht in Ninons Auto, sondern nehmen ein Taxi und lassen sich nach Piotta am Gotthard fahren. Dort feiern sie zusammen mit Hesses Söhnen, Schwiegertöchtern und Enkeln in einem alten Tessiner Landhaus. Die Briefe, Blumensendungen und Pakete, die haufenweise in den Zimmern der Casa Rossa liegen, überlassen sie einer Sekretärin, die eine erste Sortierung vornehmen soll.

Als die Hesses wieder nach Hause kommen, sind immer noch über tausend Briefe nicht geöffnet und gelesen und sie müssen sich nun ohne Sekretärin an die Arbeit machen. Unter den vielen Glückwünschen zum Geburtstag befindet sich auch die Karte einer Gymnasialklasse, die vom Lehrer und allen Schülern unterschrieben worden ist. Einige Tage später bekommt Hesse den Brief eines Schülers dieser Klasse, der ihm mitteilt, dass er die Karte nur aus Pflicht unterzeichnet habe und die Glückwünsche keineswegs seiner persönlichen Meinung entsprechen würden. Die meisten Geburtstagsgrüße vergisst Hesse wieder, der Protestbrief dieses eigensinnigen Schülers bleibt ihm im Gedächtnis.[16]

Weniger Freude machen ihm dagegen die Briefe von Schülerinnen und Schülern, die über Hermann Hesse einen Aufsatz oder einen Vortrag halten sollen und nun vom Dichter selber wissen wollen, warum er *Narziß und Goldmund* oder *Siddhartha* geschrieben und was er sich denn dabei gedacht habe. Hesse kann es nicht verstehen, warum Lehrer sich »solche Quälereien« ausdenken und die Freude an Büchern zerstören. Einem Oberstufenschüler, der eine vierzigseitige Interpretation einer Erzählung aus dem *Glasperlenspiel* verfassen soll, schreibt er, dass seine Bücher keine »Rechenaufgaben, sondern Dichtungen« seien, denen man mit Schulmethoden nicht beikomme. Aus seinen Büchern, so ist Hesses Einstellung, kann sich jeder holen, was ihm gefällt. Ihr Wert entscheidet sich für ihn letztlich daran, dass sie sich nicht nur rational verstehen lassen oder Vergnügen machen, sondern »direkt ins Leben« wirken.[17]

Wie weit die Wirkung seiner Bücher reicht, erfährt er immer wieder durch Briefe aus fernen Ländern. So schreibt ihm auch ein Gymnasiast aus Tokio, der *Unterm Rad* gelesen hat und der nun tief beglückt ist darüber, dass es im fernen Montagnola jemanden gibt, von dem er sich ganz verstanden fühlt und der ihn »immer ansieht«.[18]

So begeistert sind nicht alle seine Leser. An ihm scheiden sich auch die Geister. 1957 veröffentlicht der Germanist Karlheinz Deschner eine »literarische Streitschrift«, in der er zu beweisen sucht, dass Hesse ein »drittklassiger« Lyriker ist und seine Romane, vor allem *Narziß und Goldmund*, nichts anderes sind als kitschiger »Goldschnittsirup«.[19] Und im Sommer 1958 erscheint im Nachrichtenmagazin *Der Spiegel* ein langer polemischer Artikel über Hesse mit dem

Titel »Im Gemüsegarten«. Der anonyme Autor schildert Hesse als dichtenden Kleingärtner, der sich in seine heile Tessiner Welt zurückgezogen habe, in seine »Subjektsphäre verfangen« sei, in seinen Büchern immer nur wieder seine »pubertären Seelennöte« behandle, dem die Welt »gleichgültig« sei und der außerhalb Deutschlands nicht wahrgenommen werde.[20]

Ninon möchte verhindern, dass Hesse von diesen »literarischen Hinrichtungen« erfährt. Aber durch Leserbriefe wird er doch darauf aufmerksam gemacht und nach so vielen Ehrungen empfindet er diese Verrisse »fast erfrischend«. »Niemand weiß besser als ich«, schreibt er an Carl Seelig, den Freund und Förderer Robert Walsers, »daß meine Erfolge übertrieben und größtenteils unverdient sind.« Im Übrigen hält er sich in solchen Fällen an die Devise: »Knabe hat alten Kerl mit Dreck beworfen. Alter Kerl bürstet sich den Rock.«[21]

Solche Angriffe wegzustecken ist Hesse immer leichter gefallen, wenn er sich auf den Beistand seiner Freunde verlassen konnte. Aber viele dieser Freunde, die er zu den »Morgenlandfahrern« zählt, hat er in den letzten Jahren verloren. Neben Thomas Mann sind auch Fritz Leuthold, Georg Reinhart, Josef Englert und Hans Bodmer gestorben. Und Anfang April 1959 erhält Hesse auch die Nachricht von Peter Suhrkamps Tod.

Suhrkamp war seit seiner Inhaftierung von Krankheit gezeichnet und seine dauernde berufliche Über-belastung ließ auch keine Schonung zu. Seinen acht-undsechzigsten Geburtstag am 28. März 1959 musste er in einem Frankfurter Krankenhaus verbringen. Hesse schickte »Freund Peter«, mit dem er sich seit der Verlagsgründung duzt, ein Gedicht und Suhrkamp trank noch ein Glas Champagner. Drei Tage später war er tot.

Suhrkamps Nachfolger im Verlag wird Siegfried Unseld. Unseld hat als Student eine Doktorarbeit über Hermann Hesse geschrieben und ihn auch im Sommer 1951 in Bremgarten das erste Mal persönlich kennen gelernt. Damals riet Hesse dem etwas unent-schlossenen jungen Mann, in einem Verlag zu arbeiten und mit Peter Suhrkamp Kontakt aufzunehmen. Un-seld folgte diesem Rat und wurde Suhrkamps rechte Hand oder »der junge Hund«, wie Suhrkamp selbst ihn nannte.

Suhrkamps Tod verstärkt noch Hesses Gefühl, dass die Leere um ihn immer größer wird. Umso wichtiger werden ihm Bilder und Erinnerungen. Von seiner Heimatstadt Calw hat er ein Ölbild, eine Ansicht der Stadt, geschenkt bekommen. Er hat es im Esszimmer aufgehängt, so dass er bei jeder Mahlzeit die Nagold-brücke betrachten kann, auf der er als Junge so oft mit der Angel gestanden hat. Hesse weiß aber auch, dass sich in Calw vieles verändert hat und er viele Häuser und Straßen nicht mehr erkennen würde.

Auch Montagnola hat sich verändert. Es gibt jetzt ein neues Postamt, ein Café, einen Zeitungskiosk. Viele Spazierwege und Malplätze aus der Klingsorzeit sind verschwunden. Mit Sorge beobachtet Hesse, wie auch die Neubauten immer weiter heranrücken. Er kann den Leuten keinen Vorwurf machen, denn auch er hat einmal auf diesem schönen Hügel ein Haus bauen lassen. Aber er will doch die »schöne Stille und Würde« der Casa Rossa erhalten. Und so kommt er mit Emmy Bodmer überein, einen Wiesenhang und ein Waldstück dazuzukaufen. Seither nennt er Emmy Bodmer nur noch die »Herrin des Hügels«.

Das erweiterte Grundstück kann Hesse kaum noch genießen. Obwohl er geistig noch sehr frisch ist, leidet er oft an großer Müdigkeit und Kraftlosigkeit. Sein Hausarzt Doktor Molo stellt bei ihm eine altersbedingte Anämie fest, die mit Bluttransfusionen behandelt werden muss.

Am Abend des 31. Juni 1962, zwei Tage vor Hermann Hesses fünfundachtzigstem Geburtstag, kommt die »Filarmonia liberale«, die Blaskapelle des Dorfes Montagnola zur Casa Rossa, um dem Jubilar ein Ständchen zu bringen. Hesse sitzt in der Haustüre und hört vergnügt den etwa zwanzig Bläsern zu. Danach bedankt er sich mit einer Rede, die er auf Italienisch hält, und lädt zu einem Umtrunk in der Garage ein, wo es Weißwein und »Bierstengeli« gibt.

Das Konzert der Blaskapelle ist der Auftakt einer besonderen Ehrung, die sich die Gemeinde Montagnola für Hesse ausgedacht hat: Er soll zum Ehrenbürger ernannt werden. Diese Auszeichnung hat für die Leute in Montagnola einen ähnlichen Wert wie der Nobelpreis und ist für sie auch, wie Ninon meint, »verständlicher«. Und anders als beim Nobelpreis will Hesse diese Urkunde auch persönlich entgegennehmen. Er ist in Montagnola sehr beliebt. Er gilt als leutselig, während man Ninon als »sempre con distanza«, als distanziert und unzugänglich, betrachtet.[22]

Am nächsten Vormittag kommen die Vertreter der Gemeinde festlich gekleidet in die Casa Rossa. Die Bibliothek und das Esszimmer sind mit Blumen geschmückt. Es geht sehr ungehemmt oder, wie Ninon meint, sehr »mittelmeerisch« zu. Die Gäste bekommen einen Waadtländer Weißwein und der Bürgermeister findet es zum Lachen komisch, dass der berühmte Nobelpreisträger Hermann Hesse und seine Frau vor fast einunddreißig Jahren doch tatsächlich in dem kleinen, schäbigen Zimmer des alten Rathauses getraut worden waren. Zum Schluss macht Ninon ein Gruppenfoto, als man Hermann Hesse die Urkunde überreicht, die ihn zum Ehrenbürger Montagnolas erklärt.

Am nächsten Tag finden die Geburtstagsfeierlichkeiten noch einen krönenden Abschluss. Max Wassmer, Besitzer des Schlosses Bremgarten, lädt Hesses engere Familie und einige Freunde zu einem festlichen Beisammensein nach Faido am Gotthard ein. Nach dem Menü öffnet sich eine Tür und das Berner Reist-Quartett spielt für den Jubilar Mozart. Hesse ist gerührt. »Hermann bebte vor Ergriffenheit«, berichtet Ninon später an ihre Schwester, »seine Schultern zuckten, aber dann fasste er sich, er ist ja ganz unsentimental, Gottlob!«[23]

In den Wochen nach seinem fünfundachtzigsten Geburtstag macht Hesse fast täglich einen kurzen Spaziergang im Garten. Dabei geht er immer an einer Robinie mit einem morschen Ast vorbei. Jedes Mal versucht er, den Ast abzureißen, aber es gelingt ihm nicht. »Der hält noch«, sagt er dann erfreut zu Ninon.

Auch am 8. August geht er wieder an dem morschen Ast vorbei und zerrt an ihm. Wieder gibt er nicht nach. Abends findet Ninon ein Gedicht in ihrem Zimmer, es ist ein Gedicht über den morschen Ast, der Jahr um Jahr trotzig am Baum hängt und von dem man nicht weiß, wie lange er noch aushält, vielleicht einen Sommer, vielleicht einen Winter.

Nach dem Abendessen und dem gewohnten Vorlesen hört sich Hesse noch eine Klaviersonate an, die Sonate in C-Dur, Nr. 7, Köchelverzeichnis 309. Dann geht er zu Bett.

Am nächsten Morgen gegen acht Uhr wundert sich

Ninon Hesse, dass ihr Mann die Verbindungstür zu seinen Räumen noch nicht geöffnet hat, wie es seine Gewohnheit ist. Sie denkt, dass er noch schläft. Als die Tür zwei Stunden später immer noch geschlossen ist, will Ninon nach dem Rechten sehen. Sie findet Hermann Hesse in seinem Bett. Er scheint zu schlafen. Als sie näher tritt und ihn leise »Vogel« ruft, bemerkt sie ein wenig Blut an seinem Mundwinkel, auch scheint er nicht mehr zu atmen. Ninon stürzt sofort zum Telefon und ruft Doktor Molo an. Der Arzt kommt fünfzig Minuten später und kann nur noch Hesses Tod feststellen. Er sei an einem Hirnschlag gestorben, meint er, sanft und kampflos.

Hans Morgenthaler, ein Freund Hermann Hesses, hat einmal geschrieben, Hesse sei ein Mensch, dem er gern beim Sterben zusehen möchte. Morgenthaler hat Hesse bewundert und er glaubte, dass man von ihm auch lernen kann, wie man dem Tod gegenübertritt. Als Hermann Hesse starb, war er allein. Kein Zeuge hat seine letzten Stunden und Minuten miterlebt, niemand weiß, was er zuletzt gedacht, geträumt, gehofft hat.

Hesse glaubte nicht an ein Leben nach dem Tod im christlichen Sinn. Aber er konnte sich vorstellen, dass mit dem Tod wieder etwas Neues beginnt – so wie er glaubte, dass Leben darin besteht, immer wieder neue Stufen zu beschreiten und die bisher erreichten hinter sich zu lassen.

Als der Glasperlenspielmeister Josef Knecht beschließt, Kastalien zu verlassen, erinnert er sich an ein
Gedicht, das er als junger Mann geschrieben hat und
das ihn jetzt in seinem Entschluss bestärkt. Das Gedicht ist eine »Mahnung an sich selbst«, sich immer
wieder auf Neues einzulassen und sich von alten Gewohnheiten zu trennen. Es ist ein Gedicht über den
Mut zum Neubeginn, ein Lebensmut, der auch über
das Leben hinausgeht.

Stufen

Wie jede Blüte welkt und jede Jugend
Dem Alter weicht, blüht jede Lebensstufe,
Blüht jede Weisheit auch und jede Tugend
Zu ihrer Zeit und darf nicht ewig dauern.
Es muß das Herz bei jedem Lebensrufe
Bereit zum Abschied sein und Neubeginne,
Um sich in Tapferkeit und ohne Trauern
In andre, neue Bindungen zu geben.
Und jedem Anfang wohnt ein Zauber inne,
Der uns beschützt und der uns hilft, zu leben.
Wir sollen heiter Raum um Raum
   durchschreiten,
An keinem wie an einer Heimat hängen,
Der Weltgeist will nicht fesseln uns und engen,
Er will uns Stuf' um Stufe heben, weiten.
Kaum sind wir heimisch einem Lebenskreise
Und traulich eingewohnt, so droht Erschlaffen,

Nur wer bereit zu Aufbruch ist und Reise,
Mag lähmender Gewöhnung sich entraffen.

Es wird vielleicht auch noch die Todesstunde
Uns neuen Räumen jung entgegensenden,
Des Lebens Ruf an uns wird niemals enden ...
Wohlan denn, Herz, nimm Abschied und
gesunde![24]

Die Beerdigung Hermann Hesses findet am 11. August 1962, einem heißen Sommertag, nachmittags um vier Uhr auf dem Friedhof San Abbondio statt. Der Sarg mit den Initialen »H. H.« ist vor der Friedhofskapelle aufgebahrt. Ninon wird von Max Wassmer begleitet. Aus dem Kreis der engeren Freunde und Bekannten sind auch Elsy Bodmer und Siegfried Unseld da. Den Trauergottesdienst hält Hans Völter, ein Schulfreund Hermann Hesses aus dem Maulbronner Internat. Vertreter des Landes Baden-Württemberg, der Stadt Calw und der Gemeinde Montagnola halten Ansprachen. Auch Unseld spricht einige Worte und liest Hesses Gedicht *Leb wohl, Frau Welt* vor. Dann nehmen die Söhne Heiner und Martin sowie die Enkel Silver und Simon, beide in Schweizer Militäruniform, den Sarg auf und tragen ihn zu der Grabstelle an der südlichen Friedhofsmauer.

Der schlichte Grabstein für Hermann Hesse ist aus Granit und hat die Form eines aufgeschlagenen Buches. Als Ninon Hesse vier Jahre nach ihrem Mann, am 22. September 1966, stirbt, wird sie neben ihm begraben. Für beide werden Lebensbäume gepflanzt, die bald weit über die Friedhofsmauer hinausragen.

Epilog

Ein Jahr vor seinem Tod, im Herbst 1961, erfuhr Hermann Hesse davon, dass es in der amerikanischen Universitätsstadt Berkeley eine Studentenkneipe gibt, die sich »Steppenwolf Bar« nennt. Diesen Einfall betrachtete er als einen typisch amerikanischen Gag und er ließ sich dadurch nicht von seiner Überzeugung abbringen, dass die US-Amerikaner mit seinen Büchern nichts anfangen könnten.

In der Tat war der Nobelpreisträger Hesse in den Vereinigten Staaten nach dem Zweiten Weltkrieg so gut wie unbekannt. Und obwohl sich so namhafte Autoren wie Thomas Mann, Thornton Wilder und Henry Miller dort für ihn einsetzten, änderte sich daran bis zu Hesses Tod kaum etwas. Die Benennung einer Bar in Kalifornien nach einem seiner Bücher war aber bereits ein erstes Zeichen für eine Wiederentdeckung Hesses, die in der Literaturgeschichte ziemlich einmalig ist.

Zuerst waren es die Anhänger der Beat-Generation, die auf den deutschen Autor aufmerksam wurden. Die »Beatniks«, wie man sie auch nannte, lehnten die Werte der amerikanischen Gesellschaft ab. Sie suchten nach einem neuen Lebensstil, nach anderen Formen der Erkenntnis und propagierten zu diesem Zweck einen freien Umgang mit Sex und Drogen. In Hermann Hesse sahen sie *den* Außenseiter, der die Tabus der Gesellschaft gebrochen und neue Gedankenwelten erschlossen hat. 1963 nannte der Drogenprophet Timothy Leary Hermann Hesse den »Meisterführer zum psychedelischen Erlebnis« und empfahl, vor einer LSD-Sitzung seine Bücher *Siddhartha* oder *Steppenwolf* zu lesen. Leary, ein abtrünniger Harvard-Professor, hatte im Hudson Valley einen Landsitz gegründet, den er »Kastalia« nannte. Dort suchte er neue Wege zur Bewusstseinserweiterung und machte Experimente mit Rauschmitteln.[1]

Während in Deutschland Mitte der sechziger Jahre die Verkaufsziffern von Hesse-Büchern einen absoluten Tiefpunkt erreichten und der Autor bei den westdeutschen Linken als veralteter, bürgerlicher Romantiker galt, setzte in den USA ein Hesse-Boom ein. Es gab jetzt preiswerte Ausgaben der wichtigsten Hesse-Bücher und *Siddhartha* wurde zum meistverkauften Taschenbuch des amerikanischen Buchhandels.

Dabei waren es nicht die professionellen Literaturkritiker oder Literaturwissenschaftler, die dieses Interesse ausgelöst hatten. Es waren Studenten, Randgruppen wie die Hippies und Protestbewegungen wie die Gegner des Vietnamkrieges, die Hesse für sich entdeckten. Viele wussten gar nicht, dass Hesse – man sprach ihn ohne das Endungs-e aus – ein gebürtiger Deutscher war und die meiste Zeit seines Lebens in der Schweiz verbracht hatte. Man interessierte sich auch nicht in erster Linie für die literarischen Aspekte an seinem Werk, sondern las seine Bücher wie eine existenzielle Botschaft, die unmittelbar an einen selber gerichtet war. Bezeichnend ist ein Erlebnis, von dem der Schriftsteller und Rezensent George Steiner berichtete: Er war in eine Kommune von so genannten Flower-Power-Leuten eingeladen. Die Blumenkinder waren stolz darauf, nicht zu lesen und im ganzen Haus keine Bücher zu haben. Aber ein Mädchen holte ein schon ganz zerschlissenes Buch aus ihrer Umhängetasche und sagte: »Wir lesen das hier. Ich kann es auswendig. Ich weiß verdammt genau fast jedes einzelne Wort daraus.« Es war Hesses *Glasperlenspiel*. Und in der Küche entdeckte Steiner zwischen Graubrot und Paprikaschoten eine Ausgabe des *Steppenwolf*.[2]

Hesse sei ein »Prophet der Jugend und ein Guru des jungen Amerika«, schrieb der Kritiker Stephen Koch. Von den Hippies wurde Hermann Hesse zu ihrem »Heiligen« erhoben und in vielen Zimmern hing an der Wand zwischen Postern von Che Guevara, Yoko Ono und Jim Morrison ein Bild von Hesse mit Nickelbrille und Strohhut. Auch die »Steppenwolf Bar« auf dem Campus in Berkeley blieb kein einmaliger Gag. Es gab das »Magic Theater«-Café in Philadelphia, »Demian's Rathskeller« in Princeton und »Siddhartha's Pad« in Indiana. 1968 gründete sich eine

Rockgruppe mit dem Namen »Steppenwolf«, deren Mitglieder zeitweise in den Kostümen der Romanfiguren auftraten. Ihr Song *Born to be wild* wurde als Soundtrack zum Kultfilm *Easy Rider* zur Hymne der 68er Protestbewegung. Und sogar Snoopy, Charly Browns Hund in der Comic-Serie *Peanuts*, empfahl: »Back to Hermann Hesse«.[3]

Die Hesse-Welle schlug sich natürlich auch auf die Verkaufszahlen nieder. In Amerika wurden bis 1973 acht Millionen Exemplare von Hesse-Büchern verkauft. Spitzenreiter war dabei *Siddhartha* mit circa drei Millionen, gefolgt von *Steppenwolf* und *Demian*. Und ein Ende des Booms war auch Mitte der siebziger Jahre noch nicht abzusehen.[4]

Diese ungeheure Popularität Hesses blieb nicht auf die USA beschränkt. Auch in Japan, Australien, Südafrika, in der Sowjetunion, in der DDR und in vielen weiteren Ländern wurden seine Bücher massenhaft gekauft. Hesses Wirkung war im Grunde weltweit, über alle kulturellen und ideologischen Grenzen hinweg. Zeitweise war es so, dass fast jeder Jugendliche in seiner Entwicklung eine Hesse-Phase durchlebte. »Hesse gehört nicht irgendeiner Generation an«, meinte eine amerikanische Autorin, »sondern einer bestimmten Zeit in unserem Leben.«[5]

Diese weltweite Verbreitung zog unwillkürlich die Frage nach sich, wie sich ein solches »Phänomen« erklären lässt. Einige literarische »Fachleute« behaupteten, dass die Hesse-Begeisterung in den meisten Fällen auf Missverständnissen beruhe und viele junge Leser die Bücher einfach zu naiv und ohne den nötigen künstlerischen Sachverstand aufnehmen würden. Andere, die diese Begeisterung ernster nahmen, machten die fernöstlichen Gedanken bei Hesse, seine einfache und suggestive Sprache oder seine Auflehnung gegen jede Art von Repression dafür verantwortlich.

Auch die Motive der Leser selbst waren vielfältig. Manche schätzten ihn vor allem wegen seiner tiefen Einsichten in psychologische Vorgänge. Manche verstanden seine Bücher als Appell, einer Gesellschaft den Rücken zu kehren, welche die Fragen nach Sinn und Glück nur mit maßlosem Konsum beantworten kann. Für die Gegner des Vietnamkriegs war Hesse ein kompromissloser Mahner zum Frieden. Und für die aufkommende Umweltbewegung war er darüber hinaus ein Vorreiter im Kampf gegen die Verschmutzung und Zerstörung der Natur.

Die unpolitischen Teile der 68er Bewegungen verfestigten das Bild von Hesse als Autor der Innerlichkeit. Und sie neigten dazu, seinen »Eigensinn« als Erlaubnis zu einer egozentrischen Glückssuche zu verstehen. Erst mit dem Erscheinen von Hesses politischen Schriften Mitte der siebziger Jahre verschärfte sich der Blick für den Hesse, der dem Individualismus auch Grenzen setzt und an die Verantwortung jedes Einzelnen erinnert – die Verantwortung gegenüber der Natur, gegenüber einer Transzendenz und gegenüber der Gemeinschaft. Adolf Muschg, der Schweizer Germanist, musste nach der Lektüre von Hesses politischen Artikeln sein persönliches Hesse-Bild revidieren und er schrieb: »Hesse richtet darin ein Maß der Glaubwürdigkeit auf, an dem sich Politik, solange es sie gibt, wird messen lassen müssen.«

Der katholische Theologe Eugen Drewermann versuchte Mitte der neunziger Jahre, den psychologischen, politischen und eigensinnig moralischen Hesse wieder zusammenzubringen. Für Drewermann ist es ein ursprünglich religiöses Ziel, die Gemeinschaft von Menschen zu fördern *und* die Eigenheit jedes einzelnen Menschen zu stärken. Und er nimmt Hesses »Glauben« als Vorbild für eine richtig verstandene Religion, der es über alle Dogmen und Verbote hinweg darum gehen müsse, beim Einzelnen ein »Grundgefühl« zu stärken, nämlich die »Zuversicht einer unbedingten Bejahung«. Nur dadurch könne der Einzelne, so Drewermann, »frei werden von aller Außenlenkung und aller Fremdbestimmung, nur in ihr gewinnt er den Mut, sich selbst zu entwickeln, nur in ihr entdeckt er den wahren Kern aller Religion: die innere Stimme, die sagt: Sei du selbst.«[6]

Alle diese Anliegen und Botschaften kann man wahrscheinlich in den Büchern Hermann Hesses wirklich finden. Man wird aber auch immer feststellen, dass sie sich darin nicht erschöpfen. Es bleibt ein

Geheimnis, warum so viele verschiedene Menschen aus ganz unterschiedlichen Gründen von einem Autor fasziniert sind. Und vielleicht ist es von vornherein verfehlt, nach allgemeinen Gründen zu fragen.

Die Schriftstellerin Gabriele Wohmann kapitulierte vor der Aufgabe, über ihr Verhältnis zu Hermann Hesse zu berichten. Sie musste feststellen, dass sie bei den ersten Versuchen immer nur wieder über sich selber schrieb. Und sie empfand es als »vermessen«, aus ihren persönlichen Erfahrungen irgendwelche übergeordneten »Fazits« zu ziehen. »Über Hermann Hesse aber«, meint sie, »darf und kann man nicht unehrlich sein. Seine Person und sein Werk, sie verbieten das. Eine schöne Entschiedenheit, die da von ihm ausgeht, gar nicht leer abgefragt.«[7]

Vielleicht gehört es zum Geheimnis von Hesses Büchern, dass jeder Leser sich persönlich von ihnen angesprochen fühlt und ermutigt wird, die eigenen Gedanken und Erfahrungen ernst zu nehmen. Diese Qualität ist vielleicht auch der Grund dafür, warum Hermann Hesse auch heute noch ein viel gelesener Autor ist. Er selbst hat über die Rezeption und Wirkung von Literatur einmal gesagt: »Die Bücher der Dichter bedürfen weder der Erklärung noch der Verteidigung, sie sind überaus geduldig und können warten, und wenn sie etwas wert sind, dann leben sie meistens länger als alle die, die über sie streiten.«[8]

Zeittafel

1877   Hermann Hesse wird am 2. Juli als zweites Kind des Johannes Hesse und seiner Frau Marie, geb. Gundert, in Calw an der Nagold (Württemberg) geboren.

1881–1886   Aufenthalt der Familie in Basel. Johannes Hesse arbeitet für die Basler Mission. Hermann wird zeitweise im Internat der Mission untergebracht.

1886–1890   Nach der Rückkehr der Familie nach Calw besucht Hermann die Lateinschule. 1890 kommt er zur Vorbereitung auf das Landexamen nach Göppingen.

1891–1892   Im Juli 1891 besteht er das schwäbische Landexamen. Im Herbst 1891 Eintritt in das evangelisch-theologische Seminar im Kloster Maulbronn. Am 7. März 1892 flieht er aus dem Seminar.

1892–1894   Hermann wird nach Bad Boll gebracht. Nach Selbstmordversuch Einlieferung in die Heilanstalt Stetten. Am 2. November kommt er in das Gymnasium nach Cannstatt. Er bricht die Schule ab und beginnt im Oktober 1893 eine Lehre als Buchhändler in Eßlingen. Nach drei Tagen flieht er.

1894–1895   Mechanikerlehre in der Turmuhrenfabrik Perrot in Calw. Daneben privates Studium der Weltliteratur. Im Oktober 1895 beendet er die Lehre.

1895–1899   Anstellung als Lehrling und später als Sortimentsgehilfe in der Heckenhauer'schen Buchhandlung in Tübingen. Bekanntschaft mit Ludwig »Ugel« Finckh. Erste Gedichte Hesses werden in der Zeitschrift »Deutsches Dichterheim« abgedruckt. Im Herbst 1898 erscheinen die *Romantischen Lieder* beim Verlag E. Pierson, im Sommer 1899 *Eine Stunde hinter Mitternacht* beim Verlag Eugen Diederichs.

1899–1901 Nach dem Umzug nach Basel arbeitet er als Sortimentsgehilfe in der Reich'schen Buchhandlung. Museumsbesuche (Böcklin) und Ausflüge in die Natur öffnen ihm die Augen für das sinnlich Schöne. 1901 erste Italienreise. Danach übernimmt er eine Stelle im Antiquariat Wattenwyl. *Hinterlassene Schriften und Gedichte von Hermann Lauscher* erscheint bei Reich in Basel.

1902–1904 Tod der Mutter Marie Hesse. Zweite Italienreise zusammen mit Maria Bernoulli. *Peter Camenzind* erscheint beim S. Fischer-Verlag in Berlin. Hesse heiratet Maria Bernoulli und lässt sich als freier Schriftsteller in Gaienhofen am Bodensee nieder.

1905–1907 Sohn Bruno wird geboren. *Unterm Rad* erscheint. Hesse wird Mitherausgeber der linksliberalen Zeitschrift *März*. »Ugel« Finckh zieht nach Gaienhofen und unternimmt mit Hesse viele Wanderungen bis nach Italien. Erster Aufenthalt Hesses auf dem Monte Verità bei Ascona.

1907–1911 Mia und Hermann Hesse bauen ein eigenes Haus in Gaienhofen. Erneute »Flucht« zum Monte Verità. Erzählbände *Diesseits* und *Nachbarn* sowie der Roman *Gertrud* erscheinen. Geburt der Söhne Heiner und Martin. Reise mit Hans Sturzenegger nach Indonesien. Nach der Rückkehr beschließt Hesse, Gaienhofen zu verlassen und mit der Familie nach Bern zu ziehen.

1912–1916 Sie beziehen das Welti-Haus am Berner Stadtrand. Sein Roman *Roßhalde* erscheint. August 1914: Ausbruch des Ersten Weltkrieges. Hesse wird dem Hilfsdienst für die deutschen Kriegsgefangenen bei der Gesandtschaft in Bern zugeteilt. Aufgrund seiner politischen Artikel wird er von der deutschen Presse als »vaterlandsloser Geselle« verleumdet. 1916 Tod des Vaters. Hesse stürzt in eine schwere Krise. Kuraufenthalt im Sanatorium Sonnmatt und psychotherapeutische Sitzungen bei Josef Lang, einem Schüler Carl Gustav Jungs.

1917–1919 Hesses Frau Mia erleidet einen psychischen Zusammenbruch und muss in eine Heilanstalt eingeliefert werden. Unter dem Pseudonym Emil Sinclair verfasst Hesse den Roman *Demian*, der 1919 erscheint. Nach Kriegsende und seinem Ausscheiden bei der Kriegsgefangenenfürsorge verlässt er Bern und seine Familie und zieht ins Tessin. Im Dorf Montagnola am Luganer See findet er eine neue Bleibe.

1920–1924 *Klein und Wagner, Klingsors letzter Sommer* entstehen. Hesse malt Aquarelle und beschäftigt sich mit östlichen Religionen und Philosophen. Daraus entsteht die Erzählung *Siddhartha*, die er erst nach psychotherapeutischen Sitzungen bei Carl Gustav Jung fertig schreiben kann. 1923 lässt er sich von Mia Hesse scheiden und heiratet wenig später Ruth Wenger. Mitherausgeber der Monatszeitschrift »Vivos Voco«. Wegen rheumatischer Beschwerden häufiger Kuraufenthalt in Baden bei Zürich. Hintergrund für sein Buch *Kurgast*.

1925–1927 Hesse verbringt die Wintermonate in Zürich und besucht Faschingsbälle. Der *Steppenwolf* entsteht. Seine Frau Ruth lässt sich von ihm scheiden. Zu seinem fünfzigsten Geburtstag am 2. Juli 1927 erscheint die Hesse-Biographie seines Freundes Hugo Ball, der kurz darauf stirbt.

1928–1932 Hesse beginnt *Narziß und Goldmund* zu schreiben. Er tritt aus der Preußischen Akademie der Künste aus, in die er 1926 gewählt worden war. Ninon Dolbin besucht ihn in Zürich und Montagnola. Die beiden heiraten im November 1931. Hesses Freund und Mäzen Hans C. Bodmer baut für ihn ein Haus in Montagnola und stellt es ihm lebenslang zur Verfügung. Freundschaft mit Thomas Mann. Die Erzählung *Die Morgenlandfahrt* erscheint. Beginn mit der Arbeit am *Glasperlenspiel*.

1933–1945 Nach der Machtergreifung der Nationalsozialisten in Deutschland wird Hesses Haus zur Zuflucht für viele Exilanten. Hesse wird in Deutschland wegen seiner Literaturbesprechungen angegriffen. 1936 erhält er den Schweizer Gottfried-Keller-Preis. Der S. Fischer-Verlag wird gespalten. Die Leitung des in Deutschland verbleibenden Verlagsteils übernimmt Peter Suhrkamp. Er darf Hesses *Glasperlenspiel* nicht drucken und wird von der Gestapo verhaftet.

1946–1950 Nach dem Ende des Zweiten Weltkrieges erhält Suhrkamp von den Alliierten eine Lizenz für seinen Verlag. Hesse unterstützt ihn und viele andere Bekannte und Freunde mit Paketen. Im Herbst 1946 erhält er den Frankfurter Goethe-Preis. Wenig später den Nobelpreis für Literatur. Als erstes Hesse-Buch im Nachkriegsdeutschland bringt Suhrkamp das *Glasperlenspiel* heraus. Anfang 1950 gründet Suhrkamp nach Streitigkeiten mit den Nachfolgern des verstorbenen Samuel Fischer einen eigenen Verlag. Hesse hält ihm die Treue.

1951–1962 Wegen seiner Kritik am Nachkriegsdeutschland bekommt Hesse viele Schmähbriefe. Angegriffen wird er auch, weil er sich politisch zu keiner bestimmten Richtung bekennt und im Kalten Krieg zwischen Ost und West vor unbegründeten Kriegsängsten warnt. 1955 wird ihm der Friedenspreis des Deutschen Buchhandels verliehen. Die letzten Jahre verbringt er sehr zurückgezogen, obwohl Montagnola zum Ziel vieler Hesse-Touristen wird. Seine Arbeitskraft verwendet er fast nur noch, um die zahlreichen Briefe zu beantworten, die er täglich bekommt. Am 9. August 1962, wenige Wochen nach seinem fünfundachtzigsten Geburtstag, stirbt Hesse an einer Gehirnblutung.

Bibliographie (Auswahl)

Werke

Gesammelte Werke (in zwölf Bänden), Frankfurt/M.: Suhrkamp 1987

Gesammelte Erzählungen (in vier Bänden), Frankfurt/M.: Suhrkamp 1977; Band I: *Aus Kinderzeiten* (1900-1905); Band II: *Die Verlobung* (1906-1908); Band III: *Der Europäer* (1909-1918); Band IV: *Innen und Außen* (1919-1955)

Einzelausgaben

Eigensinn. Autobiographische Schriften, Auswahl von S. Unseld, Frankfurt/M.: Suhrkamp 1972 (zitiert nach der Rowohlt Ausgabe, 1981)

Kleine Freuden. Kurze Prosa aus dem Nachlaß, hrsg. von Volker Michels, Frankfurt/M.: Suhrkamp 1977

Die Kunst des Müßiggangs. Kurze Prosa aus dem Nachlaß, hrsg. von Volker Michels, Frankfurt/M.: Suhrkamp 1973

Piktors Verwandlungen, Frankfurt/M.: Insel 1981

Zarathustras Wiederkehr und andere Denkschriften gegen den Radikalismus von rechts und links, Frankfurt/M.: Suhrkamp 1993

Politik des Gewissens. Die politischen Schriften, hrsg. von Volker Michels. Erster Band: 1914-1932; zweiter Band: 1933-1962, Frankfurt/M.: Suhrkamp 1977 und 1981

Italien, Frankfurt/M.: Suhrkamp 1996

Vom Wesen und Herkunft des Glasperlenspiels. Die vier Fassungen der Einleitung des Glasperlenspiels, hrsg. von Volker Michels, Frankfurt/M. 1977: Suhrkamp 1977

Briefe

Hermann Hesse: Gesammelte Briefe, vier Bände, hrsg. von Ursula und Volker Michels, Frankfurt/M.: Suhrkamp 1973-1986

Hesse, Ninon (Hrsg.): Kindheit und Jugend vor Neunzehnhundert, Hermann Hesse in Briefen und Lebenszeugnissen,

Erster Band: 1877-1895, zweiter Band: 1895-1900, Frankfurt/M.: Suhrkamp 1966 und 1978

Der kuriose Dichter Hans Morgenthaler, Briefwechsel mit Ernst Morgenthaler und Hermann Hesse, hrsg. von Roger Perret, Basel: Lenos Verlag 1983

Hermann Hesse – Peter Suhrkamp, Briefwechsel 1945-1959, hrsg. von Siegfried Unseld, Frankfurt/M.: Suhrkamp 1969

Hermann Hesse – R. J. Humm, Briefwechsel, hrsg. von Ursula und Volker Michels, Frankfurt/M.: Suhrkamp 1977

Hermann Hesse – Thomas Mann, Briefwechsel, hrsg. von Anni Carlsson, erweitert von Volker Michels, Frankfurt/M.: Fischer 1984

Hermann Hesse – Karl Kerényi, Briefwechsel aus der Nähe, hrsg. von Magda Kerényi, München, Wien: Langen-Müller 1972

Materialbände

Michels, Volker (Hrsg.): Materialien zu Hermann Hesses ›Steppenwolf‹, Frankfurt/M.: Suhrkamp 1977

Michels, Volker (Hrsg.): Materialien zu Hermann Hesses ›Siddhartha‹, erster Band, Frankfurt/M.: Suhrkamp 1977; zweiter Band, Frankfurt/M.: Suhrkamp 1974

Michels, Volker (Hrsg.): Materialien zu Hermann Hesses ›Das Glasperlenspiel‹, 1. Band, Frankfurt/M.: Suhrkamp 1972; 2. Band, Frankfurt/M.: Suhrkamp 1977

Michels, Volker (Hrsg.): Über Hermann Hesse, erster Band, 1904-1962, Frankfurt/M.: Suhrkamp 1962; zweiter Band, 1963-1977, Frankfurt/M.: Suhrkamp 1977

Pfeifer, Martin (Hrsg.): Hesse-Kommentar zu sämtlichen Werken, Frankfurt/M.: Suhrkamp 1990

Pfeifer, Martin (Hrsg.): Hermann Hesses weltweite Wirkung. Internationale Rezeptionsgeschichte, 2 Bände, Frankfurt/M.: Suhrkamp 1977-1979

Unseld, Siegfried: Hermann Hesse. Werk und Wirkungsgeschichte, Frankfurt/M.: Suhrkamp 1987

Biographien

Ball, Hugo: Hermann Hesse. Sein Leben und sein Werk, Frankfurt/M.: Suhrkamp 1977

Baumer, Franz: Hermann Hesse, Berlin: Colloquium Verlag 1985

Böttger, Fritz: Hermann Hesse, Berlin: Verlag der Nation 1974

Freedman, Ralph: Hermann Hesse. Autor der Krisis, Frankfurt/M.: Suhrkamp 1982

Gnekow, Edmund: Hermann Hesse. Biographie 1952, Freiburg i. Br.: Gerhard Kirchhoff Verlag 1952

Haffner, Gotthilf: Hermann Hesse. Werk und Leben, Nürnberg: Verlag Hans Carl 1970

Huber, Hans: Hermann Hesse, Heidelberg: Carl Pfeffer Verlag 1948

Hucke, Karl-Heinz: Der integrierte Außenseiter, Frankfurt/M. und Bern: Peter Lang 1983

Koester, Rudolf: Hermann Hesse, Stuttgart: Metzler 1957

Mileck, Joseph: Hermann Hesse. Dichter, Sucher, Bekenner. München: Bertelsmann 1978

Schneider, Christian I.: Hermann Hesse, München: Beck 1991

Schnierle-Lutz, Herbert: Hermann Hesse. Schauplätze seines Lebens, Frankfurt/M. und Leipzig: Insel 1997

Zeller, Bernhard: Hermann Hesse, Reinbek: Rowohlt 1963 (Rowohlts Monographien Nr. 85)

Bildbände

Greiner, Siegfried: Hermann Hesse. Jugend in Calw (Berichte, Bild- und Textdokumente und Kommentar zu Hesses Gerbersau-Erzählungen), Sigmaringen: Jan Thorbecke Verlag 1981

Michels, Volker: Hermann Hesse. Sein Leben in Bildern und Texten, Frankfurt/M.: Suhrkamp 1979

Rothfuss, Uli: Hermann Hesse privat. In Texten, Bildern und Dokumenten, Berlin: edition q 1992

Staudenmeyer, Walter: Hermann Hesse, ›Die schönste Stadt … aber ist Calw an der Nagol‹, in: Marbacher Magazin, Sonderheft 12/1979

Zeller, Bernhard: Hermann Hesse. Eine Chronik in Bildern, Frankfurt/M.: Suhrkamp 1966

Zeitzeugen

Aus dem Briefnachlaß von Dr. Hermann Gundert, Calw und Stuttgart: Verlag der Vereinsbuchhandlung 1907

Ball, Hugo: Flucht aus der Zeit, Luzern: Verlag Josef Stocker 1946

Ball-Hennings, Emmy: Hugo Ball, Sein Leben in Briefen und Gedichten. Mit einem Vorwort von Hermann Hesse. Berlin: Fischer 1930

Bran, Friedrich/Pfeiffer, Martin (Hrsg.): Hermann Hesse und seine literarischen Zeitgenossen, Bad Liebenzell: Verlag Bernhard Gengenbach 1982

Finckh, Ludwig: Gaienhofer Idylle. Erinnerungen an Hermann Hesse, Reutlingen: Verlag Karl Knödler, 1981

Finckh, Ludwig: Himmel und Erde, Stuttgart: Silberburg-Verlag 1961

Freundeskreis zur Erhaltung der Hermann Hesse-Stätten (Hrsg.): Die vielen Gesichter Hermann Hesses. Ein Dichter im Urteil seiner Zeitgenossen von damals bis heute, Eggingen: Edition Isele 1996

Gundert, Adele: Marie Hesse. Ein Lebensbild in Briefen und Tagebüchern, Stuttgart: Gundert 1953

Hesse, Hermann und Adele: Zum Gedächtnis unseres Vaters, Tübingen: Rainer Wunderlich Verlag 1930

Hesse, Johannes: Aus Dr. H. Gunderts Leben, Reprint der Auflage von 1894, mit einem Vorwort von Martin Brecht, Stuttgart: Calwer Verlag 1993

Hunnius, Monika: Mein Onkel Hermann, Heilbronn: Eugen Salzer Verlag 1926

Kleine, Gisela: Ninon und Hermann Hesse. Leben im Dialog, Sigmaringen: Thorbecke 1982

Michels, Volker (Hrsg.): Hermann Hesse in Augenzeugenberichten, Frankfurt/M.: Suhrkamp 1987

Müller, Hermann: Der Dichter und sein Guru, Hermann Hesse – Gusto Gräser, eine Freundschaft, Werdorf: Gisela Lotz Verlag, 1979

Rothfuss, Uli (Hrsg.): Erinnerungen der Söhne an ihren Vater Hermann Hesse, Calw 1989

Unseld, Siegfried: Begegnungen mit Hermann Hesse, Frankfurt/M.: Suhrkamp 1977

Sekundärliteratur

Arnold, Heinz Ludwig (Hrsg.): text+kritik: Heft 10/11: Hermann Hesse. München: edition text+kritik 1977

Baumann, Günter: Hermann Hesse. Dichter und Weiser. Rheinfelden und Berlin: Schäuble Verlag 1997

Baumann, Günter: Hermann Hesses Erzählungen im Lichte der Psychologie C. G. Jungs. Rheinfelden und Berlin: Schäuble Verlag 1989

Chi, Ursula: Die Weisheit Chinas und ›Das Glasperlenspiel‹, Frankfurt/M.: Suhrkamp 1976

Drewermann, Eugen: Das Individuelle gegen das Normierte verteidigen. Zwei Aufsätze zu Hermann Hesse, Frankfurt/M.: Suhrkamp 1995

Karalaschwili, Reso: Hermann Hesse – Charakter und Weltbild, Frankfurt/M.: Suhrkamp 1993

Karalaschwili, Reso: Hermann Hesses Romanwelt, Köln/Wien: Böhlau Verlag 1986

Valentin, Erich: Die goldene Spur, Mozart in der Dichtung Hermann Hesses, München: A1 Verlag 1998

Völpel, Christiane: Hermann Hesse und die deutsche Jugendbewegung, Bonn: Bouvier 1977

Ziolkowski, Theodore, Der Schriftsteller Hermann Hesse, Frankfurt/M.: Suhrkamp 1979

Quellenverzeichnis

I. Memmerle

1 Brief Johannes Hesses nach Basel vom 12. März 1865, in: Hermann und Adele Hesse: *Zum Gedächtnis unseres Vaters*. Tübingen: Rainer Wunderlich Verlag 1930, S. 55

2 Adele Gundert: Marie Hesse. Ein Lebensbild in Briefen und Tagebüchern. Stuttgart: D. Gundert Verlag 1953, S. 158

3 Brief an Hermann Gundert vom 21. Oktober 1872, in: Adele Gundert: Marie Hesse, S. 151

4 Aus dem Briefnachlass von Hermann Gundert, zitiert nach: Siegfried Greiner: Hermann Hesse. Jugend in Calw. Sigmaringen: Jan Thorbecke Verlag 1981, S. 23

5 Adele Gundert: Marie Hesse, S. 195

6 ebenda, S. 195 f.

7 Hermann Hesse: *Kindheit des Zauberers*, in: H. H.: Gesammelte Werke in zwölf Bänden. Frankfurt/M.: Suhrkamp Verlag 1970 (im Folgenden abgekürzt als »GW«), Bd. 6, S. 371-390, S. 380

8 Adele Gundert: Marie Hesse, S. 200

9 ebenda, S. 204

10 ebenda, S. 199

11 Martin Scharfe: Evangelische Andachtsbilder. Stuttgart: Verlag Müller & Gräf 1968, S. 267 ff. Das geschilderte Bild findet sich auch in: Volker Michels (Hrsg.): Hermann Hesse. Sein Leben in Bildern und Texten, Frankfurt/M.: Suhrkamp 1979, S. 24

12 Adele Gundert: Marie Hesse, S. 216 f.

13 ebenda, S. 77

14 ebenda, S. 211

15 ebenda, S. 217

16 ebenda, S. 237

17 ebenda, S. 237

II. Eine Welt mit Löchern

1 *Kindheit des Zauberers*, in: GW, Bd. 6, S. 371-390, S. 376

2 ebenda, S. 377

3 *Herr Claasen*, in: GW, Bd. 10, S. 174-198, S. 183

4 *Schön ist die Jugend*, GW, Bd. 2, S. 351-394, S. 387

5 *Brief an Adele*, in: GW, Bd. 10, S. 92-102, S. 97

6 *Kindheit des Zauberers*, S. 379

7 Greiner: Jugend in Calw, S. 31 f.

8 *Kindheit des Zauberers*, S. 386

9 *Beschwörungen*, GW, Bd. 10, S. 357-375, S. 359

10 nach: *Ein Knabenstreich*, in: *Aus Kinderzeiten*. Gesammelte Erzählungen. Bd.
   1, S. 252-255, sowie: Greiner: Jugend in Calw, S. 80 f.
11 Adele Gundert: Marie Hesse, S. 216
12 Brief an Fanny Schiler vom Januar 1934, in: Volker Michels (Hrsg.): Materialien zu Hermann Hesses ›Glasperlenspiel‹. Frankfurt/M.: Suhrkamp 1973, S.
   78 f.
13 *Kinderseele*, in: GW, Bd. 5, S. 167-203, S. 201 und 203
14 *Verregneter Sonntag*, in: *Die Kunst des Müßiggangs*, hrsg. von Volker Michels, Frankfurt/M.: Suhrkamp 1973, S. 285-289, S. 286

                        III. Der Klosterschüler

 1 *Kurzgefaßter Lebenslauf*, in: GW, Bd. 6, S. 391-411, S. 393 f.
 2 *Nürnberger Reise*, in: GW, Bd. 7, S. 115-179, S. 146
 3 *Bericht aus Normalien*, in: GW, Bd. 8, S. 531-544, S. 538
 4 zitiert nach: Greiner: Jugend in Calw, S. 18
 5 *Aus meiner Schülerzeit*, in: *Kleine Freuden*. Kurze Prosa aus dem Nachlaß.
   Frankfurt/M.: Suhrkamp 1977, S. 187-198, S. 193
 6 ebenda, S. 194
 7 Ninon Hesse (Hrsg.): Hermann Hesse, Kindheit und Jugend vor Neunzehnhundert, Bd. 1, 1877-1895. Frankfurt/M.: Suhrkamp 1984, (im Folgenden abgekürzt als »KuJ I«), S. 45
 8 KuJ I, S. 70
 9 KuJ I, S. 85
10 *Unterm Rad*, in: GW, Bd. 2, S. 5-178, S. 118
11 KuJ I, S. 104
12 KuJ I, S. 143 u. 147
13 Otto Hartmann: Zum Hermann Hesse-Abend, in: Volker Michels: Hermann
   Hesse in Augenzeugenberichten. Frankfurt/M. 1987, S. 27-30; sowie KuJ I, S.
   180
14 *Erwin*. Erzählung. Olten: Lustig (Gelterkinden) 1965, S. 9 f.
15 KuJ I, S. 171
16 Adele Gundert: Marie Hesse, S. 250
17 KuJ I, S. 188
18 KuJ I, S. 196

                      IV. Ein Platz für Verrückte

 1 KuJ I, S. 189
 2 *Herr Claasen*, in: GW, Bd. 10, S. 174-198, S. 188
 3 KuJ I, S. 205
 4 KuJ I, S. 207
 5 Leonhard Ragaz: Der Kampf um das Reich Gottes in Blumhardt, Vater und
   Sohn – und weiter! München, Leipzig: Rotapfel-Verlag 1925, S. 270
 6 KuJ I, S. 218
 7 KuJ I, S. 220

8 KuJ I, S. 223
9 KuJ I, S. 232
10 KuJ I, S. 248
11 KuJ I, S. 251
12 KuJ I, S. 255 f.
13 KuJ I, S. 260 f.
14 KuJ I, S. 268
15 KuJ I, S. 314
16 KuJ I, S. 316
17 KuJ I, S. 324
18 *Eine Traumfolge*, in GW, Bd. 6, S. 74-87, S. 86 f.
19 KuJ I, S. 346
20 KuJ I, S. 358
21 KuJ I, S. 362
22 KuJ I, S. 394 f.
23 KuJ I, S. 400

V. Zweigeteiltes Leben

1 nach: Siegfried Greiner: Hermann Hesse. Jugend in Calw, S. 64
2 KuJ I, S. 415
3 Adele Gundert: Marie Hesse, S. 259
4 *Unterm Rad*, S. 161
5 KuJ I, S. 466
6 KuJ I, S. 459
7 *Der Zyklon*, in: GW, Bd. 2, S. 394-412
8 KuJ I, S. 481
9 Ninon Hesse (Hrsg.): Hermann Hesse. Kindheit und Jugend vor Neunzehnhundert. Bd. 2: 1895-1900. Frankfurt/M.: Suhrkamp 1978 (im Folgenden abgekürzt als »KuJ II«), S. 67
10 KuJ II, S. 37
11 KuJ II, S. 18
12 KuJ II, S. 78
13 Johann Wolfgang von Goethe: Blicke ins Reich der Gnade, in: Goethes Werke, hrsg. von Erich Trunz, Bd. 12. München: Beck 1973 (Hamburger Ausgabe), S. 356-357; und: ders.: Dichtung und Wahrheit, ebenda, Bd. 10, S. 177
14 KuJ II, S. 160
15 KuJ II. S. 205-207
16 KuJ II, S. 151
17 KuJ II, S. 597
18 KuJ II, S. 305
19 Ludwig Finckh: Himmel und Erde. Stuttgart: Silberburg-Verlag 1961, S. 9
20 KuJ II, S. 356-358
21 KuJ II, S. 366

1 KuJ II, S. 387 u. S. 619

2 Andrea Linnebach: Antike und Gegenwart. Zu Böcklins mythologischer Bilderwelt, in: Guido Magnaguagno und Juri Steiner (Hrsg.): Arnold Böcklin, Giorgio de Chirico, Max Ernst. Eine Reise ins Ungewisse. Bern: Benteli Verlag 1998, S. 195-203

3 KuJ II, S. 458 und S. 483

4 KuJ II, S. 604

5 *Der Trauermarsch*, in: *Kleine Freuden*. Kurze Prosa aus dem Nachlaß. Frankfurt/M.: Suhrkamp 1977, S. 353-360, S. 360

6 KuJ II, S. 413

7 *Weinstudien*, in: *Kleine Freuden*. Frankfurt/M.: Suhrkamp 1977, S. 29-32

8 KuJ II, S. 453 und 455

9 *Vom Naturgenuß*, in: *Kunst des Müßiggangs*. S. 99-103, S. 100

10 KuJ II, S. 463

11 KuJ II, S. 476

12 *Reisetagebuch* 1901, in: *Italien*. Frankfurt/M.: Suhrkamp 1996, S. 60-156

13 ebenda, S. 88

14 ebenda, S. 142

15 *Die Lagune*, in: *Italien*. S. 56-59, S. 57 f.

16 *Reisetagebuch 1901*, S. 152

17 Brief vom 20. November 1901 an Richard von Schaukal, abgedruckt in: *Italien*, S. 296 f.

18 *Gesammelte Briefe*, Bd. 1, hrsg. von Ursula und Volker Michels, Frankfurt/M.: Suhrkamp 1973 (im Folgenden abgekürzt als »Briefe I«), S. 88

19 Adele Gundert: Marie Hesse, a. a. O., S. 280

20 Briefe I, S. 91

21 Briefe I, Anhang, S. 497

22 *Reisetagebuch 1903*, in: *Italien*, S. 185-207

23 Briefe I, S. 106 und S. 104

24 KuJ II, S. 108

VII. Der Dichter als Bauer

1 Vgl. Diethart Kerbs/Jürgen Reulecke (Hrsg.): Handbuch der deutschen Reformbewegungen 1880-1933. Wuppertal: Peter Hammer Verlag, 1998

2 nach: J. Frencot/J. F. Geist/D. Kerbs: Fidus. Zur ästhetischen Praxis bürgerlicher Fluchtbewegungen. München: Rogner & Bernhard 1972, S. 72

3 Briefe I, S. 93 und S. 88

4 *Beim Einzug in ein neues Haus*, in: GW, Bd. 10, S. 134-155, S. 142

5 Ludwig Finckh: Himmel und Erde, S. 16

6 *Am Ende des Jahres* und *In blaue Ferne*, in: GW, Bd. 10, S. 7-10 bzw. 11 f.

7 *Im Philisterland*, in: GW, Bd. 6, S. 177

8 nach: Finckh: Himmel und Erde, S. 47

9 Hedwig Hoffman-Stier: Die Wahrheitssucher vom Monte Verità, in: Merian, 13. Jahrg., Heft 5. Hamburg: Hoffmann und Campe 1960, S. 80-83

10 Hermann Müller: Der Dichter und sein Guru. Hermann Hesse – Gustav Gräser, eine Freundschaft. Werdorf: Gisela Lotz Verlag 1979
11 Finckh: Himmel und Erde, S. 48
12 Briefe I, S. 140
13 *Beim Einzug in ein neues Haus*, S. 147
14 Briefe I, S. 144
15 Briefe I, S. 208
16 Briefe I, S. 163 u. S. 139
17 *Walter Kömpff*, in: GW, Bd. 3, S. 215-257, S. 230 und S. 257
18 *Eine Fußreise im Herbst*, in: GW, Bd. 2, S. 236-268, S. 266
19 Briefe I, S. 209
20 Briefe I, S. 200
21 Briefe I, S. 409
22 Briefe I, S. 205
23 Briefe I, S. 242

VIII. Für Kunst und Vaterland

1 Vgl. *Aus einem Tagebuch des Jahres 1914*, in: *Politik des Gewissens*. Die politischen Schriften. Bd. 1: 1914-1932, hrsg. von Volker Michels. Frankfurt/M.: Suhrkamp 1981 (im Folgenden abgekürzt als »PdG I«), S. 15-37
2 ebenda, S. 33
3 Michael Limberg: Herman Hesse und Ludwig Finckh, in: Friedrich Bran, Martin Pfeiffer (Hrsg.): Hermann Hesse und seine literarischen Zeitgenossen. Bad Liebenzell: Verlag Bernhard Gengenbach 1982, S. 39-56, S. 46
4 *Oh Freunde, nicht diese Töne!*, in: PdG I, S. 42-46, S. 45
5 PdG I, S. 87
6 *Kurzgefaßter Lebenslauf*, in: GW, Bd. 6, S. 391-411, S. 399
7 *Oh Freunde, nicht diese Töne!*, S. 42
8 Briefe I, S. 255
9 PdG I, S. 99
10 vgl. Hesses Gedicht *Der Künstler an die Krieger*, in: PdG I, S. 54
11 *Roßhalde*, S. 57
12 Johannes Hesse: Die Bibel als Kriegsbuch. Stuttgart: Verlag der Evangelischen Gesellschaft, 1916
13 PdG I, S. 118
14 PdG I, S. 136
15 Briefe I, S. 317
16 *Zum Gedächtnis*, in: GW, Bd. 10, S. 121-133, S. 121
17 ebenda, S. 126
18 Volker Michels (Hrsg.): Materialien zu Hermann Hesses ›Demian‹. Frankfurt/M.: Suhrkamp 1993, S. 128
19 *Heimkehr*, in: PdG I, S. 323-341, S. 334

IX. Die Seele im Krieg

1 *Die Zuflucht,* in: GW, Bd. 10, S. 27-32
2 Briefe I, S. 331
3 Briefe I, S. 324
4 *Künstler und Psychoanalyse,* in: GW, Bd. 10, S. 47-53
5 *Flötentraum,* in: GW, Bd. 6, S. 40-47
6 Briefe I, S. 332
7 *Künstler und Psychoanalyse,* S. 50
8 *Weihnacht,* in: PdG I, S. 43-47, S. 46
9 Briefe I, S. 344
10 nach: Theodor Heuss: Hermann Hesse, der ›vaterlandslose Gesell‹, in: PdG I, S. 129
11 *Krieg und Frieden* und *Von kommenden Dingen,* in: PdG I, S. 273 bzw. S. 220; sowie Briefe I, S. 406
12 *Einkehr,* in: *Kleine Freuden,* S. 138-142, S. 142
13 *Krieg und Frieden,* S. 273 f.
14 *Soll Frieden werden?,* in: PdG I, S. 243-247, S. 245
15 *Gesammelte Briefe,* Bd. 2: 1922-1935, hrsg. von Ursula und Volker Michels, Frankfurt/M.: Suhrkamp 1979 (im Folgenden abgekürzt als »Briefe II«), S. 196
16 *Aus einem Träume-Tagebuch vom August/September 1917,* in: Volker Michels (Hrsg.), Materialien zu Hermann Hesses ›Demian‹, Frankfurt/M.: Suhrkamp 1979, S. 101-114, S. 112 f.
17 Briefe I, S. 423
18 *An einen Staatsminister,* in: PdG I, S. 211-215, S. 213
19 Briefe I, S. 341
20 Materialien zu ›Demian‹, S. 132
21 *Phantasien,* in: PdG I, S. 263-266, S. 264
22 *Bauernhaus,* in: GW, Bd. 6; S. 133-135, S. 134
23 *Demian,* S. 153
24 Briefe I, S. 382 und S. 380
25 Materialien zu ›Demian‹, S. 130
26 Briefe I, S. 385
27 Briefe I, S. 392 und S. 390
28 *Beim Einzug in ein neues Haus,* S. 134-155, S. 151 f.
29 Briefe I, S. 399

X. Der Weg ins Chaos

1 *Beim Einzug in ein neues Haus,* S. 134-155, S. 152
2 Briefe I, S. 423
3 *Aus Martins Tagebuch,* in: *Eigensinn.* Reinbek bei Hamburg: Rowohlt 1981, S. 73-76, S. 76
4 *Die Brüder Karamasow oder Der Untergang Europas,* in: GW, Bd. 12, S. 320-337
5 *Tagebuch 1920/21,* in: *Eigensinn.* S. 91-113, S. 105 f.

6 Briefe I, S. 407
7 *Klein und Wagner*, in: GW, Bd. 5, S. 204-292, S. 223
8 *Tagebuch 1920/21*, S. 92
9 *Klein und Wagner*, S. 287
10 *Klingsors letzter Sommer*, in: GW, Bd. 5, 293-352, S. 296
11 ebenda, S. 333
12 ebenda, S. 351
13 Briefe I, S. 453
14 *Tagebuch 1920/21*, S. 91 f.
15 Briefe I, S. 442 f.
16 Briefe I, S. 406
17 PdG I, S. 383 f.
18 Briefe I, S. 473
19 *Gespräch über die Neutöner*, in: GW, Bd. 11, S. 221-234, S. 233

XI. Verwandlungen

1 *Mein Glaube*, in: GW, Bd. 10, S. 70-74, S. 73
2 Briefe I, S. 468
3 Briefe I, S. 466
4 *Siddhartha*, in: GW, Bd. 5, S. 353-471, S. 464
5 Briefe II, S. 21
6 Brief an M. Schwarzenbach vom 4. August 1919, in: Volker Michels (Hrsg.): Materialien zu Hermann Hesses ›Siddhartha‹, Bd. 1, Frankfurt/M.: Suhrkamp 1977, S. 83
7 *Kurgast. Aufzeichnungen von einer Badener Kur*, in: GW, Bd. 7, S. 5-113, S. 110
8 *Kurgast*, S. 62, 88, 102
9 *Unzufriedene Gedanken*, in: *Kunst des Müßiggangs*, S. 239-242, S. 241; *Sommerliche Eisenbahnfahrt*, in: ebenda, S. 243-247, S. 245; *Gegensätze*, in: ebenda, S. 265-269, S. 267
10 *Unzufriedene Gedanken*, S. 241
11 Briefe II, S. 44 und S. 83
12 *Piktors Verwandlung*, Frankfurt/M.: Insel 1981
13 Briefe II, S. 23 f.
14 Briefe II, S. 64
15 Briefe II, S. 21
16 PdG I, S. 407 f.
17 Briefe II, S. 62
18 *Kurgast*, S. 60 und S. 63
19 Briefe II, S. 72
20 Briefe II, S. 79
21 Briefe II, S. 80
22 Emmy Ball-Hennings: Hugo Ball. Sein Leben in Briefen und Gedichten. Mit einem Vorwort von Hermann Hesse. Berlin: Fischer 1930
23 Briefe II, S. 95
24 Briefe II, S. 116 und 118

25 *Die Nürnberger Reise*, in: GW, Bd. 7, S. 115-179, S. 127

XII. Ninon und der Steppenwolf

1 *Ausflug in die Stadt*, in: *Kunst des Müßiggangs*, S. 222-226

2 in: Volker Michels (Hrsg.): Materialien zu Hermann Hesses ›Der Steppen-wolf‹, Frankfurt/M.: Suhrkamp 1972, S. 66

3 Briefe II, S. 130

4 *Aus dem ›Tagebuch eines Entgleisten‹*, in: Materialien zum Steppenwolf, S. 199-203

5 *Kopfschütteln* aus: *Der Steppenwolf. Ein Stück Tagebuch in Versen*, in: GW, Bd. 11, S. 55

6 Gisela Kleine: Ninon und Hermann Hesse. Leben als Dialog. Sigmaringen: Jan Thorbecke Verlag 1982, S. 164 f.

7 ebenda, S. 166

8 Briefe II, S. 172 f.

9 Volker Michels (Hrsg.): Materialien zum ›Siddhartha‹, S. 210 und S. 49

10 Briefe II, S. 153

11 Briefe II, S. 164

12 *Die Schreibmaschine*, in: *Kleine Freuden*, S. 217-222, S. 218

13 im Folgenden zitiert nach: *Der Steppenwolf*, in: GW, Bd. 7, S. 181-413

14 Briefe II, S. 163

15 Briefe II, S. 174

16 Gisela Kleine: Ninon und Hermann Hesse, S. 187 und 199

17 Emmy Ball-Hennigs: Briefe an Hermann Hesse, Frankfurt/M.: Suhrkamp 1956, S. 83-85

18 Gisela Kleine: Ninon und Hermann Hesse, S. 186

XIII. Täter und Opfer

1 *Beim Einzug in ein neues Haus*, S. 134-155, S. 155

2 Gisela Kleine: Ninon und Hermann Hesse, S. 224

3 *Vogel. Ein Märchen*, in: GW, Bd. 6, S. 460-479, S. 466

4 Briefe II, S. 284

5 Gisela Kleine: Ninon und Hermann Hesse, S. 223

6 Katia Mann: Meine ungeschriebenen Memoiren, hrsg. von Elisabeth Plessen und Michael Mann, Frankfurt/M.: Fischer 1974, S. 162

7 Heinrich Wiegand: Tagebuchnotizen 1928-1930, in: V. Michels: Hermann Hesse in Augenzeugenberichten, S. 137-140, S. 137

8 Hermann Hesse – Thomas Mann. Briefwechsel. Hrsg. von Anni Carlsson, er-weitert von Volker Michels, Frankfurt/M.: Fischer 1993, S. 29

9 Briefe II, S. 317

10 Briefe II, S. 263

11 Briefe II, S. 478

12 Briefe II, S. 322 f.

13 *Narziß und Goldmund*, in: GW, Bd., S. 5-320, S. 253

14 Briefe II, S. 275
15 zitiert nach: Herbert Schnierle-Lutz: Hermann Hesse, Schauplätze seines Lebens. Frankfurt/M.: Insel Verlag 1991, S. 280
16 *Erinnerung an Hans*, in: GW, Bd. 10, S. 199-249, S. 234
17 Briefe II, S. 339
18 *Brief an einen Kommunisten* (zwei Versionen), in: *Zarathustras Wiederkehr*, S. 60-79
19 PdG I, S. 540
20 *Politik des Gewissens*. Die politischen Schriften, Bd. 2: 1933-1962, hrsg. von Volker Michels, Frankfurt/M.: Suhrkamp 1977 und 1981 (im Folgenden abgekürzt als »PdG II«), S. 511
21 PdG I, S. 489
22 PdG I, S. 480
23 PdG II, S. 508
24 PdG II, S. 552
25 Briefe II, S. 445
26 *Brief an einen Kommunisten II*, S. 74
27 *Von Wesen und Herkunft des Glasperlenspiels*. Die vier Fassungen der Einleitung zum Glasperlenspiel, hrsg. von Volker Michels, Frankfurt/M.: Suhrkamp 1977
28 *Erinnerung an Hans*, S. 249

XIV. Vom Spielen in finsteren Zeiten

 1 Volker Michels (Hrsg.): Materialien zu Hermann Hesses ›Das Glasperlenspiel‹, S. 135
 2 *Gesammelte Briefe*, Bd. 3: 1936-1948 (im Folgenden abgekürzt als »Briefe III«), S. 188
 3 Ursula und Volker Michels: Hermann Hesse – R. J. Humm, Briefwechsel, Frankfurt/M.: Suhrkamp 1977, S. 47
 4 *Die Morgenlandfahrt*, in: GW, Bd. 8, S. 321-390, S. 338
 5 ebenda, S. 342
 6 PdG II, S. 555, Briefe II, S. 437
 7 PdG II, S. 623
 8 PdG II, S. 592 f.
 9 PdG II, S. 649
10 Hermann Hesse – Thomas Mann, Briefwechsel, S. 94
11 Briefe III, S. 344
12 Gisela Kleine: Ninon und Hermann Hesse, S. 274 u. S. 281
13 Briefe III, S. 207
14 Gunter Böhmer: Zu Hermann Hesses ›Stunden im Garten‹, in: Volker Michels, Hermann Hesse in Augenzeugenberichten, S. 190-197
15 Briefwechsel Hesse – Humm, S. 41
16 ebenda, S. 64
17 PdG II, S. 685 f.
18 PdG II, S. 681 u. S. 676
19 Briefe II, S. 305

20 PdG II, S. 684
21 *Notizblätter um Ostern*, in: GW, Bd. 10, S. 375-384, S. 384
22 Briefe III, S. 525
23 Briefwechsel Hesse – Mann, S. 112
24 Materialien zum ›Glasperlenspiel‹, Bd. 1, S. 267

XV. Bazillus germanicus

1 PdG II, S. 708
2 *Rigi-Tagebuch*, in: GW, Bd. 8, S. 407-418, S. 417, auch PdG II, S. 715
3 Briefe III, S. 533 f.
4 *Brief an Adele*, in: GW, Bd. 10, S. 92-102, S. 93 und Briefe III, S. 360
5 *An die deutschen Leser*, PdG II, S. 718
6 PdG II, S. 765
7 PdG II, S. 745
8 *Ein Brief nach Deutschland*, in: PdG II, S. 756
9 PdG, S. 783 und S. 765
10 Briefe III, S. 375
11 Briefe III, S. 385
12 J. R. Humm: Erste Begegnung mit Hermann Hesse, in: Hermann Hesse in Augenzeugenberichten, S. 225-235, S. 233
13 Gunter Böhmer: In Hesses Nähe, S. 351
14 Briefe III, S. 405 f., auch PdG II, S. 780 f.
15 Briefe III, S. 422
16 Hermann Hesse – Thomas Mann, Briefwechsel, S. 209; auch Briefe III, S. 298
17 Briefe II, S. 356
18 *Das Glasperlenspiel*, GW, Bd. 9, S. 100
19 Briefe III, S. 463
20 *Versuch einer Rechtfertigung*, in: PdG II, S. 798-801
21 *Gesammelte Briefe*, Bd. 4: 1949-1962, hrsg. von Volker Michels, Frankfurt/M.: Suhrkamp 1986 (im Folgenden abgekürzt als »Briefe IV«), S. 36; auch: *Gedenkblatt für Adele*, in: *Kleine Freuden*, S. 308-316
22 vgl. dazu die Dokumente in: Hermann Hesse – Peter Suhrkamp, Briefwechsel, S. 441 ff.
23 Briefe IV, S. 60

XVI. Der Tod des Glasperlenspielers

1 *Das Glasperlenspiel*, S. 391 f.
2 *Über das Alter*, in: GW, Bd. 10, S. 354-357, auch in: *Eigensinn*, S. 154-156
3 Briefe IV, S. 240
4 Gisela Kleine: Ninon und Hermann Hesse, S. 325
5 Briefe IV, S. 153
6 *Antwort auf Briefe aus Deutschland*, in: PdG II, S. 844-846
7 Briefe IV, S. 122
8 *Begegnung mit Vergangenem*, in: GW, Bd. 10, S. 352
9 Briefwechsel Mann – Hesse, S. 171

10 *Beschwörungen*, in: GW, Bd. 10, S. 357-375, S. 369

11 Briefe IV, S. 359

12 Erika Mann: Das letzte Jahr. Bericht über meinen Vater. Berlin 1956, S. 6 ff.

13 Briefwechsel Mann – Hesse, S. 165 f. und S. 179

14 Gisela Kleine: Ninon und Hermann Hesse, S. 338

15 Briefe IV, S. 131

16 Bernhard Zeller: Besuch bei Hermann Hesse, in: Augenzeugen, S. 441-451, S. 448 f.

17 Briefe IV, S. 365 und S. 396

18 *Begegnung mit Vergangenem*, S. 353

19 Karlheinz Deschner: Kitsch, Konvention und Kunst. München: Paul-List-Verlag 1957, S. 167 und S. 127

20 »Der Spiegel«, 12. Jahrgang, Nr. 28 vom 9. Juli 1958, S. 42-48

21 Briefe IV, S. 318 und S. 386

22 Gisela Kleine: Ninon und Hermann Hesse, S. 280

23 ebenda, S. 407

24 *Das Glasperlenspiel*, S. 483 f.

Epilog

1 Timothy Leary: Dichter der Reise nach innen, in: Volker Michels (Hrsg.): Über Hermann Hesse, Bd. 2. Frankfurt/M.: Suhrkamp 1977, S. 33-50

2 George Steiner: Eastword Ho!, Kurzfassung des Artikels in: Volker Michels (Hrsg.): Über Hermann Hesse, Bd. 2, S. 483-485

3 Sigrid Mayer: Die Hesse-Rezeption in den Vereinigten Staaten, in: text+kritik, hrsg. von Heinz Ludwig Arnold, Heft 10/11 (Hermann Hesse), München: edition text+kritik 1977, S. 86-100

4 Rudolf Koester: USA, in: Martin Pfeiffer (Hrsg.), Hermann Hesses weltweite Wirkung. Internationale Rezeptionsgeschichte. Frankfurt/M.: Suhrkamp 1977, S. 155-171

5 siehe: Michels: Über Hermann Hesse, S. 488

6 Eugen Drewermann: Das Individuelle gegen das Normierte verteidigen. Zwei Aufsätze zu Hermann Hesse. Frankfurt/M.: Suhrkamp 1995, S. 42 f.

7 Gabriele Wohmann: Statt eines Beitrags über Hermann Hesse, in: Michels: Über Hermann Hesse, S. 512-514

8 nach Rudolf Koester: USA, S. 166 f.

Alle Zitate aus Büchern, die bei Suhrkamp erschienen sind, mit freundlicher Genehmigung des Suhrkamp Verlags, Frankfurt/M.

Bildnachweis

(1, 2, 3, 4) Deutsches Literaturarchiv Marbach; (5) Franz Epping, Essen; (6, 7) Martin Hesse, Bern; (8) aus: Volker Michels, Hermann Hesse. Leben und Werk im Bild mit dem »kurzgefaßten Lebenslauf« von Hermann Hesse. Insel Verlag, Frankfurt/M. 1973; (9) Heiner Hesse, Arcegno. Abdruck der Fotos 5-9 mit freundlicher Genehmigung des Suhrkamp Verlags.